稳增长

中国经济基本盘

张文魁◎著

中信出版集团｜北京

图书在版编目（CIP）数据

稳增长：中国经济基本盘 / 张文魁著 . -- 北京：中信出版社，2022.9
ISBN 978-7-5217-4573-3

Ⅰ．①稳… Ⅱ．①张… Ⅲ．①中国经济－经济增长－研究 Ⅳ．① F124.1

中国版本图书馆 CIP 数据核字 (2022) 第 126573 号

稳增长：中国经济基本盘
著者：　　张文魁
出版发行：中信出版集团股份有限公司
（北京市朝阳区惠新东街甲 4 号富盛大厦 2 座　邮编　100029）
承印者：　宝蕾元仁浩（天津）印刷有限公司

开本：787mm×1092mm　1/16　　印张：20　　　字数：280 千字
版次：2022 年 9 月第 1 版　　　　印次：2022 年 9 月第 1 次印刷
书号：ISBN 978-7-5217-4573-3
定价：88.00 元

版权所有·侵权必究
如有印刷、装订问题，本公司负责调换。
服务热线：400-600-8099
投稿邮箱：author@citicpub.com

目 录

上篇 稳增长的逻辑与策略

第一章 稳住经济增速
为何及如何稳增长 / 5
稳住增长需要畅通循环 / 13
稳增长的根本途径是市场化 / 22
稳定市场主体预期：产权保护是关键 / 30

第二章 高质量发展道路上的稳增长
中国经济"立万"之后：打造更多踏板企业 / 37
高质量发展与生产率重振 / 48
经济增长中的非资源性实体部门 / 59
未来增长极：产居创聚合圈 / 68

第三章 "伴险增长"通道中的政策难题
"伴险增长"通道中的平衡性经济政策 / 81
狡猾又恶毒的新通胀 / 88
新巫毒经济学会大流行吗 / 96
企业债务问题：急性发作还是慢性折磨 / 104

中篇　稳增长的动力与政策

第四章　政策转型与产业创新
  讨论产业政策需要正本清源和理论反思 / 119
  中国创新政策转型：从集中攻关转向分散试错 / 126
  产业创新生态圈的治理特征及政策要点 / 135
  产业创新生态圈中的市场与政府 / 144
  没有伽利略创新，就没有深入持久的熊彼特创新 / 152

第五章　企业发展与改革政策
  从主导性产业到主导性企业 / 161
  构建我国企业发展基本政策 / 170
  混合所有制须跨越股权结构拐点 / 178

第六章　全球化与数字经济
  TPP规则与中国改革愿景基本一致 / 189
  数字经济时代的美丽新世界 / 198
  数字经济中的数权体系与数据法院 / 206
  数字经济领域的反垄断与反不正当竞争 / 216

下篇　稳增长的善治理与大智慧

第七章　治理驱动"善循环"

治理的本质：行权和共治 / 229

治理的秩序：依赖而不限于法治 / 239

治理的能效：传统能人主义的局限 / 248

形式主义的经济学分析 / 258

第八章　变局中的智慧与谦卑

变局更想桓伊在：去战型经济政策 / 273

如何用经济学理论指导政策制定 / 280

转型而来的职业经济学家如何思考 / 290

知识如何成为繁荣力和进步力 / 295

经济学家如何理解《春江花月夜》/ 304

后　记　313

上 篇

稳增长的逻辑与策略

第一章

稳住经济增速

稳增长是当前经济工作的重头戏。经济下行压力加大：一方面，受到一些短期因素影响；另一方面，也存在一些结构性、体制性因素。稳字当头，稳中求进，不但要及时出手，通过政策组合拳稳住中国经济大盘，还要深入分析各种矛盾和问题，为未来的稳健增长、高质量发展夯实基础。

国家出台的稳住经济一揽子政策措施，地方实施的一系列因地制宜举措，包括减税降费、增加信贷、保障运输、维护产业链供应链稳定、兜住兜牢民生底线等内容。这样的政策组合拳，必将发挥积极作用。同时，应该注重政策如何落实落细，短期内特别要在如何最大限度减少疫情对经济社会影响方面下功夫，更长时期里要致力于稳住改革方向，稳住社会预期，坚持用改革举措、市场化办法解决难题，并努力实现经济循环的畅通。

为何及如何稳增长

中央政府强调，要稳住经济大盘，把稳增长放在更加突出位置，努力推动经济回归正常轨道，确保运行在合理区间，并郑重指出，发展是解决我国一切问题的基础和关键。无疑，当前和今后一段时间，稳大盘、稳增长将是我国经济工作的主题。即使从更长远的时间维度来看，保持较为稳健、合理的经济增速，也是我国经济社会发展的一项重大任务。

不过，在错综复杂的国际国内局势中，要稳住经济增速，并不是一件轻松的事，不但需要从政策工具箱中选取合适恰当的具体政策，而且需要稳住改革方向，稳住社会预期。

稳增长的意义

2022年以来，重要指标显示我国经济下行压力不小。实际上，自2020年以来，我国经济就经历了季度增速的巨大波动，这是改革开放40多年来非常罕见的现象。在此之前，季度增速的波动较小，特别是2015年之后的几年，相邻季度的增速往往只相差0.3个百分点、0.2个百分点甚至0.1个百分点，譬如连续几个季度分别是6.5%、6.6%、6.7%，这让人觉得我国的增长数据完美得近乎"不逾矩"。

相反，看一看一些发达国家，如美国、日本、欧洲各国，以及东南亚一些发展中国家，它们的季度增速往往呈现巨大的波动性，相邻季度相差 0.5 个百分点甚至 1 个百分点，这是司空见惯的现象。要知道，如果发达国家年度增速只有 3%，季度增速相差 0.5 个百分点也算是很大的波动。

当前，我国经济季度增速波动性加大，特别是 2022 年第二季度的增速将会比较慢：一方面，当然是受到疫情管控措施的影响；另一方面，可能反映了我国经济活动的真实情况，就是虽然继续保有一定韧性，但脆弱性也在提高。实际上，2021 年底的中央经济工作会议公报中，在多年一直主张的"稳中求进"之前，加上了"稳字当头"。这样一个罕见的表述本身，就有很强的信号意义。在这种情况下，要稳住经济增速，不管是季度还是年度经济增速，不但需要适时优化和调整疫情管控措施，还需要从经济发展程度和潜在增速预估的角度，审视增长压力的大小，并选择合适的政策组合。

根据国家统计部门公布的数据，我国 2021 年的经济增速达到 8.1%，但如果把受到新冠肺炎疫情影响更大的 2020 年也算进来，两年平均增速只有 5.1%。从 6% 以上的台阶，一下子降到 5% 的台阶，甚至在疫情管控措施不太严厉的某些季度也未出现符合预期的较为正常的增速，这的确需要引起高度重视。我国 2021 年的 GDP（国内生产总值）总量超过 114 万亿元，尽管当年人民币出现了较大幅度的升值，人均 GDP 也只有 1.25 万美元。处于这样的发展程度和收入水平，如果只停留于 5% 的增速台阶，并在几年后继续下探 4% 的增速台阶，那么即使我国可以顺利跨过世界银行划定的高收入门槛，也会在成为中等发达国家的道路上遇到严峻挑战。

尽管很难以增长核算等方法来剖析目前我国经济的增速，但从其他一些经济体的发展轨迹来看，处于人均 GDP 刚刚迈上 1 万美元阶梯的发展水平，我国的增长潜力应该不至于落到低速轨道。离我们不远的韩国，即使到了21世纪第二个10年，其人均GDP水平超过2.5万美元，仍然在多数年份实现了3%以上的增速，有些年份高达4%以上；在2020年因受新冠肺炎疫情冲击而衰退1%之后，其2021年的增速又达到4%，这对于一个人均GDP超过3万美元的经济体而言，的确算是非常强劲的反弹。新加坡在2020年因受疫情影响，其经济萎缩了4.1%，但2021年的增速反弹到7.6%，不比我国当年的8.1%逊色多少，要知道新加坡此时的人均GDP已经超过7万美元。我国的台湾省，2020年的经济增速在受到疫情冲击的情况下仍然达到3.1%，2021年更是达到约6.5%，其人均GDP也超过3万美元。

因此，我国不能轻视稳增长的意义。正因为发展是解决我国一切问题的基础和关键，保持较好经济增速，努力实现增长潜力，对于人均GDP刚刚超过1万美元的中国而言，是一个无可回避的重大任务。美国人均GDP已接近7万美元，按照约2%的正常速度上升，其人均GDP一年可以增加1400美元以上；而我国人均GDP只有1.25万美元，如果年度实际经济增速只有5%，设定平减指数为3%，并假定人民币对美元汇率不变，那么人均GDP一年只能增加约1000美元，这显然会导致我国与美国人均GDP的差距拉大。年复一年，差距会越拉越大。而要使人民币对美元不断升值，使得这个差距在人民币升值过程中明显缩小，则是更复杂的事情。

当然实现稳增长不是为了跟美国较劲，主要还是为了实现我国人民对美好生活的向往。我国过去几十年的发展历史表明，在经济增速较快的时段，人们的可支配收入上升更快，生活水平提高更多，就业和脱贫的成就也更大。但直到目前，我国仍然有许多人的实际收入和生活水平比较低，新冠肺炎疫情下的"流调"结果就显示了这一面。2022年以来，我国调查失业率达到一个比较高的水平，实际情况可能比数字更严重，特别是年轻人面临较大的就业压力，原因还是经济增速下滑而导致的就业机会减少。我们只有大力发展经济，才能不断改善这种状况。

当然，如何改善收入分配状况，如何使经济增长更具包容性，也是我国经济发展中不容忽视的课题。这个课题只能在保持一定经济增速的过程中不断被解决。

稳增长政策如何落地生效

当前的稳增长压力，应该是 2008 年全球金融海啸以来最大的一次。即使 2022 年第一季度有不错的开局，但很快就受到国内新冠肺炎疫情和全球地缘局势的巨大影响，第二季度以来出现了不小的困难。国家也及时做出政策应对，特别是针对如何稳住市场主体、缓解企业困难，推出了一系列措施。最近，《国务院关于印发扎实稳住经济一揽子政策措施的通知》发布，共有六个方面的 33 项措施，打出了一套政策组合拳。第一，实施退税减税、缓缴费用、加快财政支出和加快债券发行等财政政策。第二，加大对中小微外贸企业信贷投放，2022 年普惠小微贷款支持工具的额度和支持比例在 2021 年的基础上增加一倍，并要求银行对暂时受困的企业不要盲目抽贷、断贷、压贷。第三，加大稳定产业链、供应链的力度，如简化和优化对复工复产、复商复市的管控政策，并尽力保障货运物流通畅，以及鼓励民众消费，保障基本民生等。当然，国家也加大固定资产投资力度，决定新开工一批水利、交通等基础设施建设项目，并加大债务资金使用力度和一些财政资金使用力度。

这些政策措施，特别是减税降费方面的内容，有许多真金白银，譬如对许多行业实施存量和增量全额留抵退税，估计全年退减税总量可以达到 2.64 万亿元；将中小微企业、个体工商户和 5 个特困行业缓缴养老保险等三项社保费的政策延至年底，预计全年缓缴费用可以达到 3200 亿元。这一大一小两个真金白银红包，从理论上来讲，可以送出近 3 万亿元的资金，可以说是近年来最大的红包。要知道，即使在新冠肺炎疫情暴发的 2020 年，我国新增减税降费额是 2.5 万亿；而 2019 年减税降费总额为 2.36 万亿元，其中新增减税额为 1.93 万亿元。

地方也出台了类似的政策举措。譬如第二季度受疫情影响最大的上海，就发布了《上海市加快经济恢复和重振行动方案》，其要义在于千方百计为市场主体纾困解难，包括减免或缓缴税费，加大信贷支持力度，全面有序推进复工复产复市等，同时通过加快财政支出进度等方式发挥财政资金拉动作用，通过增加客车牌照额度等方式大力促进消费。浙江、江苏等地都出台了稳增长措施。许多地方的稳增长措施的主要内容大同小异，体现了政策组合拳的思路。

毫无疑问，这样的政策组合拳，将会为稳增长注入强心剂。不过也应该认识到，当前市场主体出现的困难，包括现金流困难，在很大程度上是因为不能正常生产、正常营业、正常销售、正常交易，主要还不是因为税费负担太重、信贷投放不够。而市场主体面临的四个不正常，背后是人民群众的生活尚未回归正常，如不能正常消费、正常社交等。即便减税降费大红包的确是巨大实惠，但如果企业没有正常的营业额，那就不排除有些数额是理论上的。而加大信贷投放，对于不能正常生产、正常营业的企业而言，它们没有贷款需求，背上贷款反而会带来负担甚至导致破产风险。增加基础设施建设项目，这种典型的凯恩斯主义政策的确有助于短期内拉动经济，但前提也是工人可以施工、建筑材料运输可以畅通，才能形成实际工作量。如果鱼都被困在网格里，放再多水也不能让鱼儿游起来。与之类似，人待在网格里也无法生产和消费。因此，这些稳增长政策的落地生效，取决于在多大程度上能够正常化实行，2022 年 5 月中下旬以来许多地方适度调整疫情管控措施，收到立竿见影的稳增长效果，就说明了这一点。但目前完全恢复正常的生产和生活秩序还不现实，所以需要大量和细致的后续工作来配套。配套性措施，不但应该继续坚持和优化前期的保产业链、供应链的做法，还应该研究如何保障消费与生产之间的循环、内贸与外贸之间的循环畅通，如果能够打通堵塞，畅通循环，稳增长的效果会更好。

现在，国家政策非常注重高效统筹疫情防控和经济社会发展，提出要不断解决两难多难问题，要在做好疫情防控的同时，完成经济社会发展任务，防止单打一、一刀切。过去两年的事实表明，单打一、一刀切的一些做法，一是对服务业的伤害特别大，二是对中小微企业的伤害特别大。工业部门的生产与消费是分开的，生产方与消费方本身就不接触，所以可以通过封闭式生产、闭环式物流等方法维持运营，但服务部门的许多行业，生产方与消费方必须接触，而且往往聚集，可是禁止接触、聚集就等于停止运营，所以除了证券、互联网等少数非接触性的服务行业有着较好增速之外，其他许多服务行业面临的困难比工业行业大得多。而中小微企业，即使处于工业领域，也因为得不到保障产业链、供应链畅通政策的"眷顾"，上不了复工复产重点企业的"白名单"，所以容易处于生产断断续续的状况；如果它们处于服务领域，状况往往更加糟糕，一些企业不得不长期歇业甚至干脆退出市场，这不但造成增长数据下滑，更造成数据所反映不了的生计问题。因此，对于国家提出的防止单打一、一刀切的政策精神，各地应该重点针对服务业和中小微企业，研究实施一些配套性措施，促进经营活动的开展。相信在不久的未来，这样的配套性措施会陆续出台。因此，预计到2022年第三季度，服务业的情况将有所好转。当然工业也将进一步发力，而中小微企业的困难会得到一些缓解，使得各项政策措施的效果逐渐显现，经济增长速度应该会加快。

政策组合拳与稳改革、稳预期

即使2022年的稳增长政策组合拳发挥了良好作用，宏观经济大盘得以稳住，经济增速保持在合理区间，但2023年和整个"十四五"期间，以及更远一些时段，如何稳住经济增速，仍将面临不小挑战。尽管从宏观政策上来讲，刺激经济增速、促进经济发展离不开扩张性的政策工具，但一套政策组合拳毕竟不可能长期释放效力，因为这些政策举措存在边际效用递减问题，同时政策空间可能会随着时间推移而显著收缩。此外，处于一个基本的全球化环境中，还不得不从各国经济政策如何相互协调、如何相互影响的角度，考虑我国的经济政策选项。

从财政层面来看，对企业的减税降费毕竟会造成财政减收，从而导致政府收支压力不断加大。如果减税降费没有显著提升GDP增速，这种压力终究会成为现实问题，特别是在各项支出日益呈现刚性化的情况下。也许，财政压力会向货币领域寻求出口，这会引发更深层次的讨论。在债务和货币层面，即使我国可以创新很多政策工具，也不会改变那些基本原则，如欠债需要还本息、发钞增加流动性等，尽管当今时代也许可以通过更加现代的"幻觉"手段来调和、消解这些基本原则，或者实施更加复杂的损失分摊，但毕竟会增加事情的复杂性。从投资层面来看，加大固定资产投资力度可以改善基础设施，增加资本存量，但也要防止经济结构过于失衡，防止财政货币压力过大，防止现金流陷入困境。而促进消费，对于我国稳增长、惠民生来说特别重要，但其基础还是收入，而不是短期刺激措施，尤其在就业机会减少、中小微企业比较困难的情形下，很难指望广大居民的消费支出会有持续的强劲增长。

我国过去几十年的经济增长奇迹，是得益于市场化改革所释放的社会潜能。不认清这一点，就不会知道增长泉源来自何处。未来的稳增长，仍然需要通过市场化改革来达成。如果不搞市场经济，许多人虽然忙碌操劳，但会陷入大量的形式主义、官僚主义、教条主义工作，也不能创造价值，促进增长。中央政府强调，坚持用改革办法解决困难，坚持用市场化方法化解难题，继续推进"放管服"改革，打造稳定透明、公平竞争、激励创新的制度规则和营商环境，就是这个意思。实际上，我国从2020年初开始施行的《优化营商环境条例》也明确规定，优化营商环境应当坚持市场化、法治化、国际化原则，以对标国际先进水平，为各类市场主体投资兴业营造稳定、公平、透明、可预期的良好环境。该条例还对国家设立行政许可做出了严格规定，也对设定证明事项有较为明确的界定。从实际情况来看，条例全面实施尚需时日。层层加码、处处登记、自设关卡、滥查证明的做法，不但对统一、开放的大市场形成妨害，也对人们的基本行动形成妨害，其中一些做法未必是科学防控疫情所必需的。不过，我国的市场化改革方向是清晰的，只要稳住改革方向，并付诸具体行动，必定会为中国经济增长带来持续动力。

稳预期对于下一步稳增长具有特别重要的意义。芸芸市场主体，需要在乐观而稳定的预期中才会积极地开展经营，大众只有在这样的预期中，才会增加开支，因此企业家的预期、人民大众的预期都会影响经济增长。整个社会如果相信国家会以经济建设为中心，会搞市场经济，会实行法治，会保护产权，会对外开放，会吸收人类文明一切优秀成果，就会共克时艰，共创经济增长新业绩。

稳住增长需要畅通循环

经济增长的过程，是一个包括生产、分配、交易、消费或投资等各个环节的循环过程，并且各式各样的创新隐含于这个循环。任何一个环节出现堵塞，或者环节之间的联系与互动受到阻碍，循环就不能畅通，增长就不能持续。当然，在循环畅通的情况下，刺激性政策有利于提升经济增速，而如果循环不畅，这样的政策就未必能够奏效。我国要稳住增长，当然需要适当的刺激性政策，但首先还是应该审视实现经济增长的循环是否畅通。

供需循环需要得到进一步畅通

在新冠肺炎疫情期间，我国经济循环的堵点主要还是物理上的人、货流动问题。好在中央已经强调，要高效统筹疫情防控和经济社会发展，避免单打一、一刀切，国务院印发的《关于印发扎实稳住经济一揽子政策措施的通知》就指出，要最大限度保护人民生命安全和身体健康，最大限度减少疫情对经济社会发展的影响。受到疫情防控影响最大的上海，也发布了《上海市加快经济恢复和重振行动方案》，其中提到要通过加快推广使用全国统一互认的通行证等措施，畅通国内国际物流运输通道，保障产业链供应链和航运物流有序运转，并取消了企业复工复产"白名单"制度，消除了企业复工复产复市不合理限制。其他地方也有类似措施。因此这方面的阶段性循环不畅，应该会逐渐被一定程度消除，当然彻底消除还需视疫情如何发展及防控方针如何设定。

更重要的是一些长期性的循环不畅问题。其中最受关注的就是如何疏通并扩展我国经济的供需循环，主要是如何扩大国内需求，特别是国内居民消费需求，从而更好实现以国内大循环为主体、国内国际双循环相互促进的新发展格局。其实这并不是一个新问题，至少在2008年全球金融海啸之后不久，当外部需求受到重大冲击时，国家就将扩大内需作为一项战略提了出来。2009年的中央经济工作会议就提出，以扩大内需特别是增加居民消费需求为重点，增强消费对经济增长的拉动作用，努力使经济结构调整取得明显进展。这次会议同时提出要加大国民收入分配调整力度，增强居民特别是低收入群众消费能力。2011年的中央经济工作会议进一步提出，要牢牢把握扩大内需这一战略基点，把扩大内需的重点更多放在保障和改善民生、加快发展服务业、提高中等收入者比重上来。此后10年，我国内需规模的确稳步扩大，从数据来看，国内消费支出对经济增长的贡献率，在21世纪第一个10年，即2000—2009年，每年的算术平均值只有51.5%；而到了第二个10年，即2010—2019年，则达到59.2%。

不过国内消费支出所拉动的经济增速百分点绝对值，在第二个10年不是上升而是下降了。这是因为，第二个10年的经济增速明显低于第一个10年。根据国家统计部门公布的数据进行计算，就可以发现，国内消费支出所拉动的经济增长，第一个10年为每年平均5.3个百分点，而第二个10年为每年平均4.5个百分点；特别是到了2019年，只有大约3.5个百分点。对2020年和2021年的有关数据进行分析，大致也表明了同样的情况。

因此，很难简单地认为，我国居民消费已经对经济增长形成较为强劲的拉动力，供给与内需之间的循环已经非常畅通。如果我国要维持6%左右的GDP增长，4个百分点左右的国内消费贡献就难有足够的支撑力，还得依靠投资和净出口，从而不能很好地实现10多年前就提出的重大结构性调整目标。我国作为一个发展中国家，人均资本存量还较少，全球化程度还需提高，因此不是不要投资和出口，而是要扭转消费、投资、出口之间的失衡状况，并使经济循环渠道更多地渗透到国内各个环节。即使以消费支出对经济增长的贡献率这个单一指标来考量，也要看到，发达经济体已经达到70%以上的水平，一些国家甚至超过80%，因此我国扩大居民消费有较大的提升空间。只有国内消费实现有力扩张，我们这个大国的供需循环才会比较畅通，经济结构才会比较健康，增长支撑才会比较稳定，并且才能体现经济增长的真正目的，即民众生活水平得到应有提高。

居民收入问题是症结

进一步畅通供需之间的循环，有效扩大国内消费需求，在一些人看来难以立竿见影，也难以找到政策杠杆。譬如，给居民发钱，在美国实行过，但在中国就引起很大争议，而且事实上不易实行，即使实行，也未必有多大效果；而发放消费券，也尝试过，毕竟难以撬动消费大盘。因此许多人还是希望诉诸国内的固定资产投资。的确，扩大内需当然包括扩大国内投资需求。但需要意识到，一方面，固定资产投资在我国经济大盘中一直占有较高比重；另一方面，基础设施领域投资需要避免融资和债务方面的风险，产业领域投资需要避免产能过剩和资本报酬下降等方面的风险。因此从短期稳增长政策来看，投资可以发挥立竿见影的作用，而从中长期稳增长政策来看，扩大内需的真正短板还是居民消费。

审视一下我国社会消费品零售总额的变化，就能看到消费短板。

在"十二五"期间，即2011—2015年，我国社会消费品零售总额从18.7万亿元上升到30.1万亿元，增长了60.1%，简单地平均摊到各年，每年为12.2%；而在"十三五"期间，即2016—2020年，社会消费品零售总额从31.2万亿元上升到39.2万亿元，只增长了25.6%，平摊下来每年只有5.1%。2021年社会消费品零售总额有了恢复性增长，增速为12.5%，但总额只有44.1万亿元。实际上，2021年，全国居民人均消费支出虽然比2020年实际增长12.6%，但2020年和2021年两年平均增长率也只有4.0%。很明显，消费品零售总额的增速呈现明显下降趋势，消费支出增速同样降到较低水平。

消费的基础是收入，这是常识。消费增速的明显下滑，与居民收入增速下滑相对应。在"十二五"期间，我国居民人均可支配收入的年均实际增速为8.9%，而"十三五"期间为5.6%，3个多百分点的下滑应该算是比较严重的。2020年和2021年，这个平均数只有5.1%。其实，居民收入还不能完全用于消费，譬如还要买房子，这在统计数据中被算到了投资，此外还有真正的储蓄和投资。因此，能用于消费的收入就更少了。

从居民可支配收入的绝对水平来看，2021年平均为35128元。这不是一个多高的数字。按14亿人计算，2021年居民可支配收入总量为49.2万亿元，这与社会消费品零售总额是基本匹配的，说明老百姓在消费支出上"尽力"或者"超力"了，因为一部分人还要拿出很多"银子"买房，当年商品房销售额就达到约18.2万亿元。但收入是不平均的，将全国居民进行五等份收入分组，低收入组人均可支配收入为8333元，中间偏下收入组为18445元，中间收入组为29053元，中间偏上收入组为44949元，高收入组为85836元。有那么多人一年可支配收入低于2万元，消费扩张必定受到很大制约，经济循环必定难以足够畅通。

我国居民收入不太高，当然主要是由经济发展水平决定的，但也可以通过适当调节分配关系来得到一些缓解。最近几年，居民可支配收入在国民收入中的占比有所提升，平均下来在60%上下，而企业部门、政府部门占比大约各为20%。与发达国家相比，我国居民部门的占比还应该提高，而且应该致力于提高居民劳动报酬在国民收入中的占比。我国劳动报酬在国民收入的比重只有40%上下，即使考虑测度偏差问题，也明显低于发达国家50%甚至更高的水平。由于绝大多数居民都属于工薪阶层，只有劳动报酬不断提高，才能形成规模庞大的中等收入群体，才能形成比较健康稳定的橄榄型社会，才能促进供需循环的不断升级。当然，这并不是一个简单地提高劳动者工资的问题，其基础还是劳动生产率和全要素生产率（TFP）的提高。此外，还应该进一步强化社会保障体系，提高基本公共服务的水平和均等化程度，这样才能使老百姓有钱花、敢花钱。

当然，也应该指出，居民可支配收入增速一般而言是与GDP增速同步变化的。这意味着，要提高居民可支配收入的增速，基本上就是要建立在提高GDP增速的基础上，或者说，这两者是相辅相成、相互促进的。这从另一个侧面说明稳住经济增速的重要性。

对外循环面临挑战

在市场化和全球化时代，经济循环的实现，离不开与其他经济体的交易与合作关系，尽管这种关系往往含有竞争、摩擦甚至冲突的成分。前文已经分析内需对于我国稳增长的重要性，但也必须指出，最终消费支出、资本形成总额、货物和服务净出口对经济增长的贡献率数据，是一种支出法的总量分析框架。这种框架有一定的迷惑性，不太能够反映对外循环的实际贡献，因为这里所计算的贸易数据，说的是"净出口"。这三个字其实容易产生误导，似乎告诉人们，"净出口"之外的外贸活动都没有意义。实际情况完全不是这样。譬如既没有出口，也没有进口，"净出口"为0；而出口1000亿美元，同时进口1000亿美元，"净出口"也是0，或者进口达到1100亿美元，"净出口"反而为–100美元。难道后一种情况与前一种情况一样，对经济增长没有贡献，甚至是拖经济增长的后腿？显然不是这样的情况，要知道，1000亿美元的出口可能解决了1000人的就业，1000亿美元的进口可以让数以万计的企业获得生产所必需的原材料和零配件，它们绝对不可以相互抵销。

我国的对外循环，在经济增长中的巨大作用，也容易被低估。即使在受到疫情影响的2020年和2021年，我国对外循环仍然是强劲的。在经历了几年的低速徘徊之后，我国对外贸易在2021年迎来一个爆发式增速，全年货物进出口总额超过39万亿元，增速达到21.4%，其中进口、出口分别比2020年增长21.5%、21.2%。2021年服务进出口也是强劲的，总额达到近5.3万亿元，比2020年增长16.1%，其中，服务出口增长31.4%，服务进口增长4.8%。了解经济活动实际情况的人都知道，当年外贸部门可谓火爆，出口企业大部分都满负荷甚至超负荷生产。外贸部门对经济增长的贡献完全可以从实际中感受出来，但在"三驾马车"分析数据中，货物和服务净出口对经济增长的贡献率反而下降了。从进出口总额与GDP的比例来看，我国达到30%以上，不但比美国高，还比曾经号称"贸易立国"的日本高，所以"净出口"贡献率数据根本不能准确反映实际贡献。

改革开放以来，我国的经济增长奇迹，与外循环的畅通密切相关，或者说，与对外开放、融入全球化密切相关。而且，开放已经成为一种生活方式。值得关注的是，对外循环在未来是否还会继续保持畅通。尽管在过去几年里，美国对中国许多商品加征关税，还对中国企业在美国开展经营活动实施了一些限制，但我国仍然做了较好应对。需要警惕的是，美国已于最近推出一个"印太经济框架"（IPEF），具有明显的制衡中国的意味，而且这个框架的创始国，不但包括日本、韩国、新加坡、澳大利亚等与美国关系一直比较紧密的国家，还包括马来西亚、菲律宾、印尼、泰国、越南、印度等国家，其中一些国家与中国存在一定程度的替代性竞争关系。尽管这个框架不属于贸易和投资协定，目前看来不包括关税减让、自由贸易、投资保护等方面的内容，但也要看到，这个框架有可能通过强化供应链关系，嵌入市场准入、贸易伙伴等方面的内容，因而对印太地区的发展中国家仍具有一定吸引力和约束力。特别是这个框架可能把所谓的人权、自由等因素纳入供应链关系。另外，这个框架的一个重要支柱，就是高科技和数字经济，因而对未来的全球创新可能会产生影响。当然，这个框架的具体内容，还会经历一个并不容易的谈判过程，最后能不能成形并按美国的设想发挥作用，还有待观察。我国虽然是世界贸易组织（WTO）的重要成员，并且与日本、韩国、澳大利亚等国签署了区域全面经济伙伴关系协定（RCEP），并已申请加入全面与进步跨太平洋伙伴关系协定（CPTPP），但对印太经济框架带来的影响，还是应该保持关注，要分析这个框架，以及其他来自美国、欧洲的类似活动，是否会对我国的对外循环造成挑战。如果不能很好地处理这个问题，我国未来的经济增长可能会受到影响。

创新在经济循环中的位置

经济循环的螺旋式上升，需要创新推动。熊彼特的理论，正是把创新融入经济循环的理论。我国的经济增长，不但过去得益于对创新成果的吸收，而且现在越来越依赖创新的推动。我国已经把创新置于现代化建设的核心地位，这无疑具有战略意义。

的确，我国的创新局面已经今非昔比。在过去 10 年中，我国在创新成果和创新能力方面都有明显提升。2012—2021 年，我国全社会研发投入与国内生产总值的比例由 1.91% 提高到 2.44%，在世界知识产权组织发布的全球创新指数排名由第 34 位上升至第 12 位。我国的创新人才队伍也得到大量充实，而且许多科技难关得到攻克，许多包含创新成果的产品在市场上的竞争力日益提高。

但是，也要看到我国与发达国家在创新方面的差距仍然不小。其一，我国基础研究存在短板。我国基础研究费用占研发总费用的比重只有 6% 左右，而发达国家为 15%~25%。我国高被引论文占全部论文的比重在 0.8% 上下，美、英、德、法都在 1% 左右。我国在基础领域受到公认的原创性成果还非常少。其二，产业技术还存在不少"卡脖子"问题，无论是芯片技术，还是生物技术，都存在这样的问题。其三，生产领域也缺少原创的全球性产品，还未能像美国那样涌现 iPhone、星链（Starlink）等产品。

如何提高我国经济的创新能力，让创新成为经济循环的强大助推器，是一个绕不过去的议题。尽管这与当下的稳增长关系不大，但一定是未来稳增长的大引擎。我国已经出台许多促进创新的规划和政策。"十四五"规划就提出，要加强原创性、引领性科技攻关，在事关国家安全和发展全局的基础核心领域，实施战略性科学计划和科学工程，瞄准人工智能、量子信息、集成电路、脑科学等前沿领域，实施一批国家重大科技项目。"十四五"规划还提出，要把基础研究投入占 GDP 比重提高至 8%。即使是国务院颁布的《扎实稳住经济的一揽子政策措施》，重点关注短期稳增长措施，也提出要鼓励平台企业加快人工智能、云计算、区块链、操作系统、处理器等领域的技术研发突破。相信随着时间的推移，这些规划和政策必定会显现效果。

但有些至关重要的促进创新的因素，不一定可以由那些规划和政策生成，譬如宽容的试错氛围、浓厚的探索文化、强烈的求知兴趣，这些都属于比较软性的东西。也许，通过时间积累，这些软性的东西在我国会越来越多。此外，我国的创新也非常依赖一个开放性的环境，至少在相当长的时间里是这样的，自主创新并不是自闭创新，也不是内卷创新，如果我国与外部世界的交流与合作被弱化，甚至被切断，这绝对不利于建设一个创新型社会，也不利于转向创新驱动的增长模式。

稳增长的根本途径是市场化

稳住增长需要畅通循环，而畅通循环的根本途径，还是要诉诸市场机制，让市场在资源配置中发挥决定性作用，并更好发挥政府作用。我国改革开放40多年的经历证明，市场化改革不断推进的阶段，恰恰是增长活力得到激发、增长潜力得到释放的阶段。而不恰当地诉诸行政手段来配置资源、调整结构，即使暂时看起来有所斩获，实际上也会伤害经济增长机制、抑制经济增长速度。

在我国，一个经常被讨论的扰动经济增速的因素，就是产能与需求的匹配问题。一些时期，需求明显大于产出，出现经济过热，而有些时期，产能明显大于需求，出现所谓的产能过剩。在后一种情况下，经济增速下滑，因此容易促使政府实行产能管理，以行政手段去产能，试图以此提振经济增速。事实上，以行政手段去产能可以提振经济增速不过是一种假象，而深化市场化改革，才是促进我国经济稳健增长的根本途径。

产能管理真的可以提振经济增速吗

我国最近一次的大规模产能管理行动，发生于"十三五"时期。当然在更早的时候，也有类似行动，譬如1998年之后的那一轮去产能。本轮去产能，始于2016年，那时，许多重要行业的确出现了产能利用率较低的问题，导致产品销售不畅、价格低迷，以及开工不足、投资不振，因此经济增速也有萎靡之势。于是，国家决定在供给侧实行去产能以及去库存、去杠杆等政策。

到2017年，经济增长的确呈现明显加快态势，许多人误以为这是去产能政策的结果。但只要进行一些基本分析就能发现，此时导致经济改善的主要因素是需求端明显回暖。从当时主要产品的产量来看，大部分重要工业行业的产量增速和营收增速都在明显加快，产品销售率和产品价格都上升了。很显然，需求扩张带动了产出增加以及价格走高，拉动了景气水平的回升。从逻辑上来讲，去产能本身并不能提高经济增速，顶多只能通过缓解供过于求的矛盾，从而促进价格指数上升，才能改善企业盈利能力和刺激投资意愿，为后续的经济增长创造一些条件。但如果这些决策由政府而不是企业做出，就存在误判供求信息，以及损害优胜劣汰的竞争机制的风险。

1999年那一轮产能管理的真实效果，则遭到更加普遍和长久的误读。1998年，受到亚洲金融危机冲击之后，我国开始大规模去产能。到2001年，我国经济有了明显改观，并于2002年之后步入高速增长阶段。许多人也以为这是去产能的结果，但需求数据清晰显示，那时许多重要行业都出现了产量快速增加和价格连续上升的问题，显然也是需求快速上升，而非产能大量削减和由此带来的供求关系改善、企业利润回升、投资和雇用增加，带动2002年之后经济步入高速增长时期。当时，纺织业被认为是产能过剩的典型行业，国家经贸委等部门决定对纺织业实行压锭，要用3年时间将全国纺锭数量从4000万锭压缩到3000万锭，也就是说要削减1/4的产能。纺织业削减产能的成效如何？数据显示，1998年和1999年，纺锭数量的确实现了约1000万锭的压缩，不过在2000年又开始回升，仅在1年多之后的2002年就猛升到5100万锭，远超压锭前的峰值4200万锭，并且产能扩张势头一直持续了 11 年，到 2010 年纺锭数量达到 12000 万锭，是实行压锭时的 1998 年的 3 倍以上。

如此长时期产能持续扩张，只能说明是需求出现了持续膨胀。事实上，纺织业的纱产量和布产量在这个时期都有 3 倍左右的增长，这与产能增长是一致的。纱产量从 2000 年开始，年度增速就从 1999 年的 5% 以下直接跳升到 10% 以上，并一直维持到 2010 年，这就不能用需求短期波动和补库存来解释了，显然是需求持续快速上升。布产量的情况也类似。也就是说，没有需求端的膨胀，企业是不会盲目扩张产能的；反过来，如果需求增长，企业是不会压缩产能的。当时上海国有纺织企业压缩下来的一些纺织设备，浙江的民营企业就买过来，运到小城镇形成生产能力，因为这些民营企业可以挖掘到性价比较为合适的市场需求。

1998 年之后实行去产能政策当然不止纺织业这一个行业。21 世纪以来被长期视为产能严重过剩的行业，有钢铁、煤炭、有色金属、建材等，这些行业其实从 20 世纪 90 年代中期以来就被贴上产能过剩的标签。1998 年后在上述行业也实施了去产能行动，当时就开展了关闭小高炉、小煤矿、小电解槽、小水泥厂等工作。这些行业在 2002 年开始约 10 年的时间里也步入利润快速上升、投资快速增长的景气阶段。从这些行业的产量和产能增长来看，显然也是需求大幅上升而非供给大幅收缩，带来了行业繁荣。我国粗钢产量在 1998 年不到 1.2 亿吨，估计当时产能在 2 亿吨以内；自 2002 年开始，产量突然加速增长，一直持续到 2013 年，实现 8 亿吨以上的产量。电解铝产量在 1998 年只有 230 万吨，也是从 2002 年开始产量突然加速增长，一直持续到 2015 年，实现 3000 万吨以上的产量。这两个行业的出口量只占全部产量的很小比例，显然，主要是内需大膨胀导致产量和产能大扩张。不但极少有人预测到钢、铝的国内需求量会膨胀到如此体量，更有不少人指责如此膨胀的国内需求是畸形的、病态的。即使到了 2015 年之后，我国经济增速出现明显回调，国内市场对钢、铝的需求，最低点仍然维持在 7 亿吨、3000 万吨左右的高水平，这远远超出了十几年前政府的规划。而进入 21 世纪第二个 10 年之后，国内市场对钢、铝的需求，则分别达到 10 亿吨和 4000 万吨左右。这样的需求量，哪里是产能管理者能想到的？纺织行业也是同样的情况。这难道还不能说明，产能到底是应该听市场的还是应该听市长的？

许多人可能会认为，21 世纪前 10 来年，纺织品需求大膨胀主要得益于加入 WTO 后的外需快速增长，钢铁和电解铝需求大膨胀主要是因为我国进入重化工业阶段。但看一看其他行业的数据，就可以明白，市场需求很难用简单因素，譬如加入 WTO 或者重化工业化来加以判断。譬如电冰箱行业，既不明显受益于加入 WTO，也不属于重化工业，而且技术成熟稳定，家庭普及率在 21 世纪初就已经达到较高水平，但进入 21 世纪以来，也经过了很大幅度的产量增长，虽然 2013 年之后一度下滑，但此时的产量已经是 15 年前的 9 倍了。这个行业的产量和产能大扩张而不是大收缩，在一二十年前是难以想象的。

这几个典型行业的情况表明，许多行业的大发展，经济增长的高速度，直接带动因素是需求爆发并持续较长时间，而不是由供给端产能收缩引致的设备利用率提高、利润增长和后续投资增加而推动的。

政府难以对供需匹配和产能多少进行有效管理

无论是 1998 年之后的那一轮去产能，还是 2016 年以来的去产能，国家都拿出大量资金对有关企业进行补贴和奖励。这当然会提高企业去产能的积极性。但是，所谓产能过剩，在市场经济中，一定程度上是个伪命题，因为同一行业多个企业进行竞争，没有哪家企业能够准确计算某个时点的市场需求是多少，更不可能准确计算某个型号产品的市场需求是多少。考虑到新产能形成需要花费较长时间，所以企业适当预留富余产能是非常正常的。即使市场需求出现急剧收缩或者增速显著低于预估，过剩产能也应该由企业自己来决定或由企业之间的竞争来决定如何处置。

的确，在一两年或三四年时间里，某些行业可能出现产能严重过剩且大部分企业不愿意削减产能的问题。当出现这种情况的时候，政府只是跟在企业后面发现了产能过剩，而不是首先发现或者提前判断产能过剩。可能有人会争辩：政府掌握全国的情况，当然可以比企业更能判断产能是否过剩。但是，即使政府掌握了供给侧的全局信息，它掌握市场需求变化信息的能力也比不上企业。因此，由政府来判定产能是否过剩，并不适当。

由政府来处理产能过剩，也不适当。在产能出现阶段性严重过剩的行业，总有一些企业要么主动削减产能，要么创新升级，从而使整个行业发生积极变化。纺织行业在这方面也是一个典型例子。实际上，早在2011年，政府并没有制定供给侧去产能的政策，并没有推动哪个行业的去产能行动，但纺织业此时就开始自动去产能了，在没有国家下达指标和给予补助资金的情况下，2012年产能比2011年下降4%以上，2013年比2011年下降8%以上。此时电解铝行业还在大增产能。家电行业似乎也有同样的情形，一些重要企业敏感地捕捉到市场需求的变化，自动进行产能管理，譬如美的集团从2011年开始，就基于对市场需求的预判，主动削减产量和产能，两年之后的产品品种从1万种以上降到5000种以下，销售收入下降近20%，但是净利润却节节攀升。很多出口主导的行业，譬如服装鞋帽和玩具等行业，到2016年国家提出去产能、去库存之时，企业自己去产能已经有相当大的进展。当然，由民企主导的行业比较容易出现这样的积极变化，由国企主导的行业则比较难，所以症结还是在国企。

　　由政府判断是否出现产能过剩和下达去产能指标，不但违背市场规律，也会侵犯企业合法权益，效果可能适得其反，容易出现逆淘汰效应。即使在产能阶段性严重过剩行业，也并不意味着所有企业都会面临产能过剩问题。2015年，我国钢铁产量在十几年里第一次出现下降，但仍然有一些大型钢铁企业产量继续增长。这充分说明，政府无法判定哪家企业产能过剩、过剩多少、应削减多少产能。

　　一些人可能会认为，像纺织这样的行业，国家可以不介入产能管理，但钢铁、有色金属这些行业是资本密集型、技术密集型的，在国民经济中的地位更重要，如果国家不介入产能管理，沉没成本很高，经济损失很大，而且会严重影响行业技术进步。事实上，纺织行业的总资产到2015年已经超过24000亿元，黑色金属行业是64000多亿元，有色金属行业是38000亿元，可见这些行业的总资产几乎都在巨大的体量上。而且，我国纺织行业无论是工艺技术，还是产品技术，过去一二十年里的进步实际上快于钢铁、有色金属等行业，目前纺织产品越来越多地用于工业乃至国防领域。21世纪以来，纺织行业在产能大扩张的情况下，资产利润率稳定提高，从2%以下上升到目前的9%以上；而同一时期，钢铁行业资产利润率明显低于纺织业，而且极不稳定，21世纪初在2%以下，2006年前后最高只上升到8%，2015年一度降到1%以下。

　　政府主导的产能削减，实际结果往往出乎意料。一个行业，即使目前的产能利用率只有70%，但并不排除一两年后会遇到10%的需求增长，或者连续两年遇到5%的需求增长。如果中国仍能保持5%~6%的GDP增速，那么许多行业获得5%~10%的增速一点也不离谱。而10%的需求增长，就足以使产能利用率从70%左右上升到80%左右，这样一来，供求关系就会发生极大变化。这并不是说未来很多行业的需求会如此增长，而是说供需关系的变化本应该由企业把握，风险和收益也由企业承担，这些都是常识。如果由政府下达去产能指标，供求关系变化将令政府猝不及防。

当然，这并不意味着政府应无所作为。政府应该严格管制污染物排放、生态破坏、资源过度消耗等行为，并适时提高标准；还应该加大劳工保护力度，维护税负的公平性。通过这些社会性监管和公平竞争环境营造，一些不良不适产能就会退出市场。

市场化改革和公平竞争更有意义

改革开放以来，我国经济经历了几个高速增长阶段，也经历了一些增速明显回落时期。无论是哪一个时段，经济增速的变化都与供需关系的变化联系在一起。而政府对于供给侧有更强的管理手段，当然，供给侧的产能信息也更容易为政府所掌握。因此自然而然地，政府会有管理产能的冲动，并试图以产能管理实现对经济增速的调控。

这行不通。事实上，过去的去产能行动，并未推动高增长。经济增速回升，或者进入高速增长时段，直接带动因素是需求突然爆发，而不是去产能政策。当然，不能淡化政府针对供给侧实施必要政策的重要性。从我国的实践经验来看，针对供给侧的结构性改革，如果致力于提高行业准入的开放性，着力于推动企业机制的市场化，就会有很好的效果。也就是说，市场化改革不会辜负经济增长。

自从20世纪70年代末以来，我国几个高增长时期，恰恰是市场化改革进程最明显的几个时期。国企的市场化改革对于国民经济的稳健增长很有助益。当国企在整个经济中的比重较高的时候，国企市场化改革的推进，对整个供给侧增强活力具有极为重要的意义。即使就去产能而言，历史上许多行业的去产能行动，事实上是与国企改革行动结合在一起的，去产能行动背后的国企市场化改革，比去产能行动本身更重要。只要国企改革到位，去产能还是扩产能就不需要政府操心了。就像纺织行业，20世纪90年代由国企主导时，是政府重点关注的困难行业，而经过世纪之交那几年大刀阔斧的纺织业国企改革，这个行业自21世纪以来成为一个产能、产量、利润率都大幅增长的行业，并且在2011年之后就出现自行去产能行动。因此国企的市场化改革仍然需要继续推进。而对于民营企业、民营资本而言，如果能进一步开放行业准入，并大力推动公平竞争，将有助于激发它们的活力，从而有助于稳增长。事实上，在21世纪初，许多曾经对民企、民资不开放的行业，主要是重化工业，都放宽了准入，一些民企、民资就是在那个时期开始进入钢铁、有色金属、汽车、造船等重工业领域。事实已经证明，民企、民资进入之后，尽管也有一些不规范行为，但对行业发展的带动作用是巨大的。当然，也需要进一步加大对外企、外资的开放。这些开放准入的改革政策，是增长活力的重要来源。

市场化的继续推进，还需要在公平竞争方面下更大功夫。早在1993年，十四届三中全会通过的《中共中央关于建立社会主义市场经济体制若干问题的决定》就提出了各种所有制经济平等参与市场经济的命题。2002年的十六大报告明确提出，要形成各种所有制经济平等竞争、相互促进新格局。2013年十八届三中全会通过的《中共中央关于全面深化改革若干重大问题的决定》，以及2020年党中央、国务院颁发《关于新时代加快完善社会主义市场经济体制的意见》，都指出，国家保护各种所有制经济产权和合法利益，保证各种所有制经济依法平等使用资源要素、公开公平公正参与市场竞争、同等受到法律保护，依法监管各种所有制经济。我国近年来的一些重要文件还强调，要确立竞争政策的基础性地位，要建立公平竞争审查机制。可以预期，随着这些精神逐步转化为具体政策并落实落细，我国经济必将有更加稳健、更加高质量的增长。

稳定市场主体预期：产权保护是关键

对于下一步稳增长而言，稳预期具有特别重要的意义。而要持续稳定市场主体预期，提振发展信心，则离不开对产权的合法保护。

市场机制发挥作用，当然需要一些基础性条件，良好的产权保护制度，就是其中之一。有恒产者有恒心，产权保护可以助力持久和稳健的经济增长。我国自改革开放以来，不断加强产权保护工作，完善产权保护体系，对于稳定社会预期，提振发展信心，发挥了重要作用。国家就产权保护还发布了一些重要文件。2016 年，党中央、国务院颁布《关于完善产权保护制度依法保护产权的意见》，对依法保护产权进行了更加周密的部署。

临时应急之举，还是长治久安之法？

可能会有一些人认为，出台这份完善产权保护制度、依法保护产权的文件，是不是针对民间投资下滑、经济增长仍面临下行压力而采取的一项临时性措施？可以认为，不排除产权保护措施的强化与完善会对当前和未来一个时期国民经济起到提振作用，但如果仅仅把这份文件理解为一场"及时雨"，就是短视的、功利的。这份文件开篇就明确指出，产权制度是社会主义市场经济的基石，并进一步强调经济主体财产权的有效保障和实现是经济社会持续健康发展的基础。该文件把加快完善产权保护制度与增强人民群众财富财产的安全感、增强社会信心和形成良好预期，保持经济社会持续健康发展和国家长治久安联系在一起，这在中央文件中是第一次。这样的认识，如果能够在未来的立法、司法、行政中和国家政治中得到充分、具体的体现，那么国家治理体系与治理能力现代化就能迈出坚实步伐。

人民安居乐业、生活富足，国家繁荣发达、力量足以维护正义，是自古以来许多民族的共同追求。历史事实和大量研究都已表明，良好的人身权利和财产权利保护，是实现这种追求的基础性条件之一。我国对于各种所有制经济组织和公民财产权的保护，有一个逐步深化认识的过程，现在这个认识已经达到一个新高度，下一步就是努力将其转化为法治化的产权保护体系。

产权保护的根本方向是法治化

这份文件清晰地指出产权保护的根本方向，就是推进产权保护的法治化。尊重和保护财产权利，本来是一个社会常识，在很多时候也是一个社会习惯，许多拥有力量的个人、组织应该也明白产权保护对于经济社会长期发展和稳定的重要性。但是，为什么世界历史上会出现层出不穷、循环不已的践踏产权的破坏性场景呢？根本原因是没有实现法治。

不实行法治，财产权利也有可能在一段时间里获得较好保护，但并不牢靠。2000多年前的汉文帝和汉景帝时期，朝廷对民间财产权利就保护得较好，但是到了汉武帝时期，朝廷却严重践踏民间产权，繁荣社会只维持了短短四五十年时间。当然在那个时代，人类社会还没有探索出定型的法治体系。从十三四世纪以来，特别是十七八世纪以来，英格兰社会的法治化产权保护体系逐步发展与完善，对于工业革命的兴起和现代社会的形成起到了至关重要的作用。而中国在这方面却远远落后了，即使到了明清时期和民国时期，法治化产权保护体系与先行国家的差距何止十里八里。

为了加快法治化产权保护体系的建设，该文件提出，在事关立法、执法、司法、守法等各方面各环节体现法治理念；加快推进民法典编纂工作，完善物权、合同、知识产权相关法律制度；严格规范涉案财产处置的法律程序，审慎把握处理产权和经济纠纷的司法政策；完善政府守信践诺机制，完善财产征收征用制度。尽管上述工作的落实将是一个较长的过程，但只要坚定地朝着这个方向不停地走下去，产权保护制度就会越来越完善、可靠。

产权保护是一项技术性很强的工作

产权保护只是有理念、有方向、有决心是不够的。产权保护不但涉及公权力对私人财产的侵害，也涉及私人之间的财产与合同纠纷，所以在产权争执和争夺中，权利界限远远不是"小葱拌豆腐"那样一清二白，而且公权力可能暧昧和偏袒，私权利可能贪婪和野蛮，这些会使事情更复杂。同时，现代社会的权利结构和合约设计异常复杂，有些内容还比较诡异，给权利界定和判定带来很多挑战。例如，很多金融工具和证券产品，条款设计不但繁复，而且超前，法律和监管往往存有空白地带和灰色地带，此时的产权保护对法治体系和监管体系而言都是一种考验。我们说产权保护是一项技术性很强的工作，一点也不为过。

技术性很强的工作，就需要专业性和细致性。英格兰的普通法体系中，大约有 2/3 的内容与产权和合约有关，这些详尽的内容，是专业性的法官和律师队伍在数百年的实践中发展起来的。我国要建立法治化的产权保护体系，特别是保护非公有制经济的财产权利，就应该像该文件指出的那样，审慎把握有关司法政策，严格区分经济纠纷与经济犯罪等各种复杂的界限，防范刑事执法介入经济纠纷，防止选择性司法。特别重要的是，我国需要在未来的改革中提高司法的专业性，要防止权力对司法的干预，要对公权力进行限制和约束。

技术性很强的行业，有时候还需要给专业性的社群和团体留下探索、试错和自律自治的空间，并不完全需要政府介入、司法介入。譬如，金融、证券、公司领域中一个迅速发展的现象，就是各式各样的基金、资管计划、保险公司持有上市公司股票，从而使上市公司和证券市场的权、责、利结构发生显著变化，因而2015年版的《G20/OECD公司治理原则》就提出建议：在投资链条拉长而且日益复杂的情况下，机构投资者应该披露其与公司治理有关的政策。显然，这是基于透明度的原则，并不强调政府和司法的过度介入。正因为产权保护是技术性很强的工作，才彰显出专业化、法治化的重要性。

判例的力量大于文件的力量

《关于完善产权保护制度依法保护产权的意见》提出：要着眼长远，着力当下；总结宣传一批依法有效保护产权的好做法、好经验、好案例；坚持有错必纠，抓紧甄别纠正一批社会反响强烈的产权纠纷申诉案件，剖析一批侵害产权的案例。

我国出台了很多其他方面的文件，关于产权保护，也有不少做了必要的强调和论述，甚至宪法有了相应修改、物权法有了相应规定。但正如眼前这份专门针对完善产权保护制度依法保护产权的文件所说的那样，尽管我国基本形成了产权保护法律框架，全社会产权保护意识不断增强，保护力度不断加大，但我国产权保护仍然存在一些薄弱环节和问题，如国有产权由于所有者和代理人关系不够清晰，存在内部人控制、关联交易等导致国有资产流失的问题，利用公权力侵害私有产权、违法查封扣押冻结民营企业财产等现象时有发生,知识产权保护不力,侵权易发多发。笔者认为,不管发多少文件、发文件的级别有多高,如果现实中这些现象得不到及时有力纠正,就会严重伤害文件的可信度,就会严重伤害社会大众的信心,因为社会大众往往从具体事例而不是文件表述来判断政策、判断政府。从很多事实来看,判例的力量大于文件的力量。西方成熟市场经济国家,普通百姓往往也是通过具体事例来了解和理解法律,因为法律条款是法官、律师等专业人员的事而不是普通老百姓的事。

在改革开放初期,邓小平针对社会上出现的对于改革政策和经商环境的疑虑,提出"不要动"傻子瓜子的经营者。这个具体判例就是一个强烈信号,对于扭转信心下滑所起到的作用,一个判例比一百份文件都要强。我们希望能尽快看到释放依法保护产权强烈信号的具体判例。

其他方面的文件也需要实际判例作为支撑。判例可以证明,文件不是一张纸,而是实际规则。当然判例不能只是少数几个例子,不断被拿出来做宣传,而是法治体系一种恒久的司法实践。我国在完善市场机制方面,还颁发了开放市场准入、维护公平竞争、优化营商环境等文件,这些文件的重要性并不亚于产权保护的文件,但一些文件的精神在实际中可以见到较多判例,而另一些文件则不然。只要有越来越多的判例告诉人们,文件精神不但是认真的,也是可以落地生根、开花结果的,那么社会预期就会越来越乐观、积极,经济增长就成了有源之水,会不断地涌流出来。

第二章

高质量发展道路上的稳增长

经过改革开放以来30年的高速增长，以及此后10余年的较稳健增长，中国人均GDP已经在1万美元的台阶上站稳了脚跟。这只是一个新的更艰难的开始，偏又遭遇严峻的"稳增长"压力。

在这个台阶上，继续往上走，相当于攀登增长之梯，而之前不过是进入了增长之门。攀登增长之梯比进入增长之门要难得多。除了发展环境面临更大的不确定性、宏观政策面临更大的难度之外，形象地看，需要一批植根本土的外向竞争大企业，作为增长之梯的踏板，以带动升级转型，缩小与前沿国家的TFP的差距，实现高质量发展。在这个进程中，需要格外注重支持非资源性实体部门的发展，促进产业创新。不过，区域经济增速可能出现新的分化，地方之间的竞争方式也会发生重要变化，产居创（产业、居住、创新）聚合圈将会成为未来的新增长极。

中国经济"立万"之后：打造更多踏板企业

2020年1月，国家统计局公布了我国2019年的成绩单，GDP总量达到14.4万亿美元，人均GDP登上1万美元的台阶，正前行在从上中等收入迈向高收入的征途上。"立万"是一个历史性台阶，但是我们应该意识到，"立万"之后的登梯步伐将更加艰难，而且登梯所需条件和所需政策与以前又有微妙而重大的不同。不妨从我国率先"立万"并继续攀爬到高收入状态的一些省份的经验说起，笔者结合近年来的研究，试图告诉读者：从上中等收入迈向高收入并继续向上爬升，是攀登增长之梯的艰难时段，外向竞争大企业在这一时段发挥了类似踏板的作用，下一步，应该思考如何恰当地打造更多和更好的踏板企业。

"立万"前后必须攀登增长之梯

其实，分省份来看，我国东南沿海有一些省和直辖市早已"立万"，并于前几年达到世界银行划定的高收入标准，如北京、上海、广东、浙江。北京在2009年就"立万"了，五年后又达到高收入状态，2019年人均GDP已超过2万美元。上海比北京还早一年，即在2008年就已"立万"，后来也顺利进入高收入社会，并于2018年实现人均GDP超过2万美元的大关。广东省晚一些，于2014年"立万"，2019年人均GDP超过1.3万美元，也进入高收入社会。浙江省在2012年"立万"，2019年人均GDP已经达到1.5万美元。

在这些省市中，我们更应该关注广东和浙江，尤其应该关注浙江的发展轨迹，因为北京、上海在改革开放初期就有着较好的经济基础，当时相比而言就属于"富裕"地区，但广东和浙江在计划经济年代的经济底子很薄。广东在改革开放初期还享受了优惠政策和特殊的开放措施，与港澳毗邻的优势也使其受益匪浅，而浙江却一无计划经济留下的底子，二无吸引外资的优势，三无石油、煤炭等资源禀赋，但是却在全国各省中非常早就"立万"，并进入高收入社会。可以说，浙江省是改革开放以来，以最薄的底子、最贫乏的资源，最完整经历低收入—中低收入—上中收入—高收入这个过程的省份。

对于这个完整过程，笔者把在低收入状态下启动较快经济增长，称为进入增长之门。如果能将这个基础上的经济增长保持一二十年，就很有机会摆脱低收入状态，成为中等收入经济体。但进入中等收入行列之后，特别是从上中等收入迈向高收入并继续向上攀升的阶段，笔者称为攀登增长之梯。大量实际情况和数据分析表明，攀登增长之梯要比进入增长之门艰难得多。攀登增长之梯的难度，来自所谓的转型升级问题，以及如何提升创造力、如何与前沿国家进行水平竞争等问题，这比进入增长之门所需要的资本筹集和投入、工业企业的设立和投产、技术与设备的引进和学习使用、初级产品和劳动密集型产品的生产与出口，要难得多。所谓转型，实际上就是从主要依赖要素投入和要素从第一产业到第二产业的简单转移，转向主要依赖创新和要素在产业之间和企业之间的复杂转移，并在工业扩张速度趋势性放缓的压力下大力发展商业化的服务业并提高其效率。所谓升级，不仅仅是指技术更新更高的产业不断替代以前的产业，更是指在每个产业，特别是可贸易的制造业行业，企业尽量往价值链和质量阶梯的高处爬升。而与前沿国家进行水平竞争，不但可能面临创造力方面的短板制约，也可能遭遇前沿国家的直接反制。显然，攀登增长之梯，必然意味着在全球竞争环境中，TFP的持续提高和对前沿国家的追赶，并且要在全球化环境中扩大附加值更高的产品的出口，要提高主要产业在全球价值链中的位置。在这些方面，从许多国家的经验来看，包括从东亚一些比较成功的经济体来看，并不容易获得成功。

至今，浙江省获得了上述方面较大程度的成功。在这一较大程度成功的背后，浙江省企业群体的变迁很值得分析，因为经济增长的微观基础是企业。笔者发现，浙江企业群体从小企业蜂拥而起到一些外向竞争大企业脱颖而出，对于浙江攀登增长之梯发挥了极为重要的作用，这些外向竞争大企业，是攀登增长之梯必不可少的踏板。

改革开放之初，浙江没有多少大企业，但众多中小民营企业和个体户喷涌而出，其中大部分是劳动密集型，被一些学者形容为"小狗经济"。尽管被很多人认为是"低端""一哄而上"，但数量众多的"小狗企业"极大地拉升了当地经济增速，把浙江经济迅速带入增长之门。到1995年，全省人均国民收入为976美元，按照世界银行根据人均国民收入划分的标准，此时浙江成功由低收入阶段跨入中低收入阶段。到2006年，全省人均国民收入达到3918美元，跨入上中等收入阶段。正是在这一时段前后，浙江经济开始经历阵痛，GDP增速在全国来看也较早地出现明显回调的情形，企业两极分化的情况也比较普遍，不少中小企业倒闭破产。但是，市场机制、竞争力量、全球化环境也造就了一群脱颖而出的优势大企业，它们获得了越来越多的市场份额，积累了越来越大的升级转型力量。政府也审时度势、因势利导，于2009提出"大平台、大产业、大项目、大企业"战略，并将此作为2010年及"十二五"期间的工作要求，主要措施包括实施龙头企业百强工程，加强对大企业在用地保障和创新补贴等方面的政策扶持，支持大企业通过合资、联合、并购等方式增强资本实力，支持大企业开拓国际市场、发展跨国经营等。在此后10年中，浙江制造业百强企业营业收入占规模以上工业企业主营收入的比重提升约20个百分点，而且新进百强榜单的企业大多为国际化企业，境外出口比例非常高。相比之下，退出百强榜单的企业，产品出口比例要低得多。中型企业数量尽管大量减少，但经营规模也呈现快速扩张的态势。这些大中型企业的劳动生产率大幅提升，产品品类和质量的升级也很明显。2015年，浙江省人均国民收入超过12466美元，成为我国最早进入高收入行列的省份之一。2016年，浙江又颁布了《"浙江制造"品牌建设三年行动计划》，提出推动浙江制造迈向更高品质、更高水平，并走向世界。浙江浓厚的市场化、全球化机制和氛围，以及勃发的企业家精神，再加上这些政策举措的助力，一步步助推浙江人均GDP迈上1.5万美元的台阶。预计未来几年，浙江还会有较扎实的增长。

攀登增长之梯必须有踏板大企业

攀登增长之梯，不能没有外向竞争的踏板大企业，这不仅是浙江的经验，也是广东的经验。广东与浙江有些类似。在改革开放初期，上海、北京都有一些大企业，但都是国有企业，甚至江苏、山东也有一些国有大企业，但它们都不是外向竞争的大企业。改革开放至今，广东也涌现了大量的小企业群体，助推广东进入增长之门，后来又有一些踏板大企业在市场化、全球化的环境中脱颖而出，助力广东攀登增长之梯。这些踏板大企业，不但包括已本土化的外商投资企业，也包括华为、腾讯这些民营企业，还包括美的、格力等改制后实现市场化的原公有制企业。其实北京、上海等地在过去十几年中，也有一批发挥了踏板作用的外向竞争大企业。

因此，研究一个地区、一个国家的经济增长，尤其是如何攀登增长之梯，必须意识到其微观基础变迁的意义。经济增长的微观基础是企业，这是常识。从国民经济核算的角度很容易理解，经济增长主要来自企业部门的增加值增长，这包括新设企业所带来的增加值，也包括已有企业增加值规模的扩张。恰恰是这个常识性问题，不但经济学家容易栽跟头，政府决策者也容易栽跟头。投入大量资金，建设大量项目，更进一步，组织大量的研发攻关，不就可以推进经济增长和升级转型、创新驱动了吗？但请不要忘记：没有增加值强劲扩张的企业群体，就不会有强劲的经济增长；没有高生产率的企业群体，就不会有高收入的国民经济。而大量投资、大量项目、大量研发攻关，就必然带来强劲的、高生产率的企业群体吗？在实际当中，许多时候没有这样的结果，一些时候还有相反的结果。只要做一些研究，就很容易发现，那些不能成功攀登增长之梯的地区和国家，并不是不重视投资，不重视项目，不重视研发，而是没有形成全球竞争力不断优化、生产率不断提高、新陈代谢机制不断激活的企业群体，从而导致投资、项目、研发逐渐成为无源之水、无本之木。

当然，经济增长的任何时期都需要微观基础。而在攀爬增长之梯的重要时段，夯实经济增长的微观基础具有与以前显著不同的内容。在迈入增长之门的阶段，大量中小微企业的涌现，对于经济高速增长起到了至关重要的作用，但在攀登增长之梯的阶段，大企业是否有出色表现，对于实现较高经济增速、跨入高收入行列，具有更加重要的意义。

上面对浙江经历的描述，只是一个缩影，全国范围内的样本分析更有说服力。对全国范围内数十万家规模以上工业企业的数据进行分析，我们发现，21世纪以来，的确有一部分企业表现出了生产率提高和规模扩张方面的异质性。把总样本中营业收入平均增速位于前5%

的企业筛选出来，我们发现，它们的营业收入增速数倍于总样本，企业规模迅速变大，而且呈现以本土的非国有企业、年轻企业为主的趋势，它们的TFP增速也显著高于其他企业。尽管这些企业的一部分在开始时规模不是很大，但随着时间的推移，它们的营业收入和增加值强劲扩张，成长为名副其实的大企业。这些大企业的数量有三五千家。我们还发现，这些大企业的发展，可以显著带动当地其他企业的产出增长，而且它们的溢出效应主要通过提高其他企业的TFP来实现。我们的进一步分析也发现，许多大企业逐渐对接和融入全球供应链、产业链、创新链，并实现了质量升级和竞争力提升。有一些大企业还成为各自行业的龙头。

这些大企业，不但自己的营业收入和增加值以及生产率强劲增长，而且也带动了它们的业务伙伴及其周边企业的增长，从而在我国攀爬经济增长之梯的阶段，发挥了非同寻常的促进作用。笔者把它们称为增长之梯上的"踏板"。也就是说，在从中等收入迈向高收入的艰难进程中，数量有限的"踏板企业"才是"关键少数"。相对于数量庞大、涵盖大中小微各类规模的所有企业而言，踏板企业的数量并不多，但它们的地位非常重要，从产业集群和产业链的角度来看，这些企业往往具有"群主"和"链主"的地位，它们是产业集群和产业链的主导性企业。

那些能够成为踏板的大企业，一个较为普遍的特征，就是外向竞争。它们普遍实行外向型经营，参与国际竞争，具体形式包括进出口，吸收外资及对外投资，接入全球供应链和产业链，在全球布局生产和营销网络，逐渐深化与美国等发达国家主导的研发链、创新链的互动融合等，并且最终要在全球体系中屹立于价值链顶端。这些企业可能主要是本国资本投资的企业，但并不是说，外商投资企业不会成为本国的踏板企业，重要的是，若要成为本国增长之梯的踏板企业，它们肯定要实行较高程度的本土化经营，而不能是那种随时向其他国家迁徙的从事简单组装活动的企业。

专门强调外向竞争这一点，并不是多余的。后发国家想要跨越中等收入陷阱，进入高收入国家行列，并继续提高人均国民收入，本身就是一个借助于发达国家业已形成的技术、资金、管理优势和市场规模的过程，本身就是一个对发达国家进行追赶的过程。这个过程无法在封闭的环境中完成。更何况，世界银行关于低、中、高收入的划分，就是一个开放环境中的国际标准。如果不能做到外向竞争，特别是不能做到面向发达国家的外向竞争，一国的大企业群体，到了从中等收入向高收入迈进这个阶段，就难以帮助国家实现产业升级、增长转型、国际收支基本平衡、货币汇率基本稳定，即使这个国家接近或者进入高收入状态，也很容易从增长之梯突然滑落，正如没有了踏板，爬梯者就会突然跌落一样。不少国家就是这样望高收入而兴叹。令人欣喜的是，我国的许多大企业，至今在这方面有不错的表现，我们对出口数据的分析发现，中国虽有大量出口企业，但规模更大的企业出口产品质量更高、劳动生产率更高。不过需要警醒的是，这些企业也存在一些短板和隐忧，例如，其价值链升级和质量升级还存在不少问题，其生产率持续提升并缩短与发达国家企业的差距之路还非常崎岖和艰辛，其国内供应链的开放性和竞争性还不够，有些出口产品质量还高度依赖来自发达国家的中间品进口。

具有外向竞争特征的企业，一般都处于可贸易部门，主要是制造业部门。在攀登增长之梯这一时段，往往是制造业份额下降、服务业份额上升的时段。笔者并不是说服务业不重要，而是想强调，制造业由于是可贸易部门，它们即使能够得到政府政策的某些支持和扶助，也难以排斥竞争，而服务业却未必如此。显而易见，在攀爬增长之梯的时期，经过市场竞争的优胜劣汰机制考验而成长起来的规模较大的企业，在升级转型、全球化竞争方面的作用会凸显出来，从而成为踏板企业。

即使在互联网和信息技术飞速发展的当今时代，踏板大企业的作用仍然存在。尽管在互联网时代，企业之间的合作、联盟有着更加多样的形式和内容，平台化、生态化的商业发展模式有着更大的吸引力和话语权，企业内部的流程和企业之间的边界也在发生深刻变化，但单个企业的规模仍然是市场力量的基础，这一点并没有改变，只不过人们越来越不以员工人数而是以营业收入和市场份额来衡量企业规模。从对业务的实际控制和合并报表的角度来看，从对产业链和生态圈的带动力来看，互联网时代的踏板大企业的重要性不但没有降低，还在增强。因此，不管技术、业态如何变化，企业规模的重要性，特别在攀爬增长之梯方面的重要性，可能比许多经济学家想象的重要得多，尽管企业规模的大小是一个相对概念和动态概念。

需要澄清的是，在攀爬增长之梯的时候，曾经四处沸腾的中小微企业在这方面的作用就降低了，但应该辩证认识大企业和中小微企业。我国目前许多可视为踏板的大企业是新兴企业和民营企业，它们是从中小微企业迅速发展壮大起来的。这意味着，我们绝不能机械地看待和理解大企业与小企业之间的关系。没有不断涌现的小微企业，便不会有不断崛起的新兴大企业，踏板就难以铸成。如果各个行业的龙头企业长期由那些老企业占据，新兴企业难以颠覆和替代它们，行业的竞争力和活力就存在很大问题。缺乏众多中小微企业和新崛起的大企业，也难以出现新行业、新业态、新模式。尽管我们将踏板大企业视为关键少数，但它们的基础是大多数，这一点是毫无疑问的。因此，在注重踏板大企业的同时，也绝对应该重视如何让中小微企业继续大量涌现，这样才会为踏板大企业提供足够的后备军和种子选手，增长之梯的踏板才会一级一级地往上接续。

踏板大企业如何形成

自然而然的问题就是：踏板大企业是如何形成的？这些企业是自然形成的吗？借助政府之手可以更多更快更好铸成这样的企业吗？

这些注定是无法回避又无法给出确切答案的问题。这两年，由于美国等国对我国的产业政策进行指摘，我国则进行了反驳，使得这个话题更加令人关注。实际上，"梯子"（ladder）这一词语，在19世纪德国著名经济学家李斯特的政治经济学著作中，正是用来表述政府扶持政策的。笔者的研究显示，即便李斯特，还有许多当代经济学家，关于政府扶持政策的作用的分析是正确的，但他们并没有揭示，政府扶持只有形成一批基于本土的外向竞争大企业，才有可能助力一国经济攀登增长之梯；而如果政府扶持的结果是形成一批寻租和垄断的大企业，则不能发挥这样的助力，还会有适得其反的后果。这里想强调的是，经济学家们关于政府扶持的作用可以众说纷纭，但最重要的是不能忘了经济增长的微观基础，不能忽视攀登增长之梯的踏板企业，不管政府采取什么政策，不管要不要实施政府扶持，只有形成一批基于本土的外向竞争大企业，特别是面向发达国家的外向竞争大企业，并且它们能够登上全球价值链和生产率的较高位置，才会在从中等收入向高收入迈进并继续爬高攀升的阶段，助力经济增长。否则，政策分析和政策争论都可能成为无的放矢、没有意义的空话。在现实当中，踏板大企业可能是由市场竞争力量铸造的，也可能是由适当的政府扶持和产业政策力量铸造的，或者是这两种力量共同铸造的。这也说明，理论远不能反映现实的复杂性。

不过在我国，政府有时会将几个国企合并形成大型国有企业集团。我国一些行业中规模位于前几位的企业，或者龙头企业，目前还是以国有企业集团居多，它们占有很多产能资源、科技资源、人才资源、金融资源，也比较热衷于国际化经营，其中一些的确取得了不错的成绩。这些国有大集团，有些就是合并形成的，特别是近年来这样的大集团越来越多。即使不是合并形成的国有大集团，它们在获取各种资源注入和政策许可方面也有难以定量说明的优越性。所以，当我们看到许多国有大集团进入《财富》世界500强榜单时，并不感到奇怪。但是，如果这些企业不能有效整合，就无法发挥一体化经营的优势。如果它们处于垄断性领域和不可贸易部门，以及资源性或者管制性行业，就无法经受国际竞争的历练，无法融入发达国家主导的全球产业链和创新链。对于大型民营企业，也要考虑是否会出现大企业病甚至市场扭曲等方面的问题。如果出现这些问题。不但企业本身会畸形发展，国家的经济增长也会受到拖累，从而对攀登增长之梯构成看不见的障碍。不管是哪类投资者投资形成的企业，一旦规模足够大，就有可能实施不正当竞争和形成垄断，就有可能过度汲取经济资源，但由于大企业的利益相关者过多、相关利益过大，因而不能像中小企业那样进行市场出清，这就会导致资源配置的恶化。更严重的是，大企业，不管是国有企业还是非国有企业，如果与政府形成畸形的政商联结，就会导致更加顽固复杂的经济政治问题。许多国家都有这方面的教训。因此，在攀登增长之梯的阶段，一方面，大企业可能发挥类似踏板的作用；另一方面，也可能沦为增长之梯的腐朽木头。所以，如何攀登增长之梯，以及如何正确发挥大企业的作用，尽管可以从研究中寻找出一些有意义、可借鉴的规律，但并没有一个现成的、固定的公式。

总之，我国改革开放40余年来，形成了一批基于本土的外向竞争大企业，它们有望成为增长之梯的踏板。在这个特殊时段，它们是中国企业群体的关键少数。这些踏板企业的兴起和在全球经济体系中继续壮大，使得中国跨越中等收入陷阱、成为高收入国家充满希望。不过，我们也不能过于乐观。不少企业，即使算得上踏板，其稳固牢靠程度也不够高，因为它们在质量升级、价值链爬升、生产率提升等方面需要补短板和除隐忧,以及在公平竞争、公平获取经济资源和政策对待方面需要纠偏差和堵漏洞。此外,当前的全球贸易、全球治理陷入巨大纷争,即使中美达成第一阶段贸易协议,也没有从根本上改变纷争。这使得中国企业,特别是已有和潜在的踏板企业,能否继续融入全球市场和美国等发达国家主导的全球产业体系、创新体系,都面临前所未有的不确定性。我们需要正确地应对这一议题。

高质量发展与生产率重振

我国 TFP 增速近年来明显下滑，与处于前沿的美国有很大差距，到 2035 年我国基本实现现代化之时，要达到美国 60% 的水平，必须下大气力重振我国的 TFP。

增长速度与发展质量的关系

十九大报告对高质量发展进行了一些论述，提出要推动经济发展质量变革、效率变革、动力变革，要把提高供给体系质量作为主攻方向，显著增强我国经济质量优势，并就制造业升级、新经济和新动能、技术创新等内容进行了阐述。2017 年底，中央经济工作会议进一步提出，必须加快形成推动高质量发展的指标体系、政策体系、标准体系、统计体系。

到底如何理解高质量发展，以哪些指标来衡量高质量发展，都需要认真研究。十九大以来，许多研究人员都对"我国经济已由高速增长阶段转向高质量发展阶段"进行了阐释和解读。一个值得注意的认知就是：由于我国经济增速的趋势性下降，无法追求高增长速度，所以转而追求高质量发展。譬如关于十九大精神的一些重要辅导材料就认为：我国经济增速从过去 9% 左右的高速增长逐步下降到目前 6%

左右的增速，综合国内外主流研究的观点，今后一段时间我国经济的潜在增长率总体上处于6%~7%区间；要从简单追求速度转向坚持质量第一、效益优先，从微观层面不断提高企业的产品和服务质量，提高企业经营效益。

无疑，无论从劳动力供给还是资本形成的角度来看，抑或从主要工业产品的需求空间和可能需求增速来看，很难想象我国经济还会像改革开放最初30年那样保持较长时间高速增长。但是，也不应该把速度与质量理解为此消彼长、相互对立的关系，并狭隘以为低质量不过是高速增长时期的严重污染、严重消耗，以及不令人满意的产品质量、服务水平。事实上，如果从TFP的角度来审视，高速度往往与高质量联系在一起。美国经济学家德怀特·珀金斯和托马斯·罗斯基对中华人民共和国自成立以来经济增长的研究表明，GDP高速增长时段也是TFP高速增长时段，并且是TFP对GDP增长贡献率最大的时段（见表2-1）。其他许多研究都有类似的结论。至于往往出现在高增长时段的糟糕生态环境状况，其实未必是经济增长的必然产物，而是监管（主要是社会性监管）太过失败造成的，即使没有经济增长，监管失败情况下也会出现糟糕的生态环境状况。

表2-1 中华人民共和国成立以来各时段的GDP增速和TFP增速（%）

时段	GDP年均增速	TFP年均增速	TFP对GDP贡献率
1952—2005年	7.0	2.1	30.9
1978—2005年	9.5	3.8	40.1
1985—1990年	7.7	3.1	39.7
1990—1995年	11.7	6.7	57.3
1995—2000年	8.6	3.2	36.8

资料来源：珀金斯和罗斯基，"预测2025年前的经济增长"，勃兰特和罗斯基主编，《伟大的中国经济转型》，格致出版社，2009年

笔者之所以强调高速度与高质量并不是此消彼长、相互对立的关系，是想提醒，即使高增长阶段在客观上已成为过去，学者们和官员们也不应该对经济增速的分析与预测过分自信，更不应该对产业结构变化趋势的分析和预测过分自信，我们不要轻易认为研究人员掌握了经济增速的变化规律、产业结构的变化规律，政府更不应该由此僵化地设定增长目标、产业规划并制定有关政策。在一些年份、一些时段，经济增速出现较大起伏，一点也不奇怪。不得不提及的一些事例就是，在世纪之交，一些对我国政策有重要影响的国内外研究机构，对我国"十五"期间或"十五"至"十一五"期间各年经济增速进行预测，它们的预测值要么在7%~8%，要么低于7%，而我国经济实际增长速度在2002年就超过9%，此后三年均超过10%，根据预测制定的国家规划在实践当中当然会捉襟见肘。

TFP应作为高质量发展的核心指标之一

中央提出加快形成推动高质量发展的指标体系，的确十分重要。从过去的一些经验教训来看，指标体系太复杂，就难有较强的指向性和引导性。即使要使用较多的指标，也应该确立极少数核心指标并赋予较大权重。

指标的设置和选择，当然涉及对发展质量的理解。笔者理解，高质量发展，主要应该体现为生产的效率更高、增长的普惠性更强这两方面，当然也可以包括生态环境更好等方面。这两个方面，既覆盖了生产环节，也覆盖了分配、消费环节，而且便于衡量。如果还要往前延伸，考察这两个方面的原因和过程，例如，分析产业结构、经济体制等，则会牵扯太多指标，并无多大必要。衡量增长的普惠性，可以把人均收入和基尼系数作为核心指标，此外，也可参考人类发展指数和其他指标。衡量生产效率，则应该把TFP作为一个核心指标。尽管

TFP 并不容易获得一致的计算结果,甚至在学术上也难以得到严谨、清晰的解释说明,但它包含了科技进步和各种创新,包含了管理水平和企业家精神,包含了人力资本质量等,而且在学术领域,有很多相关资料和数据可以利用。许多学者的研究都表明,只有依靠 TFP,才能促进持续的经济增长。美国著名经济学家爱德华·普雷斯科特等人甚至认为,TFP 不能持续提高,是通向富有的屏障。

如果将 TFP 作为高质量发展的一个核心指标,我国未来的发展质量并不乐观。由于更高的 GDP 增速往往与更高的 TFP 增速相对应,未来我国经济增速继续下滑,那么提高 TFP 增速就不是自然而然的事情了。如果将基尼系数也作为高质量发展的一个核心指标,提高发展质量更不容乐观,因为我国基尼系数不但很高,而且在过去几年轻微下滑之后,最近又有所抬升。总的来看,我国高质量发展之路很不平坦。

与许多学者一样,笔者使用由几位欧美经济学家开发的佩恩世界表(Penn World Table,简写为 PWT,该表 9.0 版的数据截至 2014 年),来说明我国 TFP 增速在 2010 年之后快速下滑的情形,并分析未来我国 TFP 缩小与美国差距的情形。图 2-1 显示了 21 世纪以来中国和美国 TFP 的增速变化。

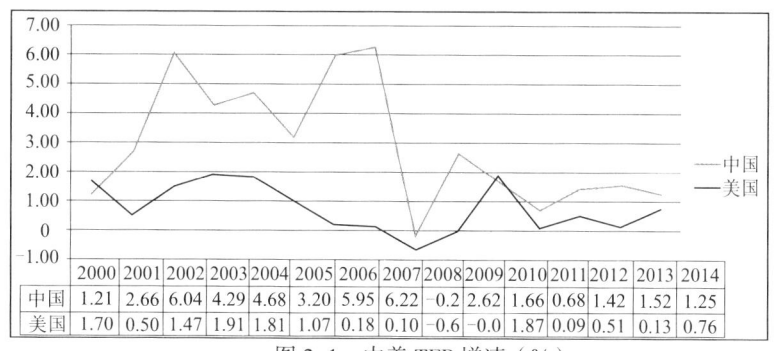

图 2-1 中美 TFP 增速(%)

资料来源:PWT V9.0

可见，2008年之前，中国TFP增速明显高于美国，但2008年之后，两国TFP增速都显著下滑，而中国的下滑比美国更加严重，这导致两国的TFP增速差距显著缩小。此外，自2009年以来，美国TFP增速呈现从谷底回升的明显趋势，而中国的回升趋势不太明显。从这一点大致可以感悟到，尽管自2009年以来，我国基础设施建设和科技创新都取得了长足进步，但这些并不一定体现为TFP增速的明显提升，所以TFP增速与单纯的科技进步的关系并非线性关系，至少在短期内是如此。因此，如何在未来提升我国TFP增速，从而提高发展质量，远不是增加科技投入、增加研发经费那么简单。

2035年中国TFP能达到美国60%的水平吗

佩恩世界表显示，2014年，我国TFP只相当于美国43%的水平。笔者估计，2015—2017年，美国TFP增速呈温和上升势头，但中国TFP增速在2015年继续下滑，可能已经低于1%，而2016年和2017年应该会有所上升，所以2017年中美TFP差距与2014年相若。

美国作为生产率前沿国家，是绝大多数经济体的赶超标杆。许多后发工业化国家，都曾通过工业化显著缩小了与美国TFP的差距，日本、韩国等东亚成功的工业化国家更是这样，我国在过去几十年里也缩小了与美国TFP的差距。1980年，日本在基本完成工业化和经济增速"下台阶"的阶段，TFP达到美国的81%。1991年，韩国在这个发展阶段，TFP达到美国的60%。81%和60%分别为日本和韩国追赶美国TFP的峰值或阶段性峰值，此后日本的追赶停止并且后退，韩国的追赶也基本停滞。我国目前尽管还没有完成工业化，但许多研究都认为已经接近或转入工业化后期，如果参照日韩的情形，我国TFP对美国的追赶步伐有可能显著放慢，而近年来中美TFP增速的变化趋势已显现这样的端倪。

如果延续目前中美TFP增速的情形，到2035年，也就是十九大确定的我国基本实现社会主义现代化的时候，中国TFP对美国的追赶，将远远低于日本在1980年的水平，也明显低于韩国在1991年的水平。笔者剔除受4万亿刺激计划巨大影响的2009年数据，也剔除受欧美金融危机巨大冲击的2008年数据，将2010—2014年我国TFP年均增速1.31%作为2015—2035年我国TFP年均增速的预测值，这个数值略高于2014年实际值1.25%。同时，将2000—2014年美国TFP年均增速0.76%作为美国2015—2035年TFP年均预测值。在这种情景下（情景一），到2035年，中国TFP只能达到美国的48%（见图2-2）。

将2015—2035年中国TFP年均增速预测值设定为1.5%，可能更加合理。假定美国TFP在此期间仍然以0.76%的速度提高，在这种情景下（情景二），到2035年，中国TFP将是美国的50%。

我们假定中国TFP增速在未来几年会明显提高到2.0%，并且在GDP增速趋缓的情况下还可以维持这个增速直到2035年。从我国目前的情况来看，应该说，这是一个大胆的假设，要变成现实并不容易。如果中国和美国分别以2.0%和0.76%的年均增速提高TFP（情景三），那么到2035年，中国TFP将是美国的56%。

到2035年，我国既然要基本实现社会主义现代化，如果TFP水平只相当于美国的百分之四十几或者百分之五十几，似乎与高质量发展不甚匹配。我们不参考1980年的日本，但可以参考1991年的韩国，即TFP水平达到美国的60%。如果将超过美国TFP水平的60%作为我国2035年的目标，那么只有当中国和美国分别以2.5%和0.76%的年均增速提高TFP（情景四）时，这个目标才可以实现，那时中国TFP为美国的62%。

以上三种情景，如图2-3所示。

	2015	2016	2017	2018	2019	2020	2021	2022	2023	2024	2025	2026	2027	2028	2029	2030	2031	2032	2033	2034	2035
美国	1.008	1.015	1.023	1.031	1.039	1.046	1.054	1.062	1.071	1.079	1.087	1.095	1.103	1.112	1.120	1.129	1.137	1.146	1.155	1.163	1.172
中国	0.436	0.441	0.447	0.453	0.459	0.465	0.471	0.477	0.483	0.490	0.496	0.503	0.509	0.516	0.523	0.530	0.536	0.544	0.551	0.558	0.565

图 2-2　2015—2035 年中国 TFP 对美国的追赶（%，情景一）

资料来源：作者预测

	2015	2016	2017	2018	2019	2020	2021	2022	2023	2024	2025	2026	2027	2028	2029	2030	2031	2032	2033	2034	2035
美国0.76	1.008	1.015	1.023	1.031	1.039	1.046	1.054	1.062	1.071	1.079	1.087	1.095	1.103	1.112	1.120	1.129	1.137	1.146	1.155	1.163	1.172
中国1.5	0.436	0.443	0.450	0.456	0.463	0.470	0.477	0.484	0.492	0.499	0.507	0.514	0.522	0.530	0.538	0.546	0.554	0.562	0.571	0.579	0.588
中国2.0	0.439	0.447	0.456	0.465	0.475	0.484	0.494	0.504	0.514	0.524	0.535	0.545	0.556	0.567	0.579	0.590	0.602	0.614	0.626	0.639	0.652
中国2.5	0.441	0.452	0.463	0.475	0.487	0.499	0.511	0.524	0.537	0.550	0.564	0.578	0.593	0.608	0.623	0.638	0.654	0.671	0.687	0.705	0.722

图 2-3 2035 年中国 TFP 对美国的追赶（%，情景二、情景三、情景四）

资料来源：作者预测

上面四种情形，一直将美国TFP未来年均增速设定为0.76%。但是，如果剔除2008年和2009年美国遭受金融风暴冲击时TFP增速为负与为零的数据，那么2000—2014年，美国TFP年均增速为0.93%。美国经济发展早已越过工业化阶段，即使政府大力推动再工业化和制造业回归，笔者认为，也很难实现持续多年的工业高速发展和经济高速增长。因为，尽管美国是技术和创新前沿国家，但当没有工业产出膨胀作为支撑时，其TFP增速不可能长期走高。但美国在过去几十年里，TFP增速的长期均值比较稳定地处于1%左右的状态。从各种因素来看，将美国未来十几年TFP年均增速设定为1%，可能是合理的。此时，中国TFP年均增速必须达到2.7%（情景五），才能在2035年超过美国TFP 60%的水平（61%），如图2-4所示。

如何重振TFP

我国目前GDP增速超过5%，TFP增速尚不到2%。如果GDP增速在未来10年保持在5%左右，那么要实现2.7%的TFP年均增长，也就是说，使TFP对经济增长贡献率达到50%以上，笔者判断，这非常困难。从我国历史情况以及国际经验来看，TFP对GDP增速的贡献率达到百分之三四十并不难，但超过50%则比较少见。因此，我国应在稳步提高GDP增速的同时，从现在开始重振TFP。

重振TFP，必将是一场攻坚战。中央已经决定，近三年要打赢防范化解重大风险、精准脱贫、污染防治三大攻坚战。而重振TFP这场攻坚战，将会更加艰巨、更加长久，不但因为TFP看不见、摸不着，还因为经济学并不能清晰地揭示并完整地解释TFP。无论是新古典经济学框架还是新增长经济学框架，事实上是出于学术上的无奈才会设计出TFP，与其说这是一个算出来的参数，还不如说这是一个算不出来才有的参数。

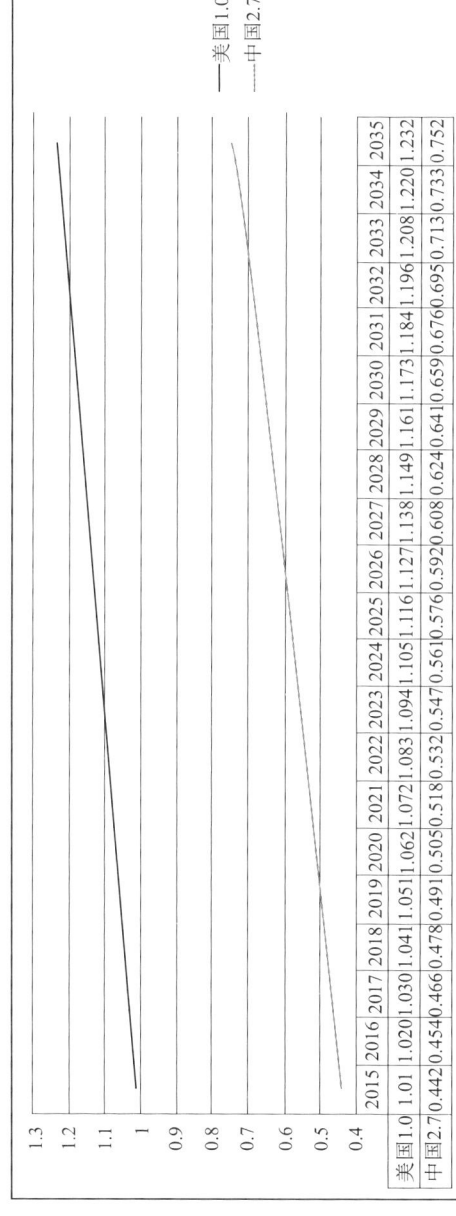

图 2-4 2035 年中国 TFP 对美国的追赶（%，情景五）

资料来源：作者预测

第二章　高质量发展道路上的稳增长

从现象来看，TFP高速增长往往是后发经济体"压缩式"工业化带来的结果，特别是由主导行业（主要是制造业中的一些行业）推动的，因为先行国家用几十年发展这些行业的历程，被后发经济体"压缩"到十几年甚至几年完成，其实也相当于先行国家数年的生产率上升被后发经济体"压缩"为一年的生产率上升。认识到这一点特别重要，这可以带领我们走出"科技越发达，TFP增长越快"的误区。未来十几年里，中国很难出现新的主导性制造行业，这将是TFP快速提高的最大制约因素，所以很难指望再次出现20世纪八九十年代和21世纪前10年那样的TFP高增速盛况，因为那时家电工业、化学工业、钢铁工业、汽车工业等主导性制造行业相继出现。更麻烦的情形是，当缺乏主导性制造行业时，如果原有的制造行业不能持续提高竞争力，或者出现某些政策失误，譬如误以为服务业将成为支柱而将经济资源过于集中于此，就有可能走向"去制造业化"。这是许多国家的教训。完全可以说，**重振TFP，以实现高质量发展和持续繁荣，制造业具有至关重要的意义**。在过去几年里，我国经济中金融业份额不正常上升，而制造业份额过快下滑，这值得警惕。如果这个趋势继续下去，TFP增速的提高就会更加困难。

没有主导性制造行业的TFP增长，意味着要素在行业间的转移不再像过去那样具有重要意义，而促进要素在企业间的转移，特别是向高生产率制造企业转移，就显得越来越重要。政府在识别主导性制造行业、扶持主导性制造行业方面，尚可参照先发国家的经验，但是在识别和扶持高生产率制造企业方面，则没有什么优势。充分让市场机制发挥优胜劣汰作用，同时发挥政府在加速劣汰方面的助力作用，可能是比较关键的政策选择。我国存在大量低效率企业，也有不少僵尸企业，它们占有和消耗了大量要素，政府不但不应该维持和救助，反而应该减少其倒闭、破产障碍，促使它们尽快退出经济活动，这样的做法对于生产率的重振大有裨益。

经济增长中的非资源性实体部门

众所周知，现代经济增长具有典型的产业结构变动特征。不过，有经验、有数据的产业结构变动历史，只有100多年。尤其是，主要工业行业扩张速度显著放缓之后的产业结构变动规律和趋势，及其与经济增长之间的关系，很难说已经有了高度认同的学术结论。这里旨在说明，有必要从一个新的视角，即非资源性实体部门的视角，来探究这个部门对于中等及以上收入国家经济持续增长的重要性，以及怎样的政策取向才有利于这个部门的健康发展。

如何认识经济增长中的产业结构变动

现代经济增长的启动，首先是进入工业化进程，并且会经历一个时期的重化工业化，这一进程推动工业部门，特别是制造业的迅速膨胀和在经济中占比的急速上升。随着人们物质消费水平的提高和人均收入的攀升，服务业占比上升、工业占比下降被认为是较普遍的规律性现象，有不少学者称其为工业化的完成，或者后工业社会的到来。西蒙·库兹涅茨、霍利斯·钱纳里等经济学家以大量的国别数据描述了产业结构的上述变动，并且被广泛引用。不过，从一国范围来看，所谓工业化的"完成"，是几十年前才出现的事情，如果从更漫长的时间进程来考虑，几十年的工业占比下滑也可能只是工业部门的中场休息，而非真正的曲终人散。诚然，当人们对物质产品的需求达到一定水平之后，对服务产品的需求就会急速上升。不过从全球化的视野来看，一国的工业占比下降，极有可能意味着另外国家的工业占比上升及其生产率的上升。这样的此伏彼起，已然而且必将更剧烈地引发那些"完成"或似乎即将"完成"工业化的国家的反思和警醒，并成为它们倡导"再工业化""持续工业化""制造业回流"政策的契机。全球范围的这类政策倡导，完全可以理解，因为大量的文献表明，工业，特别是制造业，以及与制造业强关联的一些产业，是生产率上升的主要来源，是科技创新的主要温床。因此，一国经济的继续发展，国与国之间的经济竞争，很有可能将持续落子于这些产业。

但必须认识到，当代的工业与服务业等其他产业已经日益融合、难分难解，相关产业链与创新链已经蔓延和贯穿于许多细分行业，过于纠缠于狭义的产业结构，一方面似无很大必要，另一方面又难以划清产业界限，甚至难以划清工业与服务业的部门界限。例如，目前呈现高速发展趋势且有广阔前景的数字经济相关产业，就横跨工业和服务业，很难说是以工业为主还是以服务业为主；其中的软件硬件一体化相关产业，不但有力地带动了作为服务业的软件产业的发展，也有力地促进了工业的扩展及其效率的提升。即使是可以清晰区分为服务业或者工业的产业，也有很多是从对方阵营分离出来的，例如，传统的工业企业内部就包含了大量的服务型业务，这些业务如果分离出来设立单独的企业，就可以划入服务业。因此，我们需要实事求是地调整分析框架和认识视角，来考察产业结构及其与经济增长之间的关系。

以俄、土、韩从高收入"降级"的教训来认识产业结构

一个直观而简单，但可能客观而真实的分析框架，就是审视处于

典型增长阶段的有关国家的产业结构特征和经济增长表现。这里所选取的典型增长阶段,是从中等收入迈入高收入状态这一时段;所选取的经济增长表现,是迈入高收入之后又滑落到中等收入状态这个比较特别的糟糕表现。当然,所谓中等收入、高收入,就是世界银行设定的人均GNI(国民总收入)高收入的标准。世界银行的高收入门槛值,恰恰是一些国家实现工业化时的GNI平均水平,只不过根据各年的通货膨胀水平进行不断调整。由于绝大多数国家人均GNI与人均GDP非常接近,这里也会因数据的可得性原因以人均GDP替代人均GNI。可以认为,如果一国迈入高收入门槛,则大体实现了基本的工业化,而处于中等收入水平,则为工业化进程中的国家。当然在现实当中,实际情况并非完全如此,一些国家即使迈入高收入门槛,或者接近高收入门槛,也不一定意味着它们有与此相称的工业化水平;或者,即使它们的工业化水平不低,主要工业行业也存在生产率不高、创新不活跃、国际竞争力不强、扩张动能不足等严重缺陷。相反,有些国家具有国际竞争力的工业行业虽然不多,整体上以非工业部门为主,但这并不妨碍它们继续保持很高的人均GNI。

从中等收入迈入高收入门槛,后来又滑回中等收入,在此称为"降级"。在过去30年里,"降级"国家只有三个——俄罗斯、土耳其、韩国。

俄罗斯是一个"降级"且至今未能实现再次"升级"的国家。该国2012年的人均GNI跨过世界银行12615美元的高收入门槛,正式成为高收入国家。但它在高收入队列里只站了三年,2014年人均GDP就开始下滑,2015年滑落到高收入门槛之下,现在还处于"降级"状态。

土耳其在2013年的人均GDP达到1.25万美元,几乎触摸到当年高收入门槛的12745美元,可以说是一个准高收入国家。也是从2014年开始,其人均GDP便掉头向下,2018年降到1万美元之下,

2019 年仅仅略高于 9000 美元，2020 年离高收入门槛更远了。

韩国也曾"降级"，但很快又再次"升级"。1994 年，其人均 GDP 站上 1 万美元的台阶，跨越当年世界银行高收入门槛的 8955 美元，成为高收入国家，并于 1996 年超过 1.3 万美元。但在亚洲金融危机的冲击下，其人均 GDP 在 1997 年掉头向下，1998 年急剧下降到约 8000 美元，退出高收入国家行列。不过，1999 年韩国经济迅速回升，人均 GDP 重新站上 1 万美元台阶，再次"升级"为高收入国家，2006 年首次站上 2 万美元台阶，2018 年已经站上 3 万美元台阶，现在还维持不错的发展势头。

这三个国家之所以突然"降级"和准"降级"，最直接和最大的原因就是汇率巨大波动、本币急剧贬值。此外，名义 GDP 增速也明显下滑甚至为负。2014 年，克里米亚并入俄罗斯后，卢布对美元当年贬值一度超过 50%，俄罗斯原油出口价格也大幅下跌。2015 年，卢布继续下跌，此后几年虽有所反复，但一直远远低于 2014 年之前的水平。土耳其虽然在 2013 年一只脚迈入高收入门槛，但危机已经潜伏，当年官方公布的通胀率接近 10%，里拉急剧下跌，此后几年对美元的累计贬值幅度达到 70%。在 1997—1998 年的亚洲金融危机中，韩元急剧贬值，对美元累计贬值幅度一度达到 60%。不过 1999 年之后韩元对美元明显升值，此后虽未达到危机前的水平，但比 1999 年最糟糕的时候升值了 1/3 以上。

从俄、土、韩的情况来看，它们在迈入高收入门槛之后的几年里，或者在触碰高收入门槛的时段里，其货币在三五年间或者一两年间，对美元大幅度贬值，再加上以本币计的名义经济增速的波动，从而以美元计的人均 GDP 和 GNI 大幅度下滑，导致"降级"。以美元计的人均 GDP，俄罗斯在 2013 年达到高点，之后三年时间里，大约下滑了 45%，然后才趋于稳定，并微弱上升；土耳其也在 2013 年达到高点，此后五六年里下滑了近 30%，之后才稍显稳定；韩国在 1996 年达到阶段性高点，此后两年里下滑了近40%，后来才强劲回升。总的来看，它们在遭遇巨大的汇率冲击和经济增速波动时，以美元计的人均GDP会下降30%~45%。

在汇率巨大波动、本币急剧贬值、GDP增速剧烈波动的背后，是经济结构中的严重问题。俄罗斯经济严重依赖石油生产和出口，土耳其经济严重依赖旅游度假、房地产、基建投资。它们都缺乏具有全球竞争力的产业部门，特别是可贸易的制造业部门。在它们的经济结构问题的背后，又是战略问题和政策问题，譬如，过于依赖资源，不重视制造业的发展，实行过于扩张的财政和货币政策，对迅速膨胀的外债缺乏必要管理等。韩国的经济结构问题与俄、土截然不同。韩国不依赖资源开发和出口，有颇具全球竞争力的产业部门，但当时的大型财团主导了经济，政府鼓励金融部门向这些财团大量输入金融资源，透明度严重不足，政商关系比较扭曲。因此，尽管韩国与俄罗斯、土耳其一样遭受汇率冲击，但由于具有一个比较强大的非资源性实体经济部门，在对这个实体部门进行必要的改革之后，就迅速恢复增长，重新回到高收入国家行列。从俄、土、韩的经历来看，有一个比较强大的非资源性实体经济部门，至关重要。

非资源性实体部门在持续和高质量增长中的重要性

这里定义的非资源性实体部门，首先当然是指金融业以外的实体部门，其次是排除直接从事自然资源采掘与加工的行业，以及排除只有高度依赖自然资源，才能开展运营的行业。直接从事自然资源采掘与初步加工的行业，比较好界定，譬如煤炭、石油，乃至电力，都属于这类行业。只有高度依赖自然资源，才能开展运营的行业，的确没有那么容易界定，不过像房地产、初级农业、初级观光旅游等行业，都属于此类。显然，非资源性实体部门，既包括工业，也包括服务业，但又不涵盖所有的工业行业和服务业行业。不过需要指出的是，非资源性实体部门并不是一个十分精准的概念，建立这个概念主要是为了调整分析视角，说明实质性问题。

非资源性实体部门不包括金融业，并不意味着金融业在经济增长中不重要。更何况，金融业除了可以发挥服务于实体经济、促进创新和经济增长的功能之外，还可以服务于人们的跨个体、跨时段、跨空间的资源和风险配置，是人类社会改善生活水平、改进生存方式必不可少的工具性行业。不过大量的事实证明，金融业也可以在严重脱离实体经济、脱离工具适当性的轨道上高速发展下去。这种自我循环、自我强化、自我加速的发展路径尽管可以做大本行业，做多GDP，但无益于经济社会的持续健康发展，反而增加了经济社会的扭曲和风险。大体而言，以实体部门为本，才是正确的方向。无论是否存在"服务业化"的客观规律、时代趋势，都不应该偏离这个方向。

非资源性实体部门不应该包括采掘业、初级农业，乃至房地产业、初级观光旅游业，这不是说这些产业不重要，也不意味着一些局部地区不可以以这些产业为支柱。人们的生存和生活，当然以农业、房地产业为支撑；人类生活的改善、经济的发展，在很大程度上依靠对自然资源的开发、加工。不过，大迂回生产方式的确立，精致性的提高，创新的加快，使得现代经济增长速度和国家经济竞争力越来越依赖产业的复杂程度，产业"复杂性"理论就是这样的观点。资源性实体部门虽然属于实体经济，一方面其复杂性程度一般而言较低，附加值不容易拉高，创新活跃度不容易提升；另一方面"资源诅咒"难以解除，一旦有了资源依赖，人们就易耽于享用大自然赐予的"租金"而丧失进取心，最好的结果也不过是富而不强、富而不久。世界上有那么多国家，除了几个人口很少、资源很多的高度依赖石油出口的国家，几乎没有哪个国家可以以资源性行业为主而稳定地保持高收入状态。学者们也许可以争辩，基于增加值的经济核算与统计体系已经隐含非资源性实体部门的重要价值，所以并不需要单独强调这个部门的重要性，但是建立非资源性实体部门的概念，恰恰就是要将这个隐含的价值分立出来，进行相对独立和完整的分析，使这个重要价值可以显性化、定量化。

总的来看，非资源性实体经济部门不仅是经济增长的韧性和恢复能力的主要来源，是保持货币购买力和汇率基本稳定的真实依靠，也是提高民众就业质量和收入水平、扩大中等收入群体规模、增强内需对经济的支撑作用的坚实基础。非资源性实体部门不但是科技创新最活跃的部门，还包含大量具有高度开放性的可贸易行业。因此，实体部门更容易出现两种截然不同的前景：要么更大程度实现生产率收敛，要么被边缘化或者被颠覆。曾经有一些国家，实体部门一度快速发展，从而明显地带动了经济繁荣，但后来却由于种种原因，没能及时升级并实现生产率收敛，进而萎缩并导致经济增长的衰退。例如，苏联曾经有一个较庞大的工业实体部门，但这个部门以重工业为主，特别是军事工业占有较大比重，并且没有融入全球市场体系和产业链。苏联解体后，俄罗斯则依靠大力发展资源性实体部门，来尽快摆脱经济困境和财政危机，但却陷入对油气资源开发的高度依赖而难以自拔。又如，土耳其经济虽然一直与全球市场有较高程度的接轨，但是实体部门不大也不强，特别是可贸易的制造业部门没能实现升级转型和不断扩张，反而走上扩张货币、扩大外债、刺激金融市场繁荣的道路。韩国的人口规模比俄罗斯和土耳其小得多，但国家把非资源性实体部门的发展作为重要战略，大力鼓励本国制造业企业向国际先进水平看齐，虽然其一度实行的保护性、倾斜性产业政策导致市场扭曲，但较有竞争力的非资源性实体部门的存在，为其提供了首次"升级"和再次"升级"的坚实基础，以至于日前韩国人均 GDP 比高收入门槛高出了大约 1.5 倍。这三个国家的发展状况，就是非资源性实体部门是否强大的真实写照。

从这三个国家的经历来看，即使进入高收入国家行列，人均GDP比高收入标准还要高出30%甚至45%，也不算是"安全"的高收入国家。当然，像俄、土两国那样，货币遭遇连续多年如此大幅度的贬值，实属罕见，这不但与它们经济结构缺陷的严重性有很大关系，也与它们国内政经生态、国际政治关系的严峻性有很大关系。因此，像俄罗斯那样，以美元计的人均GDP出现45%的下滑，是比较极端的情形；但像韩国那样，如果遭遇经济和金融危机，出现30%或更高水平的下滑，仍有一定可能性。综合来看，可以把超出高收入门槛1/3以上视为高收入安全区。进入安全区之后，即使遭遇汇率冲击和经济增速巨大波动，也不太可能掉落到高收入水平以下。显然，所谓的高收入安全区，是基于对上述三个国家经历的分析而建立的一个概念，并不科学。但是，在面对未来国际和国内局势等重大不确定因素的时候，建立高收入安全区这个概念，仍然具有一定意义。

我国非资源性实体部门的"两个追赶"

我国有十几亿人口，而且资源并不丰富，只有大力发展非资源性实体部门，显著提高TFP和全球竞争力，才有可能比较顺利地成为高收入国家，并进入高收入安全区，力争在2035年成为中等发达国家。

我国人均GDP在2019年首次站上1万美元台阶，达到10276美元，人均GNI为10410美元。按照世界银行划分标准，当年高收入门槛为人均GNI高于12375美元，我国离高收入门槛只差2000多美元。

从人均GDP与高收入门槛的距离来看，我国目前的情形与1990年韩国的情形最为类似。1990年，韩国人均GDP与高收入门槛的距离为13%。2019年，我国人均GDP与高收入门槛的距离为18%，2020年的距离也在13%左右。1990年之后三年，即1993年，韩国迈入这个门槛。预计在2020年之后的三年左右，我国也很有可能迈入高收入门槛。韩国在1993年的九年后，即2002年，人均GDP超过高收入门槛的1/3。我国按照目前的增长惯性，应该可以在2023年左右迈进高收入门槛。如果能够像韩国那样，再通过九年左右的努力，即在2032年前后，迈进高收入安全区，就基本上呈现与韩国相似的发展轨迹。

当今我国的非资源性实体经济部门，比起当年的韩国，体量上要庞大得多，结构上要齐全得多，即使比起美国和欧洲发达国家，也有配套体系较完整、供应链较有韧性等特点，并且逐步嵌入欧美主导的全球体系。不过，仍然要看到我国非资源性实体部门的短处。根据佩恩世界表的数据，韩国在1991年TFP达到美国的60%，但我国TFP目前尚不到美国的50%。我国工业增加值率只有22%~23%，而发达国家一般为35%~40%。当然，工业增加值率不能反映同样属于实体经济的非金融服务业的情况，而一般认为，我国服务业总体效率与美国、欧洲发达国家的差距，比制造业的差距还要更大一些。

下一步，我国非资源性实体部门必须加快对发达国家的TFP和增加值率的追赶，争取到2035年，我国的TFP达到美国的60%左右，工业增加值率达到30%以上，并接近美国的水平，从而有力助推我国经济进入高收入安全区，并成为中等发达国家。要实现这两个追赶，需要合适的政策引导和实质性改革的推进。

未来增长极：产居创聚合圈

经济活动为什么呈现地域聚集现象，为什么有些地区比另一些地区经济更加繁荣、增长更加强劲，这不但是学者和决策者探讨的议题，也是企业家和普通民众关心的话题。许多地区的政府都希望制订发展规划和实施相关政策来促进当地的发展，一些地方如愿了，也有一些地方没有如愿。长期以来，研究界有所谓"黏性"的说法，即某些地区对特定人群及他们所从事的经济活动具有很强的黏结力。前些年又流行"世界是平的"这个说法，许多人都相信在交通运输十分发达、信息传递十分通畅、资金和其他要素的流动几无障碍的全球化时代，国界和地域已没有多大重要性。的确，现在不像古典时期，靠近河流、海港、交通要道或资源富集地，就可以一直繁荣。但是，即使在信息化日益加速、要素流动日益便利的21世纪，我们也能看到，区域发展的分化现象并没有弱化，反而还有所强化。这里将分析未来经济增长的地区分化是否会呈现新的趋势，尤其在数字化和智能转型急速推进的时代，分化可能由哪些新因素驱动，并试图从中寻求一些政策意义。

区域经济的新分化与新竞争

人们很早就注意到经济活动的聚集现象，学者关于规模效应、集聚效应、产业集群、产业生态等方面的研究也非常多，并对政策制定和招商引资起到一定的指导作用。在我国，计划经济时代就很注重工业布局和相关行业配套的组织安排，改革开放以来的市场经济时代，尽管中央政府布局规划的作用大大弱化，但众多工业园区、开发区，以及城市、乡镇的产业区块，其实各有行业侧重，形成各自特色和优势，也基本上做到地理上的适当集中，这说明市场自身的内在力量发挥了良好作用。

过去几十年里，无论是计划经济时代或市场经济时代的我国，还是其他国家和地区，除了由自然条件和一些自发力量带动而形成的繁荣地区之外，政府力量都积极介入区域发展，地方政府之间在招商引资和服务企业等方面开展竞争，以期使本地经济增长好于其他地区，而更高层政府则会采取措施来扶持重点发展地区，或促使地区之间更加平衡发展。总的来看，在市场力量越来越发挥决定性作用的情况下，生产要素禀赋对区域经济增长的影响日益轻微，优惠政策的吸引力也有所衰减，而基础设施、配套条件，以及政府服务和所谓的营商环境，成为更重要的影响因素。在这些因素的驱动下，尽管我国存在一些欠发达地区，也出现了一些增长步伐相对放慢的地区，但还是有许多地区形成了以专业化集中为特色的所谓块状经济，有些地区还发展出更复杂的产业集群。这些块状聚集区和产业集群，不但分布在广东、江浙等沿海地区，还分布在河南、四川等内陆地区，可以说，沿海和内陆都积累了如何发展产业板块和产业集群、如何通过产业板块和产业集群促进当地经济增长的重要经验。

但是未来，仅仅复制或停留于产业板块和产业集群，对于寻求较高经济增速的地区而言，可能远远不够。在由工业化驱动的高速增长时期，特别是当后发国家和地区处于外延追赶的工业化时期，发展一些产业板块和产业集群并不是一项十分复杂的工程。不过，在我国大部分地区，这个阶段正在过去。我们虽然还可以从更发达的国家和地区引入具有先导性及前沿性的产业与技术，但这个空间远不如几十年前可以大量引入大路货产品和主导性产业那么大了，我们甚至越来越难以知道未来哪些产品、哪些产业会具有较大的增长潜力。同时，我国越来越多的地区在许多产业领域将面临与欧、美、日的水平竞争，甚至会在水平竞争程度较高的产业遭遇一些封锁和脱钩。2017年以来中美及全球贸易争端已将这个问题明朗化，而2020年新冠肺炎疫情所产生的冲击波，绝不会仅仅限于短期的金融市场动荡和经济增速骤降，它也会刺激一些国家对重要产业进行重新定义，对产业的安全性和完整性进行重新思考，对产业技术和产业布局进行重新规划，这些都会引发供应链重组和产业链洗牌，引起全球以及国内的产业形态、产业布局的深刻变化。即使是那些我们曾经认为不属于水平竞争而属于垂直分工的传统产业，它们也有不小的增长空间。国家之间、地区之间现在也开始争夺这些产业，但如果要继续保持和发展这些产业，我们也面临升级转型和提高生产率的双重任务。这虽然在很大程度上要依赖产业集群，但又不像建设一个产业板块或产业集群那么简单。

更重要的是，数字化和智能转型时代正在来临，其对产业发展以及人们生活和社会结构都会产生长期和深刻的影响，不但狭义的数字经济会有越来越大的体量，会成为很具爆发力的产业，而且数字化技术、智能化模式会与许多新技术和传统技术进行嫁接，并向产业领域进行全方位渗透，会使产业形态和产业关联发生前所未有的变革，会使未来的区域经济增长面临一些新的未知因素。事实上，这个端倪已经出现。最近几年里，可以看到，我国不少地方，即使致力于规划和建设一些产业板块或产业集群，并投入巨资形成大量基础设施，政府也在尽力改善营商环境，但对于提振当地经济增速的效果，远不如20年前那么明显。也有一些地方，政府似乎并没有那么辛苦地推进建设和招商引资，但却呈现更好的增长趋势。

可以说，在产业版图调整重构、产业技术快速推进、产业形态深刻变革的大背景下，我国区域经济正在出现并将进一步显现新分化。当然，全球区域经济也会面临同样的趋势。未来，我们会看到这种新分化将进一步明朗和加剧，并会引发区域经济的新竞争，一些地区将会成为未来的增长极，而有些地区则会在增长道路上掉队。

创新与产业及人力资本的新组合

未来的区域经济增长，虽然还会继续表现为产业板块和产业集群等原有的外在形式，也会表现为全面性互联和包容性生态等新颖的外在形式，但背后的首要驱动力量，无疑是更加原始、更加复杂的创新。在熊彼特的语义中，我国过去几十年的创新其实也非常活跃，但更多的是已有产品的新市场和已有技术的新用途，可视为空间套利和用途套利。未来的经济增长，需要越来越多地与发达国家相平行的创新，我们并没有多少现成的知识和技术可以利用，即使国外有更先进的创新成果，也会进行越发严密的保护，国外同行可能会对过去视为公共物品的知识进行封锁，甚至会对一些成熟技术和工艺采取外流控制措施。在数字化和智能转型时代，我国在许多科技领域和应用领域与发达国家处于差不多的位置，更需要我们做很多前沿性探索工作。所以，形势会逼迫我们进入技术和产品的无人区。我们在未来还需要突破一些重要的技术瓶颈，尽管不一定算得上严格意义上的发明，但需要更加丰富的数据积累和分析来确定参数，需要更加精细的技术和技能来实现工艺化。即使是传统产业的提效和升级，无论是工艺流程的改造和优化，还是产品设计的改进和升档，抑或材料的换代与更替，都需要更多的自有和专有创新来实现。

未来增长所依靠的创新，不但其本身会更原始、更复杂，而且它与产业及人力资本之间的组合关系也将发生深刻而巨大的变化。过去几十年，我国许多创新活动，与产业和人力资本之间的组合关系比较简单和直接。譬如在计划经济时代，政府部门将国有科研院所和国有企业组织起来联合攻关和试产，取得了一些创新成果。改革开放初期，乡镇企业和民营企业从大学和科研机构请来"星期日工程师"进行技术指导与成果转让，获得了一些创新成果；之后，这些专利和技术成果的市场化交易日益增多，并且有越来越多的企业设立研发机构和技术中心，获得了一些创新成果。企业将这些创新成果进行产业化，特别是民营企业在生产过程中会引入大量的迁徙性、流动性很强的外来工人。但是，笔者在过去几年的调研发现，创新过程和创新环境已开始日新月异进化，用流行的话语来表达，就是创新生态的重要性越来越凸显。在生态系统中，创新成果不是在简单明了的交易活动中和僵硬机械的科层制体系中完成，而是在较开放而广阔的交互式沟通、分享及合作中实现。这不仅涉及大学、研发机构、生产企业和服务性中介、资本机构，还涉及用户、消费者、劳动者群体，以及各种社会团体、社群和亚社群。这里不仅有科技，还有资本、文化及时尚，更有对未知的探索和讨论。创新生态也与创业密切联系在一起，大量年轻人带着新科技、新产品、新模式、新项目，以创业者的身份加入生态圈。所以，创新生态会将更加丰富的人力资本卷入其中。

在这样的新组合中，也更加需要强劲的产业基础。产业与创新是否可以更多分离，是一个有争议的研究议题。哈佛教授加里·皮萨诺的研究表明，如果脱离实体产业，特别是脱离制造业，创新将会难以为继。他认为，创新需要借助产业公地，而制造业是产业公地的基础。笔者对国内一些区域的调研也发现，产业和创新之间的相互依赖、相辅相成关系，比很多人想象的都要密切，反而是那些从前缺乏体制内科研力量但近年来产业兴旺的小地方，正在吸引研发和设计力量的聚集，而且在不断产生一些不起眼但又很有意义的创新成果。笔者认为，产业与创新的密切结合的极度重要性，仍然没有得到足够重视。它们在地域上的密切结合，不但可以促进创新本身的进展，也可以维持和创造大量的灰领就业岗位，以避免创新成果为少数金领和白领所独享。这对于防止就业、收入分配和社会结构方面的不公平问题，非常有帮助。当然，在未来的创新生态中，产业形态将是一幅怎样的图景，目前为止，可能还具有模糊性和神秘性，甚至在未来的产业体系中，什么创新会发展为产业，会有什么主导产业，都具有一定的不可预知性。但可以预见的是，这将是复杂的产业创新生态圈，而不仅仅是高冷的科技研发生态圈，更不是单调的产业活动生态圈。

无疑，没有强劲的产业体系，就没有经济增长。未来的产业体系，不仅行业本身不断消长死生，而且不会停留于原有的集群形态。许多人都知道，同为哈佛教授的迈克尔·波特，曾经详细研究并解释了产业集群的形成。但从当今的形势发展来看，集群本身，引发集群形成的因素，当然还有集群当中的创新行为，都在迅速演变。在贸易争端、科技变革、企业组织重塑等因素的共同作用下，集群的形态和布局必定发生深刻变化。笔者调研发现，集群单体越来越难以独立发展，由多个集群单体相互联系和组合而形成的集群系列，比集群单体更具黏结力，从而更具稳定性和可持续性，而产业链和创新网分别是集群系列的表层与深层联结纽带。笔者的研究也表明，在由中等收入迈向高收入并继续增收的阶段，即攀爬经济增长之梯的阶段，外向竞争的踏板大企业尤其重要，这些踏板大企业应该会在集群系列的产业链和创新网中发挥枢纽作用。一方面，它们与中小微企业，包括新创企业，共同形成生态；另一方面，也与中小微企业构成竞争关系，并随时可能相互换位，从而使这一时段的经济增长和产业图景充满魅力与戏剧性。因此，未来的赢家，必将是那些能巧妙地将创新和产业在本地区紧密协同组合起来，并能形成由产业链和创新网组成的新型集群系列的地区。

此外，尽管波特所强调的投入条件、需求条件、配套体系、企业战略等，在未来仍然具有重要性，但笔者需要强调的是，人力资本作为上述要件的载体，其与产业和创新之间的组合性质，至今仍然没有得到应有的认知。在这方面，世界银行经济学家安东尼·阿格塔米尔的研究具有启发意义。他认为，产业发展的未来趋势是智能转型，未来的核心竞争优势必然是智能创新和智能生产的有机结合，因此，能够提供开放式信息交流、多领域合作的网络化生态系统，将会在地区竞争中胜出，而这样的地区，也与诱人的工作和生活环境、高度自由又充满信任的氛围密切相关。他实际上引出了人的工作与居住这个议题。

这其实不是一个理论议题，而是一个实际问题。我们完全可以发现和感觉到，良好的自然、人文和法治环境，以及便利、舒适、安全、公正、平等、自由、合作，越来越成为人的吸引子，特别是那些充满创造力、创业欲和工匠心的人的吸引子。这样的环境和氛围绝对不是均衡分布和到处都有的，而是分别聚合在一定的地理范围。虽然互联网的使用会越来越多，但是不可编码知识的交流，技艺和能力提升，以及相互激发和相互鼓励，都需要虚拟空间之外的物理地域。在这样的地域，不但有从事经营、研发、金融等工作的金领，也有从事管理、设计、销售等工作的白领，还有大量从事高技能、高精准度工作的灰领和必要的蓝领，从而使发展红利能够被更多的人群分享。这样的区域，不但整洁、优美，而且有较高质量的教育、医卫、文体、购物、娱乐等设施，也有较高质量的法治体系和社会治理体系。当然，不能仅仅从人力资本的角度看待人口在一个地区的聚集。人也是消费者，其中一部分人可以是创新产品的最早和最挑剔的用户，是使用体验最积极的反馈者，他们实际上也可被视为创新的全流程参与者。一些研究表明，这些人对于区域经济的活跃与演进，发挥着微妙却又不易量化的作用。可以说，以前那种依靠大量候鸟式外来劳工从事产业工作的地区，不但对创新和创业人才，就连对需要不断积累人力资本的技能人才，以及对用户群体和意见反馈群体，都越来越缺乏吸引力。更重要的是，人民是社会的主人，他们不但向往工作上的高回报，也向往平等与法治，可以预料，未来将有大量年轻人涌向那些不讲关系、背景，也能公平获得机会的地区。具有上述吸引子的区域，一方面会吸收和利用人力资本，从而促进产业发展和经济增长；另一方面也会促进人力资本和社会资本的形成，以及人的更全面发展，从而进入良性循环的轨道。这些地区所聚集的人口，大部分应该是稳定性居住人口。因此，是富集吸引子的地区，而不是业已富集科技资源的地区，更容易将创新、产业和人力资本构成新组合，也更容易使这三者之间产生相互循环的溢出效应，从而形成良性的正反馈。

构筑聚合圈比选择产业更易炼成未来增长极

无疑，促成上述新组合，炼成未来增长极，包括创业者在内的坚守创新战略的企业家，是一个关键性力量。笔者曾将创新区分为伽利略创新和熊彼特创新，前者限于科学发现与技术发明，而后者才是经济增长意义上的创新，它以产业化为归宿，主要由企业家而不是科学家推动。不过，在新组合时代，那些兼具思想家内涵、探险家精神的科学家，会具有很大的意见号召力和资源动员力，他们可能会成为未来增长极十分重要的建设者。笔者的研究也发现，可被视为增长之梯踏板的一些外向竞争大企业，在产业链和产业集群当中往往居于"链主"和"群主"地位。这些企业的骨干人物群体，包括重要股东和董事、高层和重要中层管理人员、核心研发人员和技能人员，也会在很大程度上决定一个地区能否成为未来增长极。教育家的作用可能日益重要，如果仔细梳理那些日益受到瞩目的创新活跃地区，可以发现大学在其中的角色，好的大学不仅可以聚集优秀的教授和输出具有创造力与创业欲的学生，它对已经毕业的学生和其他年轻人来说也具有很强的黏性，能将这些对未来增长极不可或缺的重要人力资源留在大学所在地周边。此外，风险资本家也可以发挥较大的号召力和影响力。这些都可能是促进未来区域经济增长的引领性人物。重要的灰领也会发挥应有作用。上述各类人群，当然会有很多本地人，但如果一个地区要成为未来增长极，必定要构造吸引子来吸引和留住大量外来的上述人群，特别是年轻人群，他们到了一个非熟人的公民化和法治化社会，可以比本地优秀人物更加放胆坚持商业文化和市场原则，更多展现闯劲和创新创业精神，并产生强大的"鲇鱼效应"，大大增强地区活力。

要将这些重要的人员和力量，在这个地区而不是那个地区聚集起来，吸引生产要素，并释放增长动能，当然无法回避一个问题——地方政府领导和官员团队应该如何发挥作用。地方政府的传统手法是招商引资，但区域经济在未来的新竞争，将不仅仅限于招商引资。无论从国内还是从全球来看，传统的招商引资竞争即使还有不小空间，其掣肘也将越来越多，例如，提供各种优惠政策，包括税收优惠、土地价格优惠、用电价格优惠，以及形形色色的补贴，都会受到更多规范性约束。即使是传统的招商引资，地方政府在未来也可能更加侧重对集群系列而不是集群单体进行招商，并进行系列化精准配套。由于产业与创新、人力资本之间形成新组合，产业发展、创新发生、人才涌现越来越多地在产业创新生态圈中进行，所以，地方政府需要从传统的选择性产业政策转向新型的产业创新生态圈政策。当然，这是另一个议题。

未来地方政府之间的竞争将不限于可量化的营商环境指标的比拼。其一，需要对投资者、创新者、创业者和运营企业提供个性化与全程化的服务，而这些服务又不能违背公平竞争原则，譬如，对基础设施缺失进行适用性建设和改造，对运营中的困难在不破坏市场机制和不违背市场规则的情况下加以协调与帮助，对配套体系不足进行专门性弥补和升级等。其二，需要在整洁优美的工作和居住环境方面，在安全、环保、教育、医疗、文化等方面，在服务业的健全，特别是金融服务业的健全方面，甚至在社会交往和创新创业交流方面，提供更优越的条件，使得产业、创新、居住都有更适宜的环境和氛围。其三，需要大力推动区域治理的现代化，形成法治化、公民化的社会，不但政府廉洁、透明、高效，而且法治、信任、合作、和谐、参与等社会资本得到不断充实，从而使社会资本成为营商环境的重要组成部分。总而言之，尽管仍会有优惠政策的竞争，但会有更多的个性化和全程化而又亲市场的服务方面的竞争，安、环、教、医、文方面的竞争，金融等服务业更加健全的竞争，社会资本充实度和治理现代化程度的竞争。

竞争的赢家，能够将产业（Industry）、居住（Habitation）、创新（Innovation）这三个要件聚合在一定的地理范围内，形成产居创聚合圈（简称IHI），产生强大的聚合效应，从而成为未来增长极。当然，三者聚合，并不是说三者之间，特别是居与产之间无须保持适当距离。未来增长极，到底应该有哪些主要产业和主导产业，难以事先确定，它必将是产居创聚合圈，则比较确定。抓住确定性，把注意力放在产居创聚合圈的构筑上，而非抓住不确定性，把注意力放在产业选择上，更容易打造未来增长极。当然，未来增长极，不一定都是布局于较大地理范围的大增长极，即使在县和区这样的小地方，也可以通过精准定位和错位竞争，形成专业化特征更加明显的小增长极。在这场新竞争中，地方政府领导及其官员团队，无疑可以发挥有别于"挑选赢家"的传统产业政策的积极作用。

当年弗朗索瓦·佩鲁和纲纳·缪尔达尔等经济学家在研究增长极理论时，本意是希望少数地区先行发展一步，然后带动其他地区发展，从而实现由区域之间的不平衡发展到平衡发展的跨越。但是，过去几十年的历程表明，地区发展的不平衡长期存在。未来的区域发展格局中，极圈效应一旦形成，就具有较强的稳固性和吸附力，就会对其他区域的赶超构成障碍。所以，未来增长极只会出现在少数地区，极圈化现象可能会更加明显。当然，可能会有大增长极与小增长极并存，大区域聚合圈与小区域聚合圈同在，而且区域之间的经济竞争毕竟不会消失，所以极圈与非极圈之间的相互易位也存在机会。尽管我国作为一个幅员辽阔的大国，政府还是应该对产业和人口的集聚进行得当且适度的引导与调控，防止过度聚集和区域之间的发展过于不平衡，但也应该鼓励聚合圈的出现。其他地区，即使增长平庸，也可以不甘于别的方面的平庸，借用"极"的概念来表述，它们可以努力成为科研极、教育极、艺术极、生态极等。

第三章

"伴险增长"通道中的政策难题

几年前,国际货币基金组织(IMF)就提示了"伴险增长"(Growth at Risk,缩写为 GaR,或称"冒险增长")的可能性。新冠肺炎疫情在全球流行,绝大部分国家都实行了超宽松的货币政策和财政政策,从而使"伴险增长"成为真实场景。中国经济也不例外。

在"伴险增长"通道中:一方面,仍需保持较好的经济增速,中国人均 GDP 刚刚突破 1 万美元不久,必须有一定的增长速度;另一方面,又面临债务堆积带来的较大金融风险,以及通货膨胀等方面的压力。这就给经济政策带来很大的难题,寻找政策的平衡性尤为重要。

寻找平衡性经济政策,必须仔细分析融资条件是否会发生重大变化,从而引发金融风险,而通胀是否回归,则可能是重要触发条件。问题在于,在新的发展态势中,有可能形成新通胀,而非经典通胀。现代货币理论(MMT)受到越来越多的关注,似乎会带来一种所谓的"新巫毒经济学"的流行,并影响经济政策,这增加了政策的不确定性。我国也面临比较明显的债务问题,如何对待和处理债务,将成为政策难题之一。

"伴险增长"通道中的平衡性经济政策

我国经济，乃至世界经济，目前面临的不仅仅是新冠肺炎疫情和地缘局势紧张等因素导致的供应链脆弱、通胀复兴、增速受惊扰等问题。一国的加息、缩表、砍预算、控贸易等任何政策行动，为什么会引发从前鲜见的市场反应和宏观表现？而任何反向操作，为什么也会有与以前截然不同的效果？总之，现在的经济政策似乎"里外不是人"，左也不是，右也不是，紧也不是，松也不是。这是因为，全球经济和我国经济已进入"伴险增长"通道，经济政策需要在维持GDP增速和管理通胀和金融等风险之间寻找艰难而惊险的平衡。如果看不到和做不到这一点，就容易出问题。

经济发展进入"伴险增长"通道

2017年，IMF对全球提出了"伴险增长"警示。一些经济学家还开发了"伴险增长"模型。所谓"伴险增长"，是指在债务不断堆积、杠杆率节节攀升、资产价格相应膨胀的境况下，要保持一定的经济增速，就要冒较大的金融风险。也就是说，需要在越来越旺的金融风险火苗中跳经济增长之舞。2017年，MMT还不太流行，财政与货币之间的防火墙还算有效，IMF就构建了"伴险增长"分析框架，而

2020年以来，不但绝大部分经济体的各种债务有了大幅度跃升，而且财政与货币之间的协调联动显著增强，从而把世界经济猛力推进了"伴险增长"通道。

新冠肺炎疫情以来，全球债务堆积呈现的走势令人吃惊。全球宏观杠杆率在2007年为195%，"金融海啸"将其拉高20个百分点，达到215%。此后10年里，全球杠杆率缓慢上升，平均每年大约上升1个百分点。而在新冠肺炎疫情暴发的2020年，全球宏观杠杆率一年就上升了约30个百分点，猛升到256%的高位，其中公共部门杠杆率达到99%。2021年，通胀的上升实际上加大了高杠杆率带来的风险。尤其令人担忧的是，高杠杆率伴随着高赤字率。2020年，美、英、法等的赤字率都在10%以上，欧元区则达到8%，南非、巴西等一些新兴经济体也超过了10%。这是一股前所未有的赤字浪潮。

"双高"，即高杠杆率和高赤字率，绝不是免费午餐，而会以资产价格膨胀和传统通胀等形式向社会转嫁成本负担，以及增加金融脆弱性，积聚金融风险。事实上，2022年4月IMF发布的最新《全球金融稳定报告》（GFSR）就分析了这些问题，指出全球经济正面临明显的通胀压力，同时融资成本也在上升。该报告还预测了未来几年利率陡升的可能性，指出低通胀、低利率时代终结，将不是好消息。如果政策不得不进行这样的转折，融资条件改变将给脆弱的金融体系以重击，而新兴市场更需要应对可能出现的资本外流风险。

但是，全球经济需要重振增长。不但发达国家需要以一定的经济增速来消化其已经积累起来的经济社会问题，并提振社会信心和国家实力，发展中国家更需要以较高经济增速来消除贫困，实现富裕。目前，已经出现全球经济是否会陷于滞胀甚至衰退的讨论，尽管这种可能性尚未得到确认，但无论如何，一定的经济增长速度是必需的。而重振增长，就必然要在处置"双高"问题上有所收敛。毫无疑问，这就将全球经济发展推入"伴险增长"通道。地缘政治局势恶化，全球供应链受扰，无疑会加剧经济下行压力和增长中的风险。

我国 GDP 增长与债务增长的赛跑

我国经济也难以独善其身，实际上也大致属于进入"伴险增长"通道的情形。根据央行计算，我国宏观杠杆率在 2008 年只有 143%，2019 年达到 250% 以上，平均每年只有几个百分点的增速，其间还经历了 2008 年全球金融海啸之后的大宽松时期。但 2020 年，一年就上升约 24 个百分点，接近 280% 的水平。虽然公共部门杠杆率表面上只有 46%，但实际上企业部门 161% 的杠杆率中，隐藏了不少公共债务，因为不少国有企业债务是来自地方投融资平台，它们执行的是政府意志。根据 IMF 测算，我国 2020 年的实际赤字率也超过 6%。2021 年，我国宏观杠杆率反而下降到 273%，这是因为当年的 GDP 名义增速明显快于债务增速。预计这只是阶段性现象，而大概率事件是，我国宏观杠杆率在未来几年将跃上 300% 的台阶。

对于一个新兴经济体而言，如此巨量的债务堆积，特别是在公共债务与国企债务边界不甚清晰的情况下，风险不容轻视。更大的动态风险在于经济增速不振。对于新兴经济体而言，在经济增长与债务增长的赛跑中，如果前者跑赢后者，风险就可以得到一定程度的消化，否则就相反。

1998 年，我国 GDP 总量只有近 8 万亿元，税收收入刚超过 9000 亿元，外汇储备 1450 亿美元，存款余额 9.6 万亿元，贷款余额 8.7 万亿元，股票市值近 2 万亿元；而当时估算的不良债务在 1 万亿元以上，其中实行债转股的金额就超过 4000 亿元，金融风险暴露十分严重；仅仅 10 年后的 2008 年，我国 GDP 总量就跃升到 30 万亿元台阶，税收收入跃升到近 5.8 万亿元，外汇储备接近 2 万亿美元，存款余额约 48 万亿元，贷款余额达 32 万亿元。在 10 年时间里，GDP 总量增加了275%，税收收入增加了540%，外汇储备增加了1280%，而存款和贷款余额分别增加了400%和270%。正因为蛋糕快速做大，分母快速变大，过去的1万亿元不良债务存量，加上一些不良债务增量，就不构成多大风险了。虽然2008年之后的两三年里，我国为了应对全球金融海啸，实行了比较激进的扩张性经济政策，宏观债务率和财政赤字率都明显上升，但由于经济增速大体保持同步上升势头，所以总体风险状况并没有显著恶化。

近几年，我国GDP增速和税收增速严重下滑，外汇储备基本稳定，但存贷款余额则不成比例地增加。2016年，GDP总量约为74万亿元，税收收入约为13万亿元，外汇储备刚好突破3万亿美元，存款和贷款余额约为156万亿元和112万亿元；2021年，前三者分别为114万亿元、17万亿元、3.3万亿美元，存款和贷款余额约为239万亿元和199万亿元，5年时间里各增加了54%、31%、10%、53%、78%。显然，过去5年的贷款增速显著超过GDP增速和税收增速，而1998—2008年这10年间的贷款增速与GDP增速基本一致，税收增速则更快。外汇储备增速的变化就不用细说。即使拿存款余额与贷款余额进行比较，也可以看出，过去五年的贷款余额增速高于存款余额增速25个百分点，而1998—2008年这10年里的贷款余额增速低于存款余额增速130个百分点。所有这些比较都意味着，过去5年里，债务增长速度远远超过还本付息能力的增长速度，远远低于资金周转能力的增长速度。如果考虑到贷款余额之外的债务，情况应该更严重。当做大蛋糕的速度减缓，风险就会显著暴露。

毋庸讳言，我国仍然面临很大的发展任务，需要保持较高的经济增速。我国人均GDP在2021年跃上了1.2万美元的台阶，离世界银行划定的高收入国家入门线已经近在咫尺。但我们绝不能掉以轻心，因为一些国家的经历告诉我们，这个时期可能遭遇一些重大不确定性。即使没有近期防疫管控措施带来的增长压力，当考虑到我国经济在"伴险增长"通道中前行，就必须意识到将会遇到巨大的政策考验。加之当前的国际环境出现很大变化，美国等发达国家还实行加息和缩表，使得我国遇到的政策考验更加严峻。

需要寻找平衡性经济政策

我国离发达国家还有很大距离，发展是硬道理，低速增长是最大风险。在"伴险增长"通道中寻求较好经济增速，相当于在下有深沟、上有落石的曲折山路上驾车前行，需要采取高技能的平衡性经济政策，才能既保持行驶速度，又躲开深沟与落石。

这意味着：一方面，我们要寻求与潜在增速大体一致的经济增速，譬如一些机构测算认为，目前大致在6%或稍低一些，所以目前应该努力克服下行压力；另一方面，要高度关注金融风险和通胀风险，防止受这两个风险的"夹板气"。而实行这样的平衡性经济政策，的确是一种前所未有的挑战。

保持较好的经济增速，就不能采取明显的收缩性政策，但如果采取典型的扩张性政策，又会使"伴险"演变为"出险"。这显然是一个难题。因此，很可能需要像在上述山路上驾驶一样，抓住各种短时窗口机会，实行机动性更强的政策，随机应变调整踩油门和踩刹车的力度，在机动性中寻求平衡性。特别是要在非收缩性政策框架中，强化宏观审慎和微观审慎工作。一般而言，在扩张性政策的大框架中，宏观审慎和微观审慎工作有可能放松，但在"伴险增长"通道中，这些工作特别重要。我国有很多大型的国有金融机构和国有企业，以及一些结构非常复杂的民营企业，透明度比较低，所以微观审慎工作应该跟上，但是又不能伤害企业的自主经营和自担风险机制，更不能抑制民间创新活力和企业家精神。能不能精准把握政策尺度，在很大程度上决定了平衡性经济政策是否成功。

在总量政策上增添一些结构性功能，将是有益探索。货币政策总体而言属于总量政策，但在过去十几年里，货币政策经历了很多创新，有些创新带来了负面后果，而有些创新则有积极意义，其中包括承担结构性功能的政策工具。我国在这方面的创新比较多，当然一些政策工具存在争议。不过行进在"伴险增长"通道中，进一步探索货币政策的结构性功能，并更好地发挥这种结构性功能，是可以的。当然，给总量政策增添结构性功能的行动，也可能使总量政策失去一视同仁的平等性，甚至造成政府过度和不当干预。因此，应及时跟踪评估这类政策的积极效果与消极反应，并不断改进政策内容和政策工具，还可以在理论上对这类政策进行必要总结。财政政策的结构性功能更强一些，可以更多实施。无论政策工具如何创新，财政政策与货币政策都应该有防火墙的概念，还是不能改变，尤其在"伴险增长"时代。

需要实行供给侧放松管制和提升效率政策。这样的政策可以平衡通胀压力和金融风险。供给侧过多过繁的管制不消除，供给侧的效率不能提升，货币超发、债务堆积等方面的压力就得不到释放，风险就会越来越大。我国蕴藏着巨大的民间活力，问题是如何把这种活力尽可能多地激发出来。我国经济体系中的管制仍然很多，准入政策仍然过严且不清晰、不连贯，不同所有制企业之间的竞争仍不公平；而政府监管的摇摆性还比较强，一些时候失之过宽，一些时候严峻过度。这就抑制了民间活力。目前，供应链不畅的问题，实质上还是管控过多过繁、随意任性的问题。即使供应链不畅的问题解决了，同类问题也会转移到其他领域。所以供给侧放松管制和提升效率的政策，以及全社会放松管制和提升效率的政策，要推行下去实在是任重道远。归根结底，还是要继续推进市场化等方面的改革。经济领域的市场化改革，下一步应该致力于开放准入、鼓励公平竞争、打破条块壁垒，同时实行必要的依法公正监管。国有企业的市场化也不能停顿。加大对外开放力度，则有助于推动这一进程。

预期引导政策也不可或缺。2021年底召开的中央经济工作会议指出，我国经济发展面临需求收缩、供给冲击、预期转弱三重压力。许多政策机构把政策注意力集中在前两者。但目前来看，预期转弱是严重问题。引导预期，不仅仅包括对经济增速的预期，也包括对市场化、法治化、国际化的预期。较好的稳定性预期，可以在一定程度上对冲机动性政策带来的调整冲击。反之，再宽松的政策，也未必能刺激经济增速，只会使"伴险"情况更严重。

狡猾又恶毒的新通胀

在全球范围内，严重的通货膨胀似乎是很久以前的事情，不但政策界，甚至理论界，已经淡忘通货膨胀。但现在，在新的环境中和新的条件下，新型通货膨胀可能正在发生，我们需要给予高度关注。

对通胀衡量的困惑

货币投放、货币流通与价格水平之间的关系，曾经似乎比较清楚，现在却陷入模糊和争议。如果现在谁还仅仅拿各种凯恩斯主义模型，或者基于货币主义的模型，来分析价格上涨、通货膨胀、总产出变化，那真是无所适从了，甚至一度被奉为圭臬的弗里德曼论断——"通货膨胀在任何时候及任何地方都是一个货币现象"——也受到不少有证据论文的挑战。即使不从事专门研究的日本老百姓，也能发现日本央行长期大量投放货币，但物价却颇为平稳的现象，而日本央行在过去十几年里还购买了不少的公司股票和公司债券，这更是货币主义学者难以想象的事情。美联储从 2008 年金融海啸以来，特别是 2020 年新冠肺炎疫情暴发之后，也大发货币，资产负债表的扩张几乎不顾节操，但美国消费者价格指数（CPI）在很长时期里并没有多大反应。这些"反经典"事实也激起一些理论家的胆识，譬如现代货币理论就有了越来越大的影响，并得到不少决策者的认同。

不过，天天花钱的亿万老百姓，还有大量与钱打交道的各个市场的交易者，对于货币的币值，对货币在交易中的购买力，是最终的决定者，也是最可信的感知者。如果政府数据说，一篮子商品和服务的价格指数没有多大涨幅，老百姓就会说，在政府不注意的时候，一篮子外的东西，既可以包括商品和服务，也可以包括房屋、土地、股票、黄金、古董、比特币等被称为资产的玩意，许多都已价格高涨。

不过至今，各国政府仍然主要以CPI来衡量通胀。在很长时间里，CPI的确是一种比较合适的测度方法，美国经济学家阿瑟·奥肯还将其作为社会"痛苦指数"的重要组成部分。但当CPI长期较高时，政府在社会压力之下也会耍滑头，美国就搞出了一个所谓的核心CPI，将食品和能源价格排除在外。即使如此，这种对通货膨胀的测度方法也越来越脱离货币投放、货币流动对购买力和生活水平的真实影响，也越来越难以真实反映社会"痛苦指数"。最重要的原因在于，与几十年前相比，现在人们各种支出所涉及的名目远不是CPI可以涵盖的；现在中产阶层、各类企业、各种组织所从事的资产交易和所拥有的资产价值更不在CPI之内，而这又直接影响到人们的支付能力和生活品质。现在的商品、服务、资产、可交易标的物的丰富和复杂程度，与几十年前相比已经不可同日而语。因此，当今时代的价格目录、价格结构，以及货币对商品、服务、资产乃至虚拟物的影响机制，都更为复杂，更加难以捉摸。

更进一步，货币本身正在发生天翻地覆的变化，不但央行创制了许多货币工具，而且各种金融机构和社会机构创制了许多可视为准货币的东西，包括各种票据、代币、凭证以及虚拟货币、数字货币等，乃至在一定范围得到认可的某种记账标识，这些东西有自己的流通范围、流动渠道和兑换方法，使得货币创造机制、货币流通速度、货币乘数不可能被传统的理论解释，不可能被已有的公式计算。因此，如果社会对通货膨胀的感知与官方数据不一致，或者官方的货币政策与实际通胀趋势相背离，也不能简单地归结为官方有意为之，还有可能就是时代变化太快，而官方和学者真的很难及时跟上。

当然，许多政府对多发货币都很难保持足够和持久的自制力。学术中也有所谓通胀税的说法，而这无疑比正式征税容易得多，尤其在民粹主义高涨和新冠肺炎疫情流行时期。美国以及欧洲一些国家的债务堆积高高耸起，财政赤字率可以放宽到10%甚至更高，这在以前恐怕不敢想，更不敢做。而结果就是赤字货币化，所以美联储、欧洲央行、日本央行，都大幅度扩充资产负债表，"开直升机撒钱"。许多发展中国家也采用同样的套路。今天的商品、服务、资产有着复杂的价格结构和价格机制，当全球处于货币泛滥之中，新型通货膨胀就难以避免了。

新通胀的几种狡猾性

新通胀是什么？我们现在还难以完整准确地了解它，还不能全面地量化它，但它是狡猾的。它可能不会立刻掀起物价全面上涨的浪潮，而会先挑一些"有缝的蛋"去叮，譬如葱姜蒜、菜肉油、粮食、大宗商品、重要原材料，这些物品要么因为自然条件和运输条件而不能及时扩大供给，要么因为被赋予高度的交易属性而容易吸引大量资金，或者因为已经处于阶段性紧平衡甚至短缺之中。当学者用"结构性"价格上涨来看待这种现象时，新通胀也不排除会寻找更多的薄弱之处去发作。譬如，相比于普通商品，服务的价格更容易被新通胀袭击。因为许多服务行业本身就被所谓的"鲍莫尔病"困扰，价格往往呈现长期连续上涨趋势，何况那些难以被"工业化"的服务，其劳动生产率的提升和供给量的增加都比较困难，更不能随时被跨地区调度，所以顺货币之风、搭货币之车而涨价就毫不奇怪了。新通胀可能会狡狡猾地以隐性方式来推动服务业价格上涨，例如，早点摊的油条售价没有变化，但油条变小了。

新通胀当然乐于在资产市场表现自己，楼市、股市、其他资产市场，甚至被视为有资产属性的实体物和虚拟物，特别是那些数量有限、具有某种珍稀性的资产，更容易吸引大量资金围聚。新通胀可能狡猾地先从一些特别的资产门类、资产板块开始表现自己，也显示一种"结构性"而非"全面性"上涨的面孔，但终究会引起大范围的价格膨胀。把资产价格大范围明显上涨纳入新通胀是否过于牵强？事实上，100多年前，当"通货膨胀"这个词被引入经济分析框架时，主要还是指货币过多发行，而不是专指商品价格上涨。过去几十年，随着绝大部分人生活水平的明显提高和储蓄性资金的显著增多，直接用于消费支出的资金比重日益下降，资金的资产化浪潮席卷全球，连一些工薪阶层也参与进来，更遑论那么多的企业、组织、机构深陷其中。因此，在货币与价格之间的关系集中，与商品相比，特别是与工业消费品相比，资产有了越来越高的权重，而这些又日益影响许多人的财富幻觉、购买意愿、支付能力、生活水平。资产对货币的吸纳和释放，也在不断放量，并常常脱离官方视野，即便当年弗里德曼等人在构建货币函数时已纳入资产价值、资金价格等因素，那时的金融工具和定价方法，从现在的视角来看也简陋不堪。例如，利率这一项，现在的利率种类又何其多也。因此新通胀与资产市场、资产价格之间的关系，将是学者面临的一个非常棘手又不可回避的研究议题。

新通胀会饶了大众日用工业品吗？会饶了CPI吗？现代货币理论旗手、美国经济学家兰德尔·雷认为，现在的工业品，特别是大众消费品，品种繁多且日新月异，新产品与老产品的性能不可比，价格也不可比，厂家和商家的定价策略往往是新品上市定高价，之后再降价，所以没有必要死盯着官方编制的CPI。在这些令人眼花缭乱而又难以拿捏的分项价格背后，要使CPI有精准的历史可比性，的确越来越难。

不过如果你是一个追新者，就会支付高价格。如果货币真的长时间泛滥，即使是传统产品，也未必能避免价格上涨。在我国，随着原材料和上游产品的大幅涨价，一些重要消费品，如家电等耐用品，价格也开始明显上调。在更多国家，食品等消费品价格上涨也比较明显。好在当今时代，这些价格上涨对许多人的温饱并不构成大威胁，但这反映的是经济的整体发展和人民生活水平的普遍提高，反映的是现代化、规模化生产体系提供工业品能力的显著增强，而不能说明新通胀不再是通胀。

新通胀狡猾得难以捉摸，也被一些国家轻视。有一些重要的因素，如全球采购链和运输链的形成，使许多国家可以在全球范围内迅速组织货源，形成国内供给，从而平抑物价。这的确与从前的通胀情境不同。特别是中国及其他一些重要的发展中国家加入全球链条之后，可以快速扩大工业产能，在短期内提供大量工业产品，并运输到其他国家，使得一国商品供给不足问题有了新的解决方案。但是这样的情境，对发达国家更有利，因为发达国家有更强大的全球采购能力，以及更完善的国内基础设施和分销体系。发达国家甚至可以从发展中国家"进口"廉价劳动力，包括半合法及非法移民，压低自己的劳动力价格，建立自己的非正规经济部门，从而平抑通胀的不利影响。更重要的是，发达国家用于全球采购的主权货币，被很多发展中国家视为硬通货，即使它们的货币严重超发。特别是美元，超发较为严重，在货币持有者行为游戏中，它仍然像托马斯·谢林所说的"聚点"，被许多国家、机构选择，但美国却凭借其"聚点货币"，向其他国家转嫁通胀及其危害。所以新通胀往往与全球外汇市场和汇率变化联系在一起，这也是全球化体制中的通货不公。当然，"聚点货币"的形成，并不是因为习惯和地理位置，主要是因为国家在当代或历史上的综合实力，但这个视角也告诉我们，新通胀可能对发达程度低的国家伤害更大，这些国家需要对新通胀抱有更多警惕。

新通胀的狡猾有时近乎诡秘,因为它可以改变通胀和通缩之间的变换机制。新通胀会让我们见识到,通胀通缩,一步之遥。这在旧的通胀理论中是很难得到解释的。由于资产交易和金融部门日益庞大,货币创造、货币流动、货币表达与物质产品生产占主导的时代大异其趣,资产负债表的影响正在取代工资收入与支出表的影响。过多的货币发行,会鼓励企业,也会鼓励家庭的资产负债表膨胀,但当膨胀到一定程度时,或者预期发生改变,甚至偶然因素的扰动,就会触发缩表,就会发生资产负债表通缩。资产负债表的扩张和收缩都有一种自我强化的特性,所以通胀与通缩的变换是快速的,并可能导致金融市场大震荡。这种现象确实并不新,早在费雪那里就有过研究,似乎算不上新通胀,但人们对其认识和担忧的程度却日日新、又日新。要知道,可能在几个月前,美联储担心的是通缩,现在开始担心通胀,也许再过几个月,它又会担心通缩。美国金融市场当前所谓的"通胀交易"到底是暂时的,还是会延续下去,并对经济产生实质性影响,没有人可以打包票。一些央行希望通过管理收益率曲线,在通胀和通缩之间找到平衡,但殊不知这不过是走钢丝。这就是新通胀的面孔,与川剧中的"变脸"面具差不多。

新通胀有毒性,但没有解药

既然是通胀,无论新旧,都是恶毒的。不管是发达国家,还是发展中国家,新通胀吹起的资产价格,很难避免调整的到来。许多人可能会认为,资产价格上涨跟商品价格上涨不一样,后者是坏事,前者是好事,因为资产价格上涨让人们变得更有钱,而且所谓的财富效应会带动消费,促进经济增长。不过资产价格比商品价格更加不可捉摸、更加难以管理。预期是什么?其实很多时候,预期不属于经济学家说的"理性预期"。政策微调又是什么?利率有那么多种,微调常常引起联动。因此在货币之水的波涛中，资产价格容易发生巨大颠簸。资产市场的巨震，当然会让一些人突然受益，但也会使一些人突然受损，而这里的益和损，对经济、对社会、对个人的影响是不对称的，但财富的分化是普遍的。新通胀会鼓励庞氏计划、并购重组游戏、资产证券化创新等的盛行，让赢家和输家都觉得自己不过是麻将桌上的玩家，赢家没有多大意愿搞实体经济，输家所恼恨的是自己手气差、运气坏，而并不谴责货币滥发。

新通胀的恶毒，终究会伤害货币滥发者自身，会伤害到住户部门、实体部门和整个经济，只不过是什么时候、什么程度、什么方式的问题。传统通胀主要表现为消费品价格的上涨，会削弱人们的货币购买力和消费支付能力，会偷走储蓄者的资金，会影响厂商的经营决策，会分别改写债权人和债务人的财富数字。新通胀似乎在推动消费品价格普涨方面要和善一些，但它在偷窃资金和吞噬财富方面一点也不含糊。当一些人看到令人眼花缭乱的各种交易物，不管是实在的还是虚拟的，价格涨个不停而情绪高昂的时候，新通胀的恶毒就藏在其中。当人们终于感到票子变毛了，财富缩水了，新通胀的恶毒用心就暴露无遗。总之，它最终会影响人们的生活，特别是那些持有资产、参与金融的中产阶层的生活。

对新通胀的研究真的不完整，所以对新通胀注定有争议。日本货币滥发难道不严重吗？其经济社会到底受困于通胀还是通缩？日元与其他货币之间的兑换汇率变化与货币发行之间的关联性到底何在？学术界缺乏令人信服的研究结果。我们仍然走在广义的金融深化的路上，它正在推动万物资产化、资产证券化、证券交易化、交易货币化，但这个体系如何吸纳和释放货币，进而如何影响资产和商品、服务的价格，我们尚不清楚，政府也不能对此进行有效引导和管理。我们刚刚处于货币创新的起跑点，各种新的记账、转账、抵账的标识，以及虚拟货币、数字货币，正在喷涌而出，但这些符号如何定价及如何兑换,以及它们的数量如何被节制,没有人可以预料。我们正陷入一个赤字急升、债务高筑、需要发行大量货币以解决许多问题的环境中,各国政府会不会真心实意地控制货币发行,恐怕对此没有多少人抱有信心。因此,不管当前一些国家的通胀预期是否会得到扭转,但我估计新通胀不会远遁,而会在近处徘徊。新冠肺炎已经有了疫苗,而新通胀的疫苗何时上市,只能等待乌有乡的消息。

新巫毒经济学会大流行吗

过去几年,货币与财政政策经历了一些重要变化,从而给新式货币理论的登堂入室创造了机会。特别是在新冠肺炎疫情的冲击下,政策变得更加激进,这会不会是一个全球大趋势,很值得观察与思考。

超高赤字率和超级债务货币化

2020年,新冠病毒正在全球肆虐,并对全球经济造成重大冲击,各国政府纷纷推出大规模的稳定和刺激经济的方案。美国政府于2020年3月下旬出台了史上最大规模的应对方案,数额达2万亿美元,相当于其国内生产总值的10%,并且意犹未尽,又于4月下旬追加了近5000亿美元。美国不少政治家和经济学家认为,未来将需要进一步的救助和刺激措施。日本也推出了史上最大规模的应对方案,总额原本为108万亿日元,但4月下旬又升格到117万亿日元,这相当于日本国内生产总值的20%。欧洲各国也有类似方案,如西班牙的方案也相当于国内生产总值的20%,英、法、德、意等的方案的规模都不小。我国的应对方案相对温和,但也发行了抗疫特别国债,并动用了央行对企业发放再贷款这样非同寻常的货币工具。

如此多的宏大方案，需要投入巨额资金，钱从哪里来？我国政府债务还算适中，但许多国家的政府早已债台高筑，所以只能是增加赤字，大发国债，而央行又进行相应的货币操作，所以最终是钱从央行来。美国财长在2020年4月下旬宣布，美国2020财年的赤字率将达到18%。美联储自2008年之后经历了资产负债表快速扩张，虽在2017—2019年一度主动收缩资产负债表，但后来不了了之，而美国新冠肺炎疫情暴发后，很快又转向无限量的货币宽松政策，大量持有国债，资产负债表在一个月内就膨胀了2.3亿美元，到4月底已超过6.6万亿美元，预计2020年下半年会达到10万亿美元左右，这样的速度和规模令人瞠目结舌。要知道，美联储在2008年之后近10年的扩表规模为3万多亿美元，2020年之前近两年的缩表规模大约为5000亿美元。其他许多国家和地区的政府及央行正在采取类似政策。2020年初，法国政府宣称当年的财政赤字将达到国内生产总值的9%。在德国，2020年第二季度的发债规模将比原计划增加1/3左右。在意大利，政府不仅要大量发行长期债券，还大声呼吁欧盟发行专门的联合债券——"新冠债券"，而分析人士认为这最终会让欧洲央行为成员国债务买单。在日本，央行宣布取消购买国债的上限，并显著增加购买企业债券和商业票据的规模。显然，这些主要经济体，正在实行超高赤字率以及超级债务货币化政策。

过去十几年，其实已经有不少国家大步走在债务货币化的道路上，许多人对这个问题逐渐变得麻木，而新冠肺炎疫情的冲击似乎使更多人对近来的超高赤字和超级债务货币化方案不以为意，反而认为这才是扶危济困所必需的方案。诚然，抗疫、救助、刺激经济都需要投入大量资金，但令人担忧的是，一两个国家带头迈出超高赤字率和超级债务货币化的步伐，其他国家很容易竞相跟进，并放胆加码，形成逐底竞赛局面。新冠病毒蔓延，难道可以为进一步大踏步放宽财政纪律和货币节制大开方便之门吗？难道这样做真的不会转化为严重的通货膨胀或市场巨震等问题吗？难道政府真的不用理会与企业破产类似的风险吗？

新巫毒经济学政策的传染性或强于凯恩斯主义政策

也许有些国家的政府会略觉迟疑和为难。但是，经济学界却已经有人给政府提供了摆脱迟疑和为难的一个现成的崭新理论，这就是所谓的现代货币理论。这个理论认为，货币起源于债权债务关系并对其进行记账，由于政府垄断了主权货币发行，政府可以通过"财政赤字货币化"来还债，所以政府不可能对以本币计价的债务违约，主权政府在主权货币制度下不会破产。这完全不同于主流货币理论所强调的央行独立论、赤字有害论。这个理论在过去一两年里已经得到一些政治人物的热捧，如美国就有议员强调，应该采用现代货币理论以增加教育和医疗服务的公共开支，美国众议院预算委员会曾要求就现代货币理论在美国运用的可行性举行听证会，美国民主党总统初选竞争者伯尼·桑德斯也对这个理论青睐有加。1929年大萧条之后，凯恩斯主义大行其道，而新冠肺炎疫情冲击波之下，现代货币理论是否会推动新萧条经济学的回归，并一步一步成为经济学理论的"正派名门"？这值得认真观察。由于支持这一理论的不少人物都强调，可以以此途径大力增加医疗卫生支出，改进全民医疗卫生服务。可以预料，在新冠肺炎疫情时期以及后疫情时期，这一理论及其所倡导的政策有可能获得或明或暗的更大支持。

现代货币理论似乎已经在一些国家施行，表面上还没有出现主流货币理论认为会出现的问题，这使得一些国外学者和政客对于实行现代货币理论的政策更加振振有词。例如，美国的年度财政赤字早已远超同年GDP的3%，联邦政府债务余额已经超过同年GDP；日本的情况有过之而无不及，早就表现出财政赤字货币化倾向，在日本央行的支持下，该国公共债务水平达到GDP的约2.5倍。但是，美国和日本的利率都很低，特别是政府借债利率非常低，此外它们的通胀率也很低。所以现代货币理论倡导者往往以日美为例来说明这个理论的可行性。不过有意思的是，可能由于这个理论显得过于激进，一些决策者至少在口头上对其持否定态度，例如，2019年，日本财务大臣麻生太郎和央行行长黑田东彦就表示，实行现代货币理论的政策会严重削弱财政纪律，有很大风险，日本无意成为实验这一理论的平台；日本首相安倍晋三表示，他不会实施现代货币理论的政策。美国国内也有不少人抨击这一理论，哈佛大学前校长劳伦斯·萨默斯借用30余年前用于里根减税政策的"巫毒经济学"这个词语，把现代货币理论及其倡导的政策称为新巫毒经济学。

现代货币理论的头面人物并不理会这些猛烈抨击和贬义称呼，反而认为，这个理论必将从受到嘲笑和反对而逐步被认可和全面接受。客观地讲，现代货币理论对货币本质的阐述确有独到和深刻之处，对恶性通胀的解释也有更多视角，数字货币的确会改变人们对货币和货币政策的传统认识，它未来是否会成为主流学派也还需要观察，因为一些学者还在继续修订和发展这个理论。但是，只要全面分析过去的事实，就会发现这个理论所描绘的高额赤字货币化无害论是不成立的。绝大多数支持现代货币理论的学者都把日本作为这方面的一个正面典型。的确，日本没有受到通胀困扰，但日本经历了剧烈的汇率波动，这无论对于经济增长来说，还是对于国民购买力和财富水平来说，都属于严重的风险因素。此外，在2020年之前的10年里，日本证券市场的价格水平显著上升，也构成重大风险隐患；房地产价格上升幅度也不小，尽管这是房地产泡沫破灭后的恢复性上涨，但无疑也是一种货币现象。日本在过去十几年的历史也表明，现代货币理论在促进增长方面并没有发挥积极作用。许多经济学家都认为，日本低增长和低通胀的根源，是过去一二十年里生产率增速以及实际工资增速过低。此外，日本还存在其特殊的人口结构所导致的问题。一些研究还表明，日本长期实现超低利率和过于宽松的货币政策，客观上帮助了大量低效企业和僵尸企业维持生命，阻碍了企业部门的重组和生产率提升，这意味着过于宽松的宏观政策不仅带来总量维度的问题，也导致了市场扭曲这样的微观维度的问题。

的确，同样陷入财政赤字攀升和政府债务货币化的美国，也没有出现严重通胀和政府债务危机，而且其增长表现比日本和欧元区要好得多。但是不要忘记，美国在目前情况下尚可以例外，其他所有国家都不可能效仿，这是因为美联储在较大程度上被许多国家视为实际上的世界央行，这些国家需要美联储发行的美元，甚至在面临全球重大危机和风险时反而会抢存美元，即使美国经济陷入这个危机和风险。从世界央行的角度来看，美联储目前的资产负债表的膨胀还算不上很严重。但是，有一天，其他国家不再将美联储视为世界央行或者唯一的世界央行，那么美元就麻烦了。从这个角度看，哈耶克主张货币发行的竞争化，有一定道理。

对于其他高收入国家而言，绝不会如此安然无恙。虽然有一些学者认为，高收入国家哪怕赤字高企，也不会那么轻易出现严重的政府债务危机。事实并不是这样，"欧猪五国"的政府债务危机不应该被忘记，它们的政府债务不断堆积所造成的结构性问题到现在也难以有效化解，而且有些国家的通货膨胀也较严重。一些经济学家提醒，虽然一段时间以来市场利率很低，但金融市场具有很强的易变性，不知道哪一天，市场情绪突然发生变化，政府借债利率急剧上升，就将带来风暴。对于发展中国家而言，在全球化环境中，它们的金融市场或多或少具有开放性，至少会受到全球金融市场的传染，它们的主权债务违约等方面的风险绝不容忽视，过高的赤字率、过度的财政赤字货币化，所酿成的苦果只会由它们自己，而不是由发达国家吞食，尽管吞食时间是未来，而不是现在。

现代货币理论比凯恩斯主义走得远得多，传染性或许更强。在新冠肺炎疫情冲击波之下，如果所谓的新巫毒经济学真的成为各国竞相接受的全球性政策，后果难以预想。笔者曾反复审视一些国家较长时期里的储蓄率、通胀率、利率、汇率和经济增长率这"五率"之间的变动关系，也阅读了不少研究文献，但总是难以找到可描绘的确切规律，换句话说，理论家与其声称能够预测有关政策的未来结局，还不如敬畏对未来结局的不可知。反而是普通老百姓，也不搬弄什么理论，但懂得这样的简单道理：出来混，总是要还的。新冠冲击使许多国家的经济和民生陷入巨大困局，人们对当前生计的担忧，企业对当前脱困的期盼，皆会让位于对债务政策远期副作用的思虑，所以政府很容易采用现代货币理论的政策，即使政府并不使用"现代货币理论"这一词语。更麻烦的是，这个理论被一两个或两三个国家大胆采用，其他国家很可能会纷纷跟随，最后真的会像病毒那样具有很强的传染性，那就坐实新巫毒经济学这个贬义称呼了。在暂时还没有出现债务危机和严重通胀的情况下，政府增加债务和将债务货币化的胆子会变得越来越大，国家之间还可能竞相加码，将全球经济政策带向逐底竞赛的道路，而这条道路不知通向何方。再加上国家之间可能强化"以邻为壑"思维，并在失业率高升、市场动荡、民怨堆积的情况下推出转移视线和相互"比狠"的政策，各国的货币、汇率、民生、金融市场、产业体系、国家治理都可能陷入剧烈摩擦和调整，从而使未来的全球局面和全球化规则充满巨大的不确定性。

结构性改革才是根本途径

就我国的情况而言，虽然政府的赤字率和债务率不算太高，但也需要具体事情具体分析。我国央行的资产负债表规模也不小，曾长期高于美联储资产表，而我国 GDP 规模并不如美国。我国的资本账户离真正开放还比较远，我国央行在可预见的未来不可能被其他许多国家视为世界央行。从增长趋势看，我国经济增速的边际放缓总体而言应该是大概率事件，如果斜率较大，将很不利于对财政预期和对货币预期的改善。我国政府的确有很多资产，譬如国有土地及国有股权，但这些资产的价值最终还是取决于它们未来所能创造的产出，而不是现在的市场交易价格。

所以，现代货币理论所倡导的政策即使难以避免地在全球蔓延开来，也希望它不要蔓延得太猛烈，更不要伤害到我国的长期发展。这个理论的创立者将中国列为实践现代货币理论的典型，这明显属于罔顾事实的夸夸其谈。一些学者可能会认为我国产能过剩严重，而且快速形成产能的能力很强，所以不应担心以 CPI 衡量的通胀问题。但是，如果将我国的资产价格，特别是房产价格纳入考虑，就会呈现完全不一样的图画，而放任房价高涨、非实体部门急剧膨胀、商品市场和资产市场剧烈波动，不但会伤害近期发展，也会带来远期风险。这个理论还声称，政府部门的赤字，实际上等于非政府部门的盈余，即使赤字再多，整个经济并没有出现亏空，当通胀率过高的时候，政府可以通过增加税收或减少支出而抽走多余货币。显然，这个理论忘记了最基本的政治经济学，就是私人部门和公共部门之间是很难进行财富转移的，而我国的宏观税负已经不低。诚然，在当前情境中，抗击新冠肺炎疫情，纾解民生困难，稳定和提振经济，改善卫生体系，的确需要钱，而且基础设施适度超前建设也确有必要，所以政府增加债务完全可以理解，但正如孔子所言，"有所不行，知和而和。不以礼节之，亦不可行也"。更重要的是，无论是抗疫，还是发展经济，需要从事艰辛细致程度远甚于发放货币的大量工作，例如，追踪和切断传染链以控制疫情，接通供应链的断点，帮助贫困群体脱贫，都不知比拧动货币阀门艰辛多少。用老百姓的话来说就是，凡是能用钱解决的问题，都不是大问题。试图以货币大放水的方法来回避那些艰辛细致工作，实际上是一种偷懒政策。从根本上来讲，无论是发达国家，还是发展中国家，要保持较好的经济增长率、较低的通货膨胀率、较稳健的交易市场，要增加公共开支以强化医疗卫生体系和改善民众福利，最终还是要提高生产率和竞争力，其背后是大量人口来从事提高生产率和竞争力的经济活动并获得回报，而别无讨巧的他途。实现这一点，需要以攻坚克难精神推进结构性改革。

企业债务问题：急性发作还是慢性折磨

近年来，继我国政府债务受到高度关注之后，企业债务受到更多重视，不少人认为企业债务堆积带来了很大的金融隐患。供给侧改革将去杠杆作为一个重要内容，国家于2016年专门出台了降低企业杠杆率的文件。企业债务高企和杠杆率攀升，本身很难说是风险或危机，但若经济增速放缓超出借债时的预期，尤其是当绝大多数行业营业收入增速节节下滑甚至负增长时，风险程度就会急剧升高。现实当中，企业债务违约事件在这两年逐渐增多，银行关注类贷款比例也正在上升。债务市场脆弱性还可能将整个金融体系带入空转，央行被迫不断注入流动性，而流动性又在债务市场内部进行投机性循环，实体经济得不到相应滋润。因此笔者认为，我国企业债务问题短期内不大可能急性发作，但很有可能是一场慢性折磨。

国有企业和私营企业的负债率比较

把企业部门作为一个整体来看待，杠杆率在过去几年里一直快速上升并进入高风险区域。根据国际清算银行（BIS）测算，截至2016年3月末，我国总债务规模达175.4万亿元，总杠杆率（总债务/GDP）超过250%，不仅远高于2005年底150%左右的水平，也远超

1998年前后170%左右的水平；在总债务中，企业部门（非金融企业部门）债务达到近114万亿元，杠杆率高达169%，远高于世界平均水平（95.5%）、新兴市场国家平均水平（106.4%）和发达国家平均水平（89.4%）。

不过，把企业部门作为一个整体来分析债务问题，过于笼统，无法很好了解问题的真相，分析问题的症结，因而结构化分析是有益的。笔者把非金融企业分为国有部门和非国有部门两大板块来分析，发现了两个截然不同的图景。

对企业债务进行结构化分析，采用资产负债率而不是杠杆率作为基本指标，更加合适。因为前者能将本部门债务与本部门资产直接连接起来，这对于衡量本部门的债务担保能力是非常直观的，而且还易于结合资产周转率等指标进行综合分析。

对国有部门分析，笔者以财政部的原始数据计算了全国国企（包括各个行业的国有和国有控股企业）资产负债率的变化情况。国企负债率一直处于上升之中，只有2008年出现了异常的明显下降，这一异常可能是因为全球金融危机爆发时国资委下令严控贷款以防范风险，也可能是统计方法进行了调整。尽管如此，国企资产负债率在2015年达到66.3%，超过1998年近4个百分点。

1998年是"国企三年脱困攻坚"计划的启动时间，当时国企陷入困境的一个直接因素就是资产负债率太高，所以这个攻坚计划的一项重要内容是减轻企业债务负担，降低企业负债率，具体措施包括核销部分债务、债转股、通过上市等方式增补资本金等。不过，国企的资产负债率在随后并没有下降，反而逐年上升。但国企利润从2000年开始明显上升，2002年后上升更加迅速。这可能说明，当时国企成功扭亏脱困，主要因素可能并不是债务负担下降，而是其他因素，譬如大量亏损国企关闭破产或者民营化，冗员负担和历史包袱急剧减轻，需求持续回暖和宏观经济持续回升等。

国企之外的非国有部门，并没有整合数据，这造成了比较分析的困难。不过可以仅对工业领域的国企和私企进行对比分析，这两者具有很强的可比性，也具有很强的代表性。可以看一下三类工业企业的资产负债率，第一类是全部规模以上企业，第二类是国有企业和国有独资公司，第三类是私营企业。第二类企业的资产和营收，据笔者测算，约占全部国有和国有控股工业企业资产和营收的 1/3，其他 2/3 由国有控股工业企业贡献，计入了其他有限责任公司和股份有限公司等类企业统计数据。不过这 1/3 基本上可以映射全部国有和国有控股工业企业的总体情况。第三类企业也没有包括私营控股的混合所有制企业，但后者在工业中的份额并不大。

实际上，全部规模以上工业企业的资产负债率从 1998 年以来呈现稳定下降趋势。这与全部国有和国有控股企业的情形恰好相反。但很显然，全部规模以上工业企业资产负债率持续下降，是由私营工业企业带动的，私营工业企业资产负债率从 2001 年的 59.7% 持续稳定下降到 2014 年的 52.1%，这是一个比较健康、正常的负债率水平。而国有企业和国有独资公司的资产负债率在 2007 年之前处于下降通道，2008 年开始又进入上升通道，2012 年攀升到 61.7%，2014 年又轻微下降到 60.6%，处于一个较高水平。

由于国有和国有控股企业的工业产出大约有 2/3 来源于国有控股企业，为了全面考察国有和国有控股企业的负债情况，我们还要对其他有限责任公司和股份有限公司进行分析。需要说明的是，其他有限责任公司和股份有限公司也包含民营资本控股的公司，但以国有资本控股的公司占主导。可以发现，其负债率基本上也是连续上升的，2000 年只有 56%，而目前接近 60%。

综合来看，私营工业企业的资产负债率自 21 世纪以来处于下降通道，过去十几年大约下降了 8 个百分点，目前处于 52% 上下这样一个比较稳健的水平。而国企资产负债率在同一时期是上升的，但工业行业国企负债率远高于私营企业，所有行业全部国企负债率明显高于1998年。

企业偿债能力分析

规模以上工业企业负债率在21世纪前10年都在57%以上，特别在2003年前后处于58%左右的水平，而那时并没有所谓的企业债务风险问题；而到2016年已经降到57%以下，为什么反而出现债务风险？上节分析表明，这可能主要是国企高负债率引起的。不过，全部国企的负债率，2015年的66.3%仍然比不上2006年的67.4%和2007年的68.7%，也与2003的65.9%和2004年的65.7%大体相当；工业国企负债率在2014年是60.6%，已经低于前几年的水平，更低于2003年前的水平，为什么目前银行不良率和关注类贷款比率较高、债务违约较多、金融风险更大呢？

分析企业的利息保障倍数，可以找到最基本的答案。由于缺乏服务业的相应数据，只能仍以工业企业作为分析对象。三类企业的利息保障倍数在2010年之后都出现明显下滑，不过在数据齐全的2010—2014年，私企只下滑了26%，而国企下滑了37%。要强调的是，私企是从11.5的优良水平下滑了26%，而国企是从3.18的恶劣水平下滑了37%。

21世纪以来，工业领域私企利息保障倍数已从稍高于4的水平上升到11以上，且2016年仍保持在8以上；而国企，2000年是1.83，2005年上升到4.05，此后不断下滑，2014年仅为2，与2000年没有实质性差别。因此，问题比较清楚，需要担忧的主要是国企，其偿债能力已经恶化到20世纪末、21世纪初的水平；私企的偿债能力和全部规模以上工业企业的偿债能力明显好于那个时期，尽管不时有一些大型私企陷入债务危机，但只要进行个案处理就可以了，整体上并不值得过于担忧。

分析企业的偿债能力，资产周转率也是一个很有用的指标。资产周转率不但会严重影响利息保障倍数，也与杠杆率相关联，因为资产周转率中的营业收入直接关系到GDP。仍然以工业为分析对象，可以发现，私企和国企的资产周转率在21世纪以来都有很大提高，2011年之后又有所下滑，但下滑幅度并不是很大。不过，国企资产周转率一直远远低于100%，而且2007年之后一直比私企低100个百分点以上，同样处于工业领域，这样的差距是十分巨大的。国企的资产周转率太低，说明国企大量资产未能得到有效利用，这不但是国有资产的巨大浪费，也是金融风险的重要来源。

是否急性发作取决于国企债务

许多学者认为，中国面临较大的金融风险，一些人还担忧可能发生金融危机。随着企业债务快速上升，不少学者已将企业债务视为风险或危机的主要来源，而前几年还是政府债务。如果出现系统性金融风险，乃至引发危机，那就是债务问题急性发作了。

从上述分析可以看到，整个工业部门，无论是资产负债率，还是利息保障倍数、资产周转率，都明显好于1998年。其中资产周转率具有基础性意义，因为资产周转率较高，就说明包括债务在内的总资产得到比较充分有效的利用，创造了较多的营业收入，这是债务安全性的源头活水。尽管2011年以来规模以上工业企业资产周转率有所下滑，但远好于1998年前后，也远好于2002年前后。2016年生产价格指数（PPI）已经由负转正，这对于近期资产周转率逐步企稳是有好处的，笔者预计即使未来几年GDP增速继续下滑，规模以上工业企业资产周转率仍能维持在100%左右或者稍高一些，这与1998年前后相比算是比较安全的区域。只要资产周转率能维持在这个水平，利息保障倍数也能保持在 5 以上，那就不至于出现大面积的企业偿债风险。

但是，国企债务令人担忧，需要认真对待。国企在 GDP 中的比重已经不大，笔者估计目前处于稍高于 20% 的水平。而国企债务在全部企业债务中的比重却远高于这个比重，所以不能掉以轻心。根据财政部的数据，2016 年 3 月末国有和国有控股企业负债总额为 81.2 万亿元，此处负债总额包括企业间正常的应付账款、对职工的应付工资等，笔者推算这部分大约占 30%，而对金融部门的带息债务约占 70%，所以后者的总额约为 56.8 万亿元，占当时企业部门约 114 万亿元总债务的 50%。这是一个极高的比重，也就是说，国企只贡献了 20% 左右的 GDP，但占据了 50% 左右的债务，而且其资产周转率和利息保障倍数都明显弱于私企，这就不能不算是一件严重的事情了。企业债务问题是否会急性发作，在很大程度上取决于国企债务。

对国企债务的处理办法，可以想象会是一个具有争议性的政策选择。许多人可能会从 1998 年之后几年的历史经验中寻找政策依据，主要是实行债转股和核销债务。不过笔者认为，此时与彼时的情况已发生极大变化。第一，彼时国企产出在 GDP 中占有很高比重，救国企就是救整个经济，所以不能不救，而此时根本不是这样。第二，彼时国企债务在全部银行贷款中的占比更高，至少应该在 80% 以上，而且国企经营状况非常糟糕，救国企就是救整个银行体系；而此时虽然国企债务仍占全部企业债务的 50%，但国企经营状况明显强于彼时，私企经营状况则更好，所以不存在救国企、救银行的问题。第三，彼时中国经济处于新一轮需求大爆发和 GDP 大增长的前夜，债务转成股份之后将会获得很高估值，也会有很多接盘者，债转股是盈利生意；而此时不大可能重复那种盛况，债转股将是亏损生意。第四，也是最重要的，事实已经证明，核销不良债务，剥离不良贷款，实行大规模债转股存在严重的道德风险，也不能实质性推动企业转向市场化经营机制和现代公司治理，如 2016 年第一个债转股央企——武钢集团，以及第一个债转股地方国企——云锡集团，都是上一轮债转股企业，吉林著名困难国企——通钢集团，也是上一轮债转股企业。因此，不应该重拾政府主导的债转股和核销债务等政策，而应该让市场机制和法治手段充分发挥作用，并积极主动部署国企改革，使企业建立正常的约束机制和财务纪律。当然，这会花费较长时间。

非金融企业部门的债务还包括服务业企业、农业企业的债务，而这里的缺陷是无法对服务业企业的债务进行分析，农业则可以忽略，因为它在整个经济中占比很小且债务很少。服务业的债务风险应该主要集中在房地产、贸易等少数行业，这些行业的债务总量非常大、企业负债率非常高，而且这些行业的波动性、投机性都很大，不管是国企还是私企，都有可能爆发债务问题。但笔者认为，只要对这些行业的重点企业随时排查并强化风险监督，就不至于出现系统性风险。金融业本身也属于服务业，这个行业更令人担忧，特别是非传统金融业务方兴未艾，但又缺乏基本透明度，更没有合适的监督和管制手段，很容易失控和传染，酿成大问题。

慢性折磨的可能性较大

1998 年前后，企业债务问题急性发作，但是 2000 年之后，债务问题得到很大缓解，特别是 2002 年之后，不但企业资产和负债进入大扩张通道，而且不良贷款转成的股份也获得了很高估值。许多人误认为是 1998—2000 年的包括债转股在内的债务重组发挥了很大功效。但前文的分析表明，从工业领域来看，良好结局主要是资产周转率快速上升、利息保障倍数迅速提高导致的。

为什么资产周转率快速上升、利润大幅增加导致利息保障倍数迅速提高？最直接因素是工业企业营业收入快速上升。营业收入上升速度快于资产和负债上升速度，直接提高了资产周转率，而且也会鼓励企业进一步扩张债务而不是收缩债务。规模以上工业企业营业收入增速从2002年开始，增速急剧上升，2005年接近40%，这是令人惊奇的，而且持续时间之长也很少见，除了2009年受到全球金融危机冲击外，直到2012年每年增速都在20%以上。因此，那个时期企业偿债能力迅速提高、债务质量迅速改善，并不是债务总量和不良债务减少造成的，而是债务总量和正常债务占比增长造成的，是分母增大而不是分子减小使百分率发生变化。

工业企业营业收入快速上升，实质是需求大爆发。由于当时工业在整个经济中占有很大比重，所以工业的表现具有决定性意义。也就是说，2002年之后的需求大爆发引致的经济大增长，是1998年那轮债务问题得以避免慢性折磨的关键因素。宏观经济和几乎所有行业回到高增长轨道而导致企业偿债能力改善，企业偿债能力改善反过来又刺激债务扩张和经济扩张。在这个循环中，主要是需求端扩张导致的宏观经济高增长，促进了供给侧的资产负债表修复，而不是相反——供给侧的资产负债表修复导致宏观经济高增长。

恰恰就是这个关键因素，以及这个由需求侧到供给侧的循环，2012年之后不复存在，因为中国经济自2012年以来，进入了需求增速明显放缓的时期。2012年之后与2002年之后的巨大差别就在于此。

可能有人认为，主要是重化工业周期性因素，导致2012年之后重化工业遭遇需求增速和营收增速的转折，而其他工业行业需求和营收会比较平稳。实情并非如此。黑色金属压延加工和纺织等行业的营业收入增速也明显下滑，只不过后者的下滑幅度比前者要小一些。可以推断，2012年之后工业领域的需求增速萎缩是全方位的，而不是限于重工业领域。如果这个结论成立，其对经济增长前景、对企业债务前景的影响，都有重要意味。

当然，对未来需求变化进行预判，从来都是一件十分困难和十分尴尬的事情。随着我国中等收入群体的稳定扩大，未来需求增长应该呈现稳健态势。但关键在于，2002年之后的需求增长是爆发式的而不是稳健式的。至于2002年之后为何会出现需求大爆发，笔者认为有很多可遇而不可求的因素：中国人均GDP超过1000美元带来的消费升级，"和谐社会"执政理念导致大量人口进入城市，取消实物分房和其他因素带来房地产兴盛，个人信用体系快速发育刺激个人贷款大膨胀，美国经济和全球经济的繁荣，中国加入WTO带来的出口劲升，储蓄率上升带来的固定资产投资浪潮，1998年后加速国企改革和开放民企、外企准入带来的供给侧活力，还有不低也不太高的通胀率来推波助澜。这种九星连珠的盛况难得一见。

除非南亚和东南亚国家持续高增长并让中国充分受益，我国工业需求难以重回大扩张时代。如果工业领域需求不会像2002年之后那样恢复高增长，很难想象宏观经济会回到高增长轨道。当然，随着发展阶段变化，未来服务业领域需求与工业领域需求并不会呈现同样的轨迹。但是，服务业本身非常庞杂，一大部分与工业有关的行业，如物流、贸易，也会随同工业回落；而其他行业，如旅游休闲、文化、教育、健康等行业，需求可能会加速增长。如果指望整个服务业需求高增长来带动一国宏观经济持续高增长，历史上没有这样的先例，产业经济学也认为服务业不具备生产率快速上升等主导产业特征。在需求增速明显放缓的时期，资产周转率和利息保障倍数不太可能快速持续上升，企业偿债能力不太可能显著改善，那么资产负债表的修复就将是一个长期而痛苦的过程。鉴于债务总额如此巨大，中国经济可能会受到债务问题的慢性折磨。

要缓解和逐步消除慢性折磨，避免急性发作，其一是尽快遏止目前国企债务快速增长势头。国企资产负债率已经进入高风险区域。更值得担忧的是，国企营业收入在过去两年大部分时间是下滑的，这会导致偿债能力指标的明显恶化。必须遏止国企债务继续快速膨胀，否则会拖累整个经济。其二是加快以市场机制和法治手段处理国企债务，鼓励债权人委员会和法庭发挥作用，这有利于一步一步拆除爆炸引信。其三是推进国企混合所有制改革，通过股权重组来带动债务重组。当然，也要重视高负债民企的风险化解工作，但基本上可按个案处理的方式进行，无须做特别的政策准备。

中 篇
稳增长的动力与政策

第四章

政策转型与产业创新

在新的发展阶段，我国经济政策需要转型。在谨慎对待和处理债务等问题、防止系统性金融风险的同时，要从过去较多诉诸产业政策，转向确立竞争政策的基础性地位，通过营造公平竞争的市场环境，反对垄断和不正当竞争，大力鼓励创新，促进 TFP 提高和发展质量提升。而创新本身，也需要更多地从集中攻关转向分散试错。

创新不是低垂的果实，不容易采摘。创新不但需要投入资金和其他资源，更需要合适的环境与机制，政府需要在其中发挥作用，但又不能过于介入技术路线选择等事宜，这就是创新环境与机制的微妙之处。在市场化、全球化、数字化的背景中，创新的推进越来越呈现生态圈化的趋势，生态圈的治理机制很值得关注。

一些创新表现于经济发展环节，推动了经济增长，这属于熊彼特意义的创新。但在这背后，是伽利略意义的创新。没有后者，前者也难以深入持久。对中国这样的大国而言，如何推进伽利略创新，绝不能被忽视。

讨论产业政策需要正本清源和理论反思

产业政策本来是 20 世纪的产物,但现在又在我国引起热烈讨论。但是如果不能对产业政策正本清源,不能进行必要的理论反思,恐怕会走入歧途。

产业政策的界定

讨论产业政策,首先要对产业政策进行一个大致界定,因为不仅在国内,在国外也一样,大家说产业政策,但有时指的是不一样的事。"产业政策"这个词的起源,大家基本上认为在日本,这套政策最典型的也在日本,所以应该考察一下日本的这个词语是指什么东西。小宫隆太郎在 20 世纪 80 年代主编了《日本的产业政策》一书,也许你不同意书中的一些分析和判断,但说这本书是日本最早、最系统介绍和剖析产业政策的书,应该没有问题,所以这本书里的材料和分析是原汁原味的。这本书说得很清楚,就是日本在 20 世纪 70 年代以前并没有"产业政策"这个词,20 世纪 40 年代末至 50 年代初,基本上用"产业合理化"这个词,70 年代特别是石油危机后大量使用"产业结构高度化"这个词。到 1975 年左右,日本学界开始用"产业政策"一词来概括 20 世纪 50 至 70 年代通产省推出的发展工业的政策。从日本的实际情况来看,所谓的产业政策大致涵盖4个方面。第一是产业结构政策,即一个时期重点发展哪些产业,特别是把哪些产业作为支柱产业进行发展。第二是产业组织政策,就是一个产业内重点扶持几个企业做龙头。第三是产业布局政策,就是把哪些产业摆在什么地区为好。第四是产业技术政策,就是某些产业重点发展哪些技术和工艺。其中后两个方面,也有的学者认为不是独立政策。因此从日本的实际情况来看,产业政策主要是指产业结构政策和产业组织政策,当然这两项内容常常交织在一起,并不总是完全分开的,譬如扶持汽车工业作为支柱产业,并选择丰田、日产等两三个企业作为重点企业进行支持。日本产业政策的实施手段有如下几种:通过政策性银行,主要是日本开发银行和日本输出入银行,并劝导商业银行,给予大量的信贷资金支持;加速折旧以实现快速的设备更新,以及一些税收优惠政策;外汇使用优先,鼓励大量进口设备、成套技术等;关税贸易方面的政策,设置一定的关税保护期和贸易配额等。显然,日本的产业政策是政府的策略性和选择性的扶持政策。所谓选择性,是指在一定时期内重点扶持一些特定产业和企业。所谓策略性,是指扶持特定产业和特定企业,有一定的理论基础和政府意志,理论基础如筱原三代平等经济学家认为,需要扶持那些收入需求弹性高和生产率上升快的产业,需要扶持少数企业以充分利用规模经济性和防止过度竞争等;政府意志就是通过审议会等机构调查、研究后由政府经过一些官产学互动程序,制定法律或者发布政令。由于带有策略性和选择性,产业政策在扶持一些产业和企业的时候,就直接或间接抑制了其他产业和企业。

为什么说即使在国外,不同的人使用"产业政策"这个词有时也说的不是同一个事呢?自20世纪八九十年代以来,美国、欧洲的经济学界对产业政策的内容进行了一些重要拓展,这方面影响比较大的学者有菲利普·阿吉翁、丹尼·罗德里克、埃尔赫南·赫尔普曼等新增长理论和新贸易理论的代表人物，他们比较普遍地把产业政策分为横向和纵向的产业政策、功能性和选择性的产业政策。但从实际内容来看，横向的、功能性的产业政策，更像是竞争性政策、反垄断政策、创新促进政策等。不管怎么样，他们都比较注重微观政策对经济增长和贸易的影响，可能因为他们不是那种标准的宏观经济学家，与其说他们强调产业政策的作用，还不如说他们强调经济增长更取决于微观政策（结构性政策、结构性改革）而不是宏观政策（总量政策）。

通过上述梳理再来看中国的产业政策，就比较清楚了。在当前中国的政策体系中，有这样一种标准的表述：宏观政策要稳，产业政策要准，微观政策要活，改革政策要实，社会政策要托底。显然，"准"的产业政策与"活"的微观政策是分开的，意味着产业政策可能是指选择性扶持政策。

学术界的讨论

讲这些东西，实际是要对产业政策正本清源，只有把产业政策的来龙去脉和分类都理清楚，才能站在前人的肩膀上继续向上，这样每次讨论都可以有长进，不能讨论以后就忘记了，过了几年再讨论同样的问题，那就没意义了。学术界讨论、争论的目的到底是什么？我认为总得有些学术目的吧，所以讨论产业政策需要的不是热闹而是冷静。学术界应该注意到，20 世纪五六十年代日本通产省推行产业合理化等产业政策时，是有理论依据的，如支柱产业双标准理论、过当竞争理论、动态比较费用理论等，90 年代以来的产业组织研究的理论性就更强了。现在国外经济学家中最推崇产业政策（包括选择性产业政策）的两个人物——丹尼·罗德里克和里卡多·豪斯曼，也有一套广为流传的理论，就是强调适用性信息的外部性和协调的外部性，他们称之为"作为自我发现的发展理论"。这套理论以一些雄辩的事实来争辩：拉美一些国家的宏观政策都比较有效，譬如抑制了通胀，稳定了汇率，消除了财政赤字，总量管理都做得不错，甚至也广泛推行了私有化，但为什么经济不增长？从而推论，选择性、扶持性的产业政策是不可或缺的。而前沿距离理论也谨慎地认为，追赶型经济体有必要实行一些选择性、扶持性产业政策。这些研究成果，连带相关的典型事实证据，尽管相互之间并不一致，但都很有影响。笔者觉得，学术界有责任通过冷静的研究和讨论，来回答这些理论的"内在紧张"到底是什么，这些理论到底是否经受住了历史考验和实践检验，在此基础上为未来的政策改进提供方向。笔者认为，现在比20世纪80年代小宫隆太郎编写《日本的产业政策》时更有条件来分析和判断，特别是中国有这么丰富的多层级的实践经验和教训，可以提供很强的研究实感，这种实感对于获得正确的判断有时是非常重要的。

无疑，一个国家究竟应不应该制定实施选择性的产业政策，最终还是要考虑其效果。不但中国的经验教训对于系统评估产业政策效果非常有用，而且日本的产业政策经过时间的沉淀之后，其真实效果可以比20世纪80年代看得更清楚了。美国著名的战略学家迈克尔·波特在世纪之交的时候，与他的日本合作者就对日本产业政策进行过很有价值的分析，出版了《日本还有竞争力吗？》这本书，对日本的20个行业进行了分析，其总体结论是日本的产业政策并没有提升相关产业的国际竞争力，反而是没有实施产业政策的许多行业，却有明显的国际竞争力。不过，我看这本书回避了日本的钢铁、造船这两个行业，而这两个行业都曾是日本实施产业政策的重点行业。从全球范围来看，日本的钢铁和造船行业还是有竞争力的，所以我不确定作者是有意还是无意漏掉了这两个行业。有意思的是，这本书的结论与波特的一贯思想不太一致，波特最著名的研究是产业集群理论和钻石理论，他的研究发现政府在促进产业集群的发展中可以发挥积极作用。笔者也比较接受他在这方面的看法，因为英国工业革命时，即十八九世纪的很多产业也是以集群的形式发展起来的，那时候的产业集群可以自然形成，但现在的许多情况表明，政府适当发挥作用再加上市场力量，对形成集群更有好处。当然，这并不一定是选择性产业政策，除了选择性产业政策，政府还可以做很多有益的工作，譬如以很快的速度来完成最基本的基础设施建设，并对基础设施做一些更有利于提高便利性的设计，增加一些软性的基础设施，及时帮助企业解决一些具体困难，还有提高监管的可预期性和透明度，这些对招商引资都很有吸引力。这些做法，与现在正在受到关注的商业生态理论的研究结果也比较吻合。

考察选择性产业政策的效果，不应该漏掉韩国，韩国在产业政策方面曾是日本的忠实学生。美国经济学家巴里·艾肯格林和他的合作者在《从奇迹到成熟：韩国转型经验》这本书中，比较详细地介绍了其他研究者对韩国产业政策的观点，这些研究者对韩国产业政策的效果存在重大分歧，譬如，有的研究显示，即使没有产业政策，韩国的钢铁、汽车工业经过一段时间也会有较好发展，也会获得较好的国际竞争力。看了这些研究，笔者觉得很有趣：同样的事情过去很久了，还会有不同的评价。所以，这就涉及经济领域的研究方法了，如果是纯粹的象牙塔理论研究，可以不理会对事实的分析和对政策的评估，但对经济政策的研究肯定不能这样，正如丹尼·罗德里克所言：凡是没有得到案例分析验证的跨国回归分析结果都是值得怀疑的，凡是案例分析结果与跨国回归分析结果有矛盾，也需要认真检查。这种做学问的方法非常好，特别是作为政策研究，需要这样的交叉验证方法。

除了交叉验证之外，对产业政策的理论基础进行深刻反思和反省十分必要。吴敬琏特别强调产业政策讨论要高度关注过去一二十年经济学领域新的研究成果，这非常中肯。产业政策对于政府来说仍然具有很强的吸引力。即使不考虑政府官员趁机增加资源分配权和借机设租的可能性，笔者认为至少还有两个原因使得产业政策具有吸引力：

一是国家之间以及地区之间存在经济发展的竞争和比赛，如果政府能够通过产业政策发力，那是再好不过了，这一点恰恰是主流经济学理论所忽视的，好像只有托马斯·谢林和杰克·赫舒拉发等少数博弈论学者关注政府间的竞争和比赛；二是选择性产业政策的旧的理论依据没有消失，新的理论依据正在建立，如诺贝尔经济学奖获得者约瑟夫·斯蒂格利茨以其信息不完备理论来为选择性产业政策的必要性辩解。因此，学者们有一项重要工作，就是结合对现实世界的观察和剖析，对选择性产业政策的理论基础进行深入、系统的反思和反省，而过去20年经济学的一些新进展，包括一些尚未被纳入主流体系的新进展，对于这个反思和反省是十分有用的。笔者认为张维迎教授在这方面的思考是深刻的，他有针对性地指出了新古典经济学和至今仍然时兴的信息经济学的许多局限，而产业政策理论正是建立在这些体系中的。选择性产业政策理论中的支柱产业理论，如果利用前沿距离理论来重新审视，就可以发现，当前沿距离大为缩短的时候，支柱产业的"双标准"理论就不成立了。另外一个是规模经济理论，主流经济学实际上隐含一个假设，即每一个企业都有完全一样的成本曲线，在成本曲线都一样的情况下，谁的规模大，谁的成本就低，所以肯定要支持规模大的企业，但这根本就不符合事实，用现在的异质性企业贸易理论来审视，规模经济理论当然立不住。还有过度竞争理论，这种理论暗含的假设就是企业之间最重要的竞争是价格竞争，过度的价格竞争到最后谁都没有利润，而现在的竞争理论认为最重要的竞争不是价格竞争，而是创新竞争，并且消除退出惰性比设置进入限制更加重要。即使是丹尼·罗德里克等人一直强调的适用性信息的外部性和协调的外部性问题，从中国的经验来看也不是问题，中国大量发生的事实可以证伪这种理论，实际上行为经济学也不认为人的行为是建立在那种精打细算的基础上的。

政府素质和能力的重要性

还想强调一点,对产业政策理论和相关政策效果,乃至对其他经济理论和有关政策,通过交叉验证等方法来评判和评估,并进行深入的理论反思和反省,即使再谨慎、再严密,也无法逃避一些模糊判断和理念取向。哈佛大学教授詹姆斯·罗宾逊的一段话很有意味:产业政策从理论上来说是可行的,从实际来看有成功的例子,也有失败的例子,成功还是失败主要取决于政治因素。很多推崇选择性产业政策的学者,也强调政府公正廉洁、科学决策、从善如流的重要性,罗德里克就说过"我坚信政府可以干好事"这样的话。显然,这背后有模糊判断和理念取向:如果你判断和坚信一个国家或一个地方政府满足上述条件,那就赞同它们实施选择性产业政策;如果相反,那就反对。

中国创新政策转型：从集中攻关转向分散试错

创新已经成为增长的重要驱动因素。但是，创新的发生，也需要适合的政策。我国进入新的发展阶段，迫切需要创新政策转型。

熊彼特创新与伽利略创新

创新这个概念本身很宽泛，而且也有些含混，一群人在讨论创新的时候，不同的人可能指的是不同的事情，这样就不容易说到一块儿去。这个概念有点像TFP，大家都知道很重要，但包罗很多东西，如果只是泛泛地说这些概念，其实等于什么都没有说。做研究的都知道，不可解释的因素都可以放到创新、生产率这些要素中。谈论创新，1000个人眼中就有1000个哈姆雷特，不具体化就很空泛，就会沦为空谈。

我们谈论的首先是经济发展意义上的创新，也就是说，是熊彼特在《经济发展理论》里所说的创新；但有时候又是在说科学发现和技术发明意义上的创新，例如像伽利略的名言"科学真理需要在实验和基于实验的理论中去寻找"所说的，知识和真理的探寻。麻烦的是，这两者很不一样，但又有极大关系。根据著名经济史专家安格斯·麦迪森和格里高利·克拉克等人的研究，在工业革命之前两三千年里，经济发展基本上处于停滞状态，只有工业革命才促进了经济大发展，而工业革命无疑是以科学发现和技术发明为基础的。科学发现和技术发明都意味着新知识、新事物的出现，都意味着创造性工作，现在新增长理论也非常重视科技进步。人们把科学发现和技术发明类创新称为科技创新，我姑且称之为伽利略创新，因为伽利略既发现了自由落体运动规律，也发明了天文望远镜，这样叫也可与熊彼特创新相对应。尽管熊彼特倾向于把创新与单纯的科学探索、技术发明分开，因为他所讲的创新是与商业化生产和市场化盈利联系在一起的，但当今社会可以更多更快地把发现发明引向经营和经济，相信熊彼特也不会反对把科学发现、技术发明称为创新。

经济发展意义上的创新与科学技术意义上的创新相比，所包含的内容要广泛、庞杂得多，而且两者的发生机制也不尽相同。熊彼特创新大致可理解为生产要素的"新组合"，至少包括新产品、新生产方法、新市场、新投入品、新组织五个方面，实际上比这五个方面多得多，虽然也包括研究开发、科技进步，但在很大程度上与研究开发、科技进步不是一回事。譬如，熊彼特创新包括新市场的开发，如在改革开放之初有一个很有意义的创新，就是长途贩运，这在"文化大革命"时期可是受到禁止的，长途贩运属于投机倒把罪，甚至也有可能被判反革命罪。改革开放以来有一个很大的熊彼特意义的创新，就是塑料大棚。年龄大的人知道，北方二三十年前，冬天是没有什么蔬菜吃的，整个大半个中国冬天没有什么蔬菜吃。现在这个问题解决了，主要就是靠塑料大棚。这个东西其实很简单，它其实是非常成熟的技术和非常成熟的材料，在被广泛地用于种菜后，这个产业有了很大发展。这个创新不仅解决了民生问题，也带动了整个北方的蔬菜产业，是中国一件了不起的大事。这两个例子都说明，熊彼特创新与政策环境高度相关，有了正确的政策和环境，不一定要国家投入巨额的科研资金和组织大量科技人员攻关，就能有力促进经济增长和民生改善。当然，科技进步很重要，但与熊彼特创新不完全是一回事，只有分开谈，才能搞清楚。

我之所以如此强调两类创新之间的区别和联系，就是因为许多人，包括一些学者，在讨论创新的时候，开始是说熊彼特创新，说来说去不自觉地就收窄到伽利略创新了，譬如研究新增长理论的那些经济学家，都强调自己是走熊彼特创新的研究路径，但研究一展开，就收窄到研发上了，而这根本无法深刻揭示经济增长机制。因此，我们研究创新，推动创新，一定要具体化，只说大概念没用，大概念反而会让人糊涂，一定要树立具体化的意识，这样才能保证大家是在讨论同一件事情，才能找到解决问题的方案。

伽利略创新与经济增长之间并不存在线性关系

工业革命以来，现代科技是现代经济增长的前提，而且科学探索、技术研发，是对真理的探索，带来了知识的扩展，给人一种高深的感觉，所以，强调创新，很自然就会把科技创新摆在首位。但是，从学术上来看，研究开发、技术进步类的创新，跟企业发展和经济增长的关系其实并不清楚。一般人从直觉上来看，大多认为科技进步会推动经济增长。其实这两者之间未必存在一种直接、线性的关系。关于科技进步与经济增长的关系，有大量的文献，学者们也莫衷一是，有的人说科技创新可以促进企业发展和经济增长，有的说不一定，声言科技创新跟企业发展和经济增长并不存在一一对应的关系。

其实从现象观察来看，大家也可以看到很多案例，有些科技创新搞得好的企业，并不一定很强大。现在很多人说苹果创新很厉害，其实国外也有不少人就说苹果是世界最大的"小偷"，它没有什么很原始的科技创新。在20世纪90年代和21世纪初，研发能力、技术水平比联想集团强的同行业企业有的是，可是它却成为行业的佼佼者，即使到现在其研发能力也属于短板,当然现在是到了大补短板的时候了。而从国家层面来看,科技搞得好的国家,经济上不一定行。很多人说瓦特发明的蒸汽机导致了英国工业革命,其实蒸汽机这个大发明在瓦特之前很久就有了,瓦特做了重要改进,并且有企业家马修·博尔顿来推广和继续做不同品种的开发,才使得蒸汽机得到广泛应用。所以有些学者说,工业革命其实是小机巧浪潮而不是大发明浪潮推动的。英国工业革命之后,不少国家经济高速增长并不直接由本国科技创新能力推动。美国在19世纪末至20世纪初经济高速发展和国力迅速增长的时期,科技创新能力并不强,即使其钢铁、汽车、铁路设备和机车车辆等行业在全球都有很强的竞争力,但这些行业的研发能力都弱于欧洲的同行业,整个国家的科研水平和科研成果明显逊于欧洲。直到二战之后,美国国家基础科研和企业研发能力才全面超过欧洲,美国诺贝尔物理学奖和化学奖获奖人数在20世纪50年代才超过法国,在60年代才超过德国和英国。日本的例子更有意思。在20世纪五六十年代高增长时期,日本以技术模仿为主,创新能力比较贫乏,譬如日本汽车工业在五六十年代就从美、英、德等国引进了400多项技术;直到20世纪80年代初,日本政府才在《80年代通商产业政策设想》中提出了"技术立国"战略。到1995年,日本政府提出"科技创新立国"新战略,公布《科学技术基本法》,并把该战略作为面向21世纪的长期国策,后来又制定了一些具体措施和政策,如促进日本在信息家电、生物工程、纳米材料、新能源等领域成为全球尖端研发基地,促进日本企业在这些领域形成全球竞争优势等。但恰恰是自"技术立国"战略和"科技创新立国"新战略以来,日本经济增长陷入"失去的二十年",而此时日本科技水平的确实现了大跃升,获得诺贝尔奖的科学家大为增加。

笔者强调这一点的意思是,从事科学研究不能太功利,不要认为它能直接促进经济增长才去搞科学研究,科学研究其实是人类对未知世界的探求，技术研发可能更功利一些，但是它转化为经济增长也需要很多条件，一个重要条件就是有企业家、工程师、技师、管理人员、营销人员等人来完成小机巧并实现市场化。一些学者认为，其中的企业家发挥着知识过滤器的作用，因为企业家会根据市场信号和未来趋势判断哪些新知识、新发明、新技术可能实现商业化应用，他们也要为自己的行动承担风险并获得收益。日本经济增长失去二十年，很多人认为是日本少子化、老龄化造成的，但观察一下日本企业的小机巧浪潮，20世纪七八十年代到处都是三洋和夏普的收放录音一体机、90年代到处是索尼和松下的随身听，而现在到处有日本企业的"iPad"和"iPhone"吗？没有。这样我们就能更深刻理解日本经济增长的起落了。因此，在熊彼特创新中，企业家、商业天才、市场冒险者，而不是学究、科学家、工程师，具有更重要的地位，否则就不能实现经济增长。

技术前沿距离越小对伽利略创新的依赖越大

不过，这并不是否认研究开发、技术进步类的创新在经济增长方面的重大意义。对于中国下一步经济增长而言，这个意义越来越大。在新增长理论中，前沿距离研究是一个受到越来越多关注的领域，这个领域的很多研究都显示，离前沿越近，经济发展越依赖内生增长模式和科技创新。我在前面虽然说伽利略创新与经济增长的关系并不是那么直接，但是当我们这个经济体距离前沿比较近的时候，我们的经济增长对研究开发、技术进步的依赖就越来越大了，尽管后者是前者的必要条件而非充分条件。当然这个前沿距离，并不是说我国人均GDP与最高人均GDP国家的差距，目前这个差距还非常大，至少未来二三十年还会有较大差距。但是从技术的代际差距来看，笔者调研了很多行业的企业，发现我国企业离前沿并不远，在许多工业行业都没有什么代际差距。笔者要澄清一下，技术差异不一定是代际差距，尽管可能并不存在技术上的代际差距，但是我国许多工业行业的技术精度跟发达国家还差得很远，关键工艺、关键材料、关键元器件与发达国家的差距一下子也难以缩小。譬如钢铁行业，20多年前，美、欧、日、韩是大高炉和连铸连轧技术，我国是中小高炉和非连铸连轧技术，我国的技术与前沿技术差距是一两代，但现在没有这个差距了。水泥行业也一样，20多年前发达国家是湿法回转窑技术，我国是立窑技术，现在这个代际差距也没有了。

由于代际差距已经不存在或者不明显，在这种情况下，我们下一步经济增长，对研究开发、技术进步类的创新的依赖程度一定会越来越高，这个结论还是可以成立的，尽管伽利略创新并不必然转化为经济增长。这就需要我们在这方面大搞自主创新。美国在二战之前，科技创新水平并不算是前沿，那时的前沿还在欧洲，但到二战前后美国与欧洲之间已经没有前沿距离了，这时美国经济增长就必须更多依靠自主创新。二战赐予美国良机，大量欧洲科学家、工程师流入美国，再加上其他因素，美国二战后的经济增长成了全球的火车头。日本、韩国、新加坡等亚洲国家都走出了或试图走出这样的增长轨迹，这就是前面说过的熊彼特创新与科技创新的不同之处。前沿距离缩小意味着更需要自主创新，对于国家是如此，对于企业也是如此。前面说过的联想集团就应该清醒意识到这一点，如果技术代际差距急剧缩小的时候还不致力于科技进步类创新，还一味沉迷于20年前的市场营销手段、营销策略和产品外观、产品配置方面的花样翻新，未来的发展空间就会受到限制。华为在其发展的早期，与国外企业的技术代际差距非常大，也把创新的重点放在营销手段、营销策略和技术吸收、技术改良等方面，但华为敏锐意识到，它所处的这个行业，技术变化的速度非常快，技术颠覆随时会发生，这就带来了技术方面弯道超车的极大可能性，所以及时把创新重点放到技术研发上，甚至在基础研发方面也下了很大功夫，这就生动体现了前沿距离与科技创新的重要性之间的关系。

开拓新前沿的创新需要分散试错

中国与发达国家的技术代际差距在很多行业已不太明显，在这种情况下，要思考我们下一步的创新模式和创新政策，到底是分散试错式创新还是集中攻关式创新，这个问题至关重要。

在原来技术代际差距较大的情况下，集中攻关式创新是很有用的，当我们看到人家是第六代技术，而我们还是第四代技术甚至第三代技术的时候，我们就知道目标是什么了，也大概知道技术路径。即使在20世纪六七十年代我国受到严重封锁的时候，我国科学家也可以获得一般的科技文献，通过这种方式大体可以知道技术原理和技术路线，可以设计相应的技术攻关方案。比如可以通过政府手段、国家力量集中所有专家，搞大会战，搞几年集中攻关，就能搞出来。譬如电解铝技术，"八五""九五"期间，我国就开始组织力量，把这个行业重要的研究设计规划机构，就是政府部委下面的科研机构和一些企业组织起来，搞大电解槽的技术攻关，结果就攻破了，到"十一五""十二五"期间就大面积快速应用。又譬如中国高铁技术，南车和北车合并之后，又攻克了一些技术难题，高铁试车速度达600公里。从中国中车现在的创新情况来看，它还是一种模仿和集成、消化吸收再创新，不属于刚才讲的在前沿上开拓新前沿。至今，中国高铁领域的那种集中攻关式创新方式还是有用的，但是未来未必有用。现在美国高铁技术创新，就是在前沿上开拓新前沿，譬如一家公司在拉斯维加斯沙漠上试验新型高铁，那是开拓新前沿的创新。开拓新前沿的创新，需要的是分散试错式创新。这些创新对经济增长有没有直接带动作用，是有争议的，但至少，开拓新前沿的创新是激动人心、激发梦想的。所以，下一步的创新政策，到底是把国有大企业合并到一起来，去搞集中攻关式创新，还是更多转向分散试错式创新，这可能是我们未来 5~10 年的重大政策选择。

从历史经验来看，日本政府曾经组织企业在超大规模集成电路（VLSI）领域进行集中攻关，并取得巨大成就，但那时离美国的技术前沿有距离，集中攻关就设定了清晰的技术目标，即开发大储量的动态随机存取存储器（DRAM），也有确定的技术路线，即攻克光刻技术难题，以实现微制造方法的突破。集中攻关式创新的成功使日本企业在该行业一度占据绝对优势和绝大部分市场份额。但后来，当日本电子信息行业的技术前沿距离几乎消失的时候，日本政府和企业并没有及时转向更加分散试错的创新模式，还是过于依赖集中攻关式创新，又继续由日本政府牵头搞飞鸟计划和未来计划，结果是没有及时抓住移动存储和闪存等技术和产品兴起的巨大机会。韩国的创新也有过类似行动，但在 IT（信息技术）产业，自 20 世纪末以来与日本不太一样，看起来是财团经济，不过财团企业之间并没有搞集中攻关，三星、大宇、现代等寡头之间在搞分散试错式创新，而且与美国高度接轨，虽然大宇、现代错了，但三星对了，所以还有三星。

因此，中国必须意识到这个问题的严重性，必须认真研究一下，下一阶段我国创新政策是否需要转型。笔者在 2016 年 8 月中旬参加了新加坡国立大学的一个研讨会，演讲的题目就是"从产业政策到竞争政策"。笔者的思路是，在新背景下，国家政策必须从产业政策转向竞争政策。20 世纪五六十年代，国家在武汉搞了一个锅炉厂，又配套搞了一个汽轮机厂、一个重型机器厂等，哈尔滨也是一样，几个企业摆到一块，并不是让它们竞争，而是专业化分工、相互协作，搞出了电站成套设备，这是产业政策。未来，竞争政策更重要。很多产业组织理论的研究也认为，竞争太厉害了也不行，就是过度竞争。

但是这个界限怎么把握？这就涉及未来我们的《反垄断法》的尺度怎么把握的问题。这个东西可能更多的是艺术。对竞争也应该有更深入的理解，譬如，不要把竞争理解为在同一行业有几个一模一样的企业在做同样的事情，实际上，这种新古典经济学意义上的竞争在现实中很难找到。创新理论和企业异质性理论表明，企业之间的竞争根本不会局限于价格竞争，更多的是在寻求差异化，在寻求跟其他企业不一样，不一样就意味着不再是新古典经济学意义上的竞争，甚至意味着垄断。因此，从创新的角度来看，竞争更应该被理解为这个行业能够自由进入和退出，就是可竞争性的意思。在这个前提下，才会转向分散试错式创新。

分散试错式创新对原来集中攻关式创新体系带来了严重挑战。在原有体系中，政府部委下面的科研设计院所具有枢纽地位，就像我在前面说过的电解铝技术攻关那样。在分散试错式创新中，以前邮电部、电子工业部（均已撤销）下属的那些科研院所就不一定是那个地位和作用了，具有核心地位的反而是华为、中兴这样的企业建立的研发机构。所以这涉及大量传统科研和设计院所的转型、改制、重组问题。当然，政府本身如何转变思路和政策，更加重要。其实，笔者并不是说政府无须作为，无论是基础研究，还是技术研发，都需要政府大力支持，但在许多行业的技术代际差距不明显的情况下，政府应该意识到，哪一种研发路径更能实现技术突破，哪一种技术更符合未来市场需求，集中攻关的缺陷是比较明显的。笔者也不是说企业之间、企业和科研机构之间不可以合作创新，实际上，许多形式的合作创新与分散试错式创新不仅不矛盾，而且很融洽，但如果政府还是像过去那样以行政力量来捏合企业、确定目标、规定方向，那就难有好的创新效果。总之，未来如何恰当地发挥政府作用、如何恰当地进行企业合作，以实现创新体系的转型，应该是学者们下一步研究的重要课题。

产业创新生态圈的治理特征及政策要点

创新并不容易被把握和理解。许多人都知道，熊彼特讲的创新，并不包括纯粹的科技创新。事实上，现代经济长期增长在很大程度上得益于科技创新。笔者把纯粹的科技创新称为伽利略创新，熊彼特创新与伽利略创新的重合及接壤部分促进了现代经济的增长。这个重合与接壤部分，可以被称为产业创新。鉴于产业创新日益呈现生态圈化的趋势，我们有必要认识其治理特征，并构思政策要点。

产业创新的特征

产业创新尽管由某个或某些企业率先实现，但也较容易在整个产业乃至其他产业扩散。以 iPhone 为代表的智能手机的出现就是 21 世纪一项重大的产业创新。这项创新当然涉及科技方面的突破，包括液晶显示技术、触摸屏技术、新一代移动通信技术等。但更重要的是，苹果设想了一个从来没有过的新产品，即超薄大屏且远不止于通话功能的手机，这个产品获得了巨大的市场接受度。此外，这个全新产品要不断探索调整和改进设计，要开发工艺、设备和工模具，要组织制造和规划供应链，要进行市场推广，还要融资和安抚投资者等，这些已不限于科技研发活动了。苹果智能手机成型后，就迅速扩散到整个移动通信产业以及其他产业。即使是那些简单得多的非从0到1的产业创新，也会涉及科技突破和科技之外的很多内容。例如，更加省电的变频空调，把变频技术用到空调上，这本身并不难，甚至算不上是真正的科技创新，因为变频技术本身是成熟技术。但要生产出变频空调，不但需要设计和制造出体积很小的变频模块，还要解决压缩机在频率极低运行时容易造成系统损坏和线路断裂的技术难题，这就涉及产业中的科技创新了。此外，还要提高价格和引导用户接受。

产业创新有着突出特征。其一，产业创新需要企业和包括创业家在内的企业家发挥巨大作用。只有企业才能将创新进行产业化、商业化。而企业家，不但其中一些本身就是科技创新家，更多的人则发挥着知识过滤器的作用，因为企业家会根据市场信号和未来趋势，判断哪些创新可能实现商业化应用，并要为自己的判断和行动承担风险，获取收益。这一点，许多人都明白。

其二，产业创新需要产业支撑。这不是绕口令，但却有争议。长期以来，不少产业界和学界人士都认为，产业界存在微笑曲线，中间是制造，两端上翘的部分则是研发设计和市场营销。笔者在这里要提醒的是，微笑曲线说的是价值链的分布，而不是说，两端一定可以并绝对应该与中间分离。相反，越来越多的证据显示，不但产业研发本身很难脱离中间环节和另外一端，更重要的是，研发成果的产业化生产、商业化应用、市场化推广，当然要在中间环节和另一端当中完成。一个简单的道理就是，产业创新离不开强劲的产业基础。哈佛商学院教授加里·皮萨诺的研究表明，大多数的产业创新需要借助产业公地才能完成，而制造业是产业公地的基础，如果脱离实体产业，特别是脱离制造业，产业创新的动能将会逐渐衰减。笔者通过对国内一些区域的调研也发现，产业创新与实体产业之间，有着相互依赖、相辅相成的紧密关系，没有实体产业的地方，即使大学、研究院较多，教授、专家聚集，有不少获奖的研究成果，也很难有多少产业创新，更谈不上创新成果的产业化。笔者归纳，大部分可以实现产业化的创新，都源于"造中创"（innovating by making），可见两者之间难以割裂的关系。

其三，产业创新与资本市场和金融家的联系日益紧密，而且关系日益复杂。资本、金融的深度参与和介入，是现代产业创新一个十分突出的特征，这可能与创新的组织化程度更高、需要投入的资源更多、风险更大都有关系，也与创业者十分活跃有关系。由于资本、金融有其独特的市场结构和市场规则，所以使现代的产业创新大不同于古典时代。资本的参与，金融的介入，使得现代的产业创新涉及很多复杂的合约和激励约束结构，比以前任何时候都复杂，只有当事者和圈内人才明白，而外界却鲜有人知，从而形成典型的"圈子"现象。

产业创新的生态圈化趋势

实际上，产业创新不仅与资本、金融之间形成"圈子"现象，整个创新过程越来越多地涉及研发设计人群与其他人群之间的联系和交流，并以非常快的速度链接到传统的相关企业、机构、人群之外。链接，带动了大量的交互行为，并构筑了浓厚的氛围。完全可以说，产业创新形态和方式，以及相关规则和文化，正在发生深刻变化。这种变化，归结起来就是，产业创新生态圈正在形成。产业创新生态圈或许会改写产业创新规律。可以把产业创新生态圈视为一种全新形态的"社会"或者"亚社会"，可以预料，在未来的产业创新中，如何既最大程度发挥市场作用和合理发挥政府作用，又更加重视发挥这种新型"社会"或"亚社会"的作用，必将成为一个重大的新课题。

产业创新的生态圈化，在 IT 等新兴产业较早涌现，并成为一种趋势，这与互联网的迅速兴起、数字经济的全面渗透并改写产业思维有很大关系，从而使得许多传统行业的产业创新也呈现明显的生态圈化。例如，面临颠覆的传统行业——汽车行业，不但新能源技术、无人驾驶技术、全新体验模式导致产业创新的生态圈化，连那些仍然坚守传统燃油车的老企业，其创新也走上了生态圈化的道路。尚未面临颠覆力量的传统行业，例如，工程机械行业，正在充分利用物联网技术与用户进行联结，进行数据采集和服务，也进行产品的改进与更新。即使在代工行业，例如，富士康，也是如此。在服务型行业中也可以看到生态圈化的许多行动，不但大型零售连锁企业通过开发信息化和智能化技术，致力于构筑线上线下融合的生态圈，并以此推进服务方式和服务项目的创新化，连一些小型餐厅，也开发了 App（应用程序），实现与用户连接，以推行个性化服务和各种优惠促销活动。由于形成生态系统，越来越多的创新在开放而广阔的交互过程中实现，这个过程不仅涉及生产企业和服务性中介、大学、研发机构、资本机构，也涉及用户、消费者、劳动者群体，以及各种社会团体、社群和亚社群，不仅触及科技、工艺、材料，也触及话题、文化、潮流，更有对未知的讨论和探索。当然，尽管互联网与数字经济有力地促进了产业创新的生态圈化，但产业创新生态圈仍将是虚拟空间与现实空间的有机结合。产业创新涉及不可编码知识的交流，操作技艺和实干能力的提升，以及人们之间面对面相互激发和相互鼓励，这些方面不可能离开虚拟空间之外的现实空间。但是，无论是通过虚拟空间，还是通过现实空间，产业创新生态圈都可以延伸到世界上的任何角落，而不会像产业集群那样集中在某些地域范围，这也是生态圈比集群更加厉害之处。

在这样的背景下，产业创新的核心企业，与从前相比，可以显著地放大其关联力量、吸引力量、影响力量，将很多的外部企业、机构、人群聚集起来，把大量的生产要素、金融资源、社会关注度凝聚起来，一起参与产业创新。核心企业从而成为产业创新生态圈的圈主企业。圈主企业可以是一个，也可能是数个。圈主企业在重要创新尚在萌动之时，就可以提前组织上下游厂商、其他设计研发机构，提前布置生产链、供应链与经销网，甚至可以链接大量支持者、拥趸者和网红人物，并不断扩大这个群体，形成浩大声势。圈主企业也可能将一些重要技术标准和技术平台对全社会开放，增加利益相关者的数量，这不但可以使生态圈更加庞大且更具黏性，而且可以使生态圈本身变成圈主企业的"护城河"，进一步强化圈主企业的优势地位和市场势力。由于产业创新生态圈比产业集群在地理上的延伸范围要大得多，所以圈主企业比产业集群的群主企业有更大的影响力。需要指出的是，尽管圈主企业往往是已经建立产业力量和市场力量的大企业，但一些新创企业也可能凭借其强大的创新力量和资本力量而成为圈主企业。此外，圈主企业，乃至生态圈本身，并非一成不变和一劳永逸，而会有被取代和被颠覆的可能性。

产业创新的生态圈化趋势，使得产业形态、产业关联、产业动能发生着深刻变化，并对传统的产业组织理论形成深刻挑战，这将涉及产业创新生态圈的治理这样一个前所未有的新议题。

产业创新生态圈的治理特征

一个互联、互动且有利益关系的群体或圈子的形成，就会涉及所谓的治理问题。产业创新生态圈是一种全新形态的"社会"或"亚社会"，更会涉及治理问题。诺贝尔经济学奖获得者奥利弗·威廉姆森曾经详尽阐述了市场和科层两种治理方式。而经济社会学的领军人物马克·格兰诺维特则提出了另一种治理，即圈网治理。产业创新生态圈的治理，应该接近圈网治理。

产业创新生态圈的治理，至今并未得到应有重视和基本研究，更没有形成恰当定义和可行原则，所以目前很难对其进行确切描述和详尽分析。但从当前情形和发展趋势来看，一般而言，产业创新生态圈具有如下几个方面的显著特征。

其一,它是一种介于市场和科层之间的治理。市场机制的主要特征在于清晰的契约和自由而又较为频繁的交易,而科层治理则相反。产创生态圈治理介于两者之间。生态圈本身并不是一个边界清晰和固定的组织,所以不可能有科层制。但是,它又不是完全依照市场化机制来形成结构和运作。在日本曾经流行过的一种产业形态——企业集团,有些类似于产业创新生态圈,当然后者的复杂性和规模以及互动内容,远远超过前者。或许可以预测,对产业创新生态圈的治理的研究,其重要性将远远超过从前对企业集团的治理的研究。

其二,它是一种介于动态和稳态之间的治理。生态圈也算是一个新的产业创新形态,本身还处于发展和变动之中,所以毫无疑问,其治理到底会有什么样的结构、规则、机制、秩序,都还处于动态变化之中。特别是,互联网技术和工作方式对各行各业的渗透还在加速之中,其他前沿技术和各种所谓的黑科技正在不断获得突破和得到应用,这些都会给许多产业带来颠覆性变化,甚至使许多产业的固有边界变得日益模糊,一些新的产业将会涌现和崛起。所以,产业创新生态圈本身也可能会经历一个不间断的创造性破坏的过程。但是,只要存在秩序,其治理就必定有相对稳定的一面,这个生态圈的组成者之间的利益和责任的分配、相关权力的配置、争执的解决机制,在一定时期内都会依照一定的基本规则进行,而圈主企业会在其中发挥主导性作用。

其三,它是一种介于自治和规制之间的治理。产业创新生态圈当然并不是一个注册的组织和团体,甚至算不上是正式组织,它之所以存在,主要是因为圈主企业及关键人物产生了强大的吸引力量和关联力量,而现代技术、现代社会的交互方式又极大地放大了这些力量,并极大地扩展这些力量的边界。在圈主企业和关键人物的主导下,在众多组成者的互动中,产业创新生态圈会定义一些共同规则,从而形成自发性，其治理也会具有自治性。但是，产创生态圈无疑必须接受国家的一些业已成熟的规制，如反合谋等方面的规制。笔者认为，更重要的是，对这样一个新的形态，政府还应该在深入调研的基础上，设定一些新的规制，以使其健康运作，并进一步促进产业创新。此外，政府可以对产业创新生态圈进行某些方式的扶助和支持，包括资金支持，这样必然涉及政府规制。

政策要点：反垄断、反不正当竞争及其他

无论哪种组织、网络，要形成良好治理，目的无非是建立一种有活力的合理秩序。产业创新生态圈的治理也不例外。要达成这个目的，在许多情况下，都需要政策介入，在现代社会尤其如此。即使是市场治理机制，也不能完全自发地形成良好和健康的秩序，而需要反垄断、反不当竞争等方面的政策介入。我们分析了产业创新生态圈的治理特征，就容易理解政策介入的不可或缺性，尤其是当产业创新生态圈需要政府支持，包括资金支持时。但需要指出的是，产业创新生态圈是新生事物，而且并不是正式组织，所以，又必须防止政策过度介入，以免揠苗助长或者步入歧途。从目前的情况来看，可以考虑如下几个方面的政策要点。

第一，产品上市前技术的研发合作与合理竞争政策。即使在创新生态圈内部，企业之间仍然可能存在不信任、猜忌，以及责任和利益冲突，因此，生态圈的自发合作机制尽管非常重要，但政府适度介入也可以发挥良好作用。政府有意促进产品上市前的研发合作，可以消除企业之间的相互猜忌。政府介入还相当于增信，可以缓解首批客户和潜在客户的疑虑和犹豫心理。但是，政府如何把握分寸十分重要。政府应该避免其行为成为一个隐含的无限担保，以免伤害市场机制，

同时还要防止这个生态圈构筑进入壁垒，或形成事实上的垄断。政府不但应该保障来自特定生态圈之外的竞争，还应该允许生态圈内部的企业之间保持合理竞争。

第二，知识产权界定与分配政策。产业创新必定涉及大量的知识产权问题。尽管企业之间可以自己界定和分配知识产权，但是政府事先确定清晰的知识产权界定原则，可以避免大量的纷争和内耗。产业创新生态圈是一种复杂体系，联合与竞争相互交织，创新进程动态变化，企业和机构自己很难完全应付这些情形。政策应该确立产业创新生态圈的知识产权原则，就是既要保护产业创新的利益，又要防止这种利益的无理化。

第三，制式与标准选择政策。统一制式和标准无疑可以防止租金耗散效应，获得规模收益递增效应，减少产品全周期成本。但应该明白，这是一个难题，不选择不行，选择错了更不行。产业创新的生态圈化，一方面可以形成更大合力，促进创新活动；另一方面，也会使创新竞争更加惨烈，居下风的其他生态圈及其成员将陷入更加惨淡的境地。信息产业从3G（第三代移动通信技术）到4G（第四代移动通信技术）、5G（第五代移动通信技术）的发展过程中，就一直伴随着制式与标准的选择难题。一些国家的政府在这方面出现失误，代价十分巨大，不仅新一代信息技术的应用落后于人，而且一些设备制造企业也破产或被收购了。所以，这不应该是典型的选择性产业政策，但政府又必须选择。政府更应该做的，是设定政策指南和政策标准。

第四，政府的研发补贴、创新需求鼓励和提前采购政策。对于生态圈的联合创新计划，政府可以适度进行研发补贴。补贴是一种赠款行为，无须转为国有股份。许多重大创新在起始阶段的最大困难并不是技术瓶颈，而是市场需求的严重不足，这有产品本身不成熟、未定型而不好用的原因，也有社会认知和使用习惯等方面的原因。笔者曾经研究过创新需求鼓励政策，认为这样的政策特别重要，尽管有时难免会有一些政策缺陷和政策漏洞。对于生态圈重大的创新计划，政府应该适当实施需求鼓励政策，包括安排政府提前采购计划，以增强生态圈的创新信心和创新实力。由于这类政府行为很容易引起争议，为了防止利益输送和公共资金的无效低效使用，就应该设定补贴、提前采购、需求鼓励的政策标准和政策流程，并进行严格的事前评估和事后审计。

第五，反垄断和不正当竞争行为政策。产业创新生态圈一旦形成，就可能出现所谓的护城河效应，产生排斥性，圈内成员也可能会以不正当方式来阻止圈外成员和新创企业的竞争。特别是，圈主企业可能利用其强大的影响力，对圈内企业和圈外企业施加不当控制，实施不公交易。所以反垄断和不正当竞争政策必须介入。但是，即使在产业创新生态圈内，并不都是市场份额占绝对主导地位的巨无霸企业，也会有规模很小甚至处于初创阶段的企业，并不能以企业规模来简单判定是否构成垄断。所以，对产业创新生态圈的反不正当竞争和垄断政策，要点应该是关注经营行为而不是关注市场结构。这就要求政策具有较强的细致性和精准性，需要有各方面的专家参与讨论和评判。

第六，反欺诈与反误导，以及反胁迫等方面的政策。产业创新生态圈涉及很多企业、机构、社团、个人，以及很多明示及隐含的契约和规则，有其自治秩序。但是自治秩序并不等于无须国法秩序。因为生态圈本身就是一个小社会并可能产生亚文化，好像一个"江湖"，容易滋生误导行为甚至蓄意造假、欺诈、胁迫等行为。生态圈的误导和造假、欺诈、胁迫，比传统的误导和造假、欺诈、胁迫更加复杂，也更加隐秘，国家有必要研究和制定对于产业创新生态圈的反误导、反造假、反欺诈和反胁迫等方面的政策，才可以防患于未然。当然，这些政策的标准和尺度并不容易把握，而且极易引起争议，所以需要采取既积极又谨慎的态度，特别是要广泛听取社会各界人士的意见，并要经过深入乃至激烈争论，才可以制定和实施政策。

产业创新生态圈中的市场与政府

随着资本报酬的下滑，我国经济必将更加依赖内生增长模式，科技创新、科技攻关的地位越发重要。但创新并不是想要就能得到，因为它有自己的规律和奥妙。在当今经济社会发展环境中，产业界的创新越来越呈现生态圈化的趋势，市场和政府在生态圈中各自发挥作用，不认清、不掌握这一点，促进创新的意愿就未必能顺利实现。

产业创新及产业创新生态圈

创新是一个非常宽泛而又含混的概念。笔者把创新分为熊彼特创新、伽利略创新两大领域。熊彼特创新是一个很大的圆圈，而伽利略创新则是一个小得多的圆圈。这两个圆圈有一部分重合及接壤，这部分是促进经济增长的最有利因素。这部分创新，既不同于大学和研究院的科研成果，也不同于企业单纯的市场开拓、经营模式调整，它虽然以可实现产业化的科技创新为主，但也涉及与此有关的工艺流程组织、供销链条部署、市场开发行为等，笔者将其归纳为产业创新。产业创新与科技创新的概念区分并不容易说清楚。狭义的科技创新，似乎等同于伽利略创新，但事实上，人们认知和谈论的科技创新，往往与产业创新联系在一起，是一个广义概念。产业创新主要是在产业界的研发机构里，甚至在车间里，由各式各样的人物完成。甚至纯粹的伽利略创新，在过去几十年里，也有很多是由企业里的科学家和工程师完成的，与产业创新有极大关联。因此，尽管提高科技创新能力涉及许多方面，但最重要的方面之一，无疑应该是强化产业创新。

产业创新比大学里面、研究院里面的创新要复杂得多。产业创新需要企业和企业家发挥巨大作用，需要市场化的、规模化的产业发展循环作为支撑，需要很多组织与个人的合作、协调、竞争，而且往往涉及资本、金融的深度介入，以及重要客户、潜在用户的参与。当然，政府作用的适当发挥，对于推进产业创新也是有益的。这些因素、力量相互结合和相互交织，形成一种气氛或气场，就会构成产业创新生态圈。这样的生态圈远比美国经济学家威廉·鲍莫尔所分析的"大卫-歌利亚共生态"更丰满、更复杂。随着社会的进化和时代的发展，产业创新越来越呈现生态圈化的趋势，这是十分值得注意的事情。

美国的苹果智能手机就是21世纪一项重大的产业创新，它的成功在很大程度上要归因于一个相互溢出且强韧有力的产业创新生态圈的形成，这个生态圈涵盖了液晶显示技术、触摸屏技术、第三代和第四代移动通信技术、纳米级芯片技术，还有产品设计、工艺设计、设备和工模具设计，各种应用场景，以及大量的相应软件等，还吸引了大量的粉丝用户，并构建了强大的互动机制。在这个生态圈中，有成百上千的企业和其他机构、有关人员参与其中。即使是一些比较传统的产业，也在推进重要的产业创新，产业创新生态圈的构筑也发挥着重要作用。例如，汽车行业就是一个比较传统的行业，但是现在正在快速推进的颠覆性产业创新，就是新能源与互联网、智能化相融合的创新。这个领域，创新的生态圈化趋势十分明显。还有一些传统行业正在推进的产业创新，颠覆性并没有那么强，如空调行业的变频化与智能化、信息化、互动参与化的组合，但也在向生态圈方向演变。总之，从许多行业来看，产业创新的生态圈化趋势十分明显。

以市场为基础可以集中力量办大事

国际上重要的产业创新生态圈，所联结的企业和其他机构，以及相关资源和人群，不但遍及一个国家的许多行业和领域，而且越来越超出国界范围，形成全球性的创新网，例如，苹果手机的创新网，既包括美国本土的很多企业，也包括我国大陆和我国台湾的手机组装企业、芯片代工企业，还包括欧洲的光刻机生产企业，此外，还有大量的软件及内容参与者。从这个意义上来看，可以认为是某种程度的举国力量，甚至是某种程度的举世力量，在成就一些重大产业创新。特别是在市场经济制度当中，无论是举国力量，还是举世力量，都会充分借助市场内在的责权利界定、分工合作、竞争互促的机制，使创新能更好地利用资源和更好地配置风险，这其实是一只看不见的手，正在把尽量多的力量（包括国内力量，也包括国外力量）拉进产业创新生态圈。其中的圈主企业，有着巨大的黏结力，以及由此而来的定价力和估值力。

可能会有很多人青睐政府力量在促进产业创新过程中的作用，特别是相信政府力量就等于举国力量。的确，行政手段可以使政府集中力量办大事，例如，修筑万里长城等，但在产业创新方面，如果单纯或者主要诉诸行政手段，就未必有好的结果，因为产业创新需要以商业化使用来获得经济效益，需要以大量客户购买来衡量效果，需要以市场占有率来检验成败。美国政府曾以行政手段为主导搞了生产原子弹的曼哈顿计划，以及人类登月的阿波罗计划，但这些并不是我们强调的真正意义的产业创新。这两个计划的确有不少科技创新成果并产生了溢出效应，但与产业创新还是两码事，投入大量资金和科学家的政府工程，对产业发展产生一些溢出效应根本不值得夸耀，没有这些溢出效应倒是很奇怪。互联网技术与相关产业的兴起，是近几十年最重要的产业创新，许多人会争辩说，互联网起源于美国国防部的阿帕网，这是典型的政府主导的产业创新。事实上，尽管 20 世纪六七十年代设立的阿帕网设计了互联网工作的基本原理和初步构架，但到了 80 年代，美国很多非政府机构已经设立自己的计算机网络，此时互联网的发展开始由政府之外的力量推动，并且将社会上的互联网与阿帕网分离开来，到了 90 年代，独立于政府的商业化互联网开始有了 www 协议和竞相涌现的系统及服务，资本和人才大量涌入，硬件和软件日新月异，应用场景迅速扩展，进而网络用户数量和使用时间呈指数级增长，才构筑了产业创新生态圈，真正成就了这一场史诗般的、至今尚在推进的产业创新。完全可以看出，这是一场由市场力量主导、以生态圈为特征的全球性产业创新，并且包含和带动了许多子集层面的产业创新，例如，前面提到的苹果智能手机生产和使用方面的创新。政府体制内的阿帕网发挥的只是溢出效应，只有"社会网"独立于阿帕网之后，只有市场力量参与和主导之后，创新生态才形成，产业发展才起飞。

所以，与很多人的想当然相反，市场机制恰恰是一种举各种资源、集各种力量办大事的机制。即便在互联网出现之前很久的时代，基于资本市场的股份公司制度就办出了许多惊天动地的大事，哥伦布发现新大陆，东印度公司开辟大量殖民地，美国修建几十万公里铁路，都是这方面的例子。特别是在全球化时代，市场机制有着冲出本企业界限、本行业界限、本地区界限以及本国界限的天然本能，所以市场体制就是一种举国体制、举世体制，使得产业创新生态圈带有跨区域和跨国色彩。如果过于依赖政府力量、行政手段，就有可能造成资源配置的扭曲和产业创新生态的退化。现在一个十分活跃的产业创新领域就是汽车产业的新能源化、互联网化、智能化，跨国公司、国内民营企业在这个创新生态圈发挥着重要作用，推出了很多有产业价值的创新成果。可是10年前，政府的国资系统成立了中央企业电动车产业联盟和新能源汽车央企联盟，看起来既有整车企业、零部件企业，又有电池企业、电网企业，还有电子和信息企业、材料和设备企业等，且得到主管部委的有力背书，并很快出台了一些支持政策和发展规划。但是10年过去了，那种开放程度不够高，意在避免重复建设、无序投资和设立统一技术标准、提高行业门槛，带有浓重官方色彩的创新联盟，并没有成为真正的创新生态圈，并没有产生多么重大的产业创新成就，而由市场主导、以市场机制联系在一起的一些其他企业和投资者、社会机构，却形成几个有力推进产业创新的生态圈，所形成的创新成果既包括整车，也包括电池、电控，甚至不同生态圈的技术路线大相径庭，形成分散试错、各显神通的局面。这就是以市场为基础、以产业创新生态圈为形态的举国和举世体制。

技术路线和技术标准的多样性

不过在充分发挥市场机制作用的基础上，如果能恰当发挥政府作用，的确可以使产业创新的事情办得更大、更快、更好，也可以助益产业创新生态圈的形成和发展。且不说基础研究领域的伽利略创新需要政府投入大量资源，即使是产业领域的应用性研发和商业化使用，政府也可以以适当方式投入资金，并发挥一些协调乃至组织作用，以及其他方面的促进和带动作用，尽管如何把握尺度和方式才能恰到好处并不是那么清晰明了、轻而易举。一项值得更加重视的政策措施，就是政府的创新需求鼓励政策。这项政策尽管也有缺陷，譬如与创新供给激励政策一样，很难避免寻租和造假，但相对来说要好得多，即使在美国，国防部、能源部、国家航空航天局的采购，对于美国一些重大产业创新的确功不可没。政府当然也应该加大对创新供给方的资助和支持，特别是对于基础研发和学术研究的支持。政府还可以在研发合作、创新联盟的形成方面发挥一些协调和组织作用，例如，美国政府也曾鼓励组建半导体制造技术战略联盟（Sematech），以促进其半导体产业的发展，但重要的是要保持足够的开放性，防止借助政府资金、政府采购、政府影响力和政府权威性排斥竞争，排斥多种可能性，这样才有利于产业创新生态圈的形成。此外，政府可以通过产业规划和基础设施建设来引导产业的地理布局，从而促成产业集群的形成，使得基于集群的产业创新生态圈能够更好地发展壮大，因为产业集群和产业创新生态圈可以相辅相成、相互融合。

但是，在开创未知技术、开拓未来空间的创新领域，特别是这里定义的产业创新领域，政府过于积极的不当介入，反而会扭曲所谓的"红色皇后博弈"的收益结构，对于创新的不断推进并没有好处。应该特别注意的是，政府很喜欢干的一件事情就是制定行业标准、国家标准，以彰显政府部门的工作成绩和国家权威，但我们必须警惕，产业创新领域的政策支持是否会导致对多样性技术标准和技术路线的排斥。在这样的创新领域，政府即使要给予资金支持和订单支持，也不宜过于向某种特定技术路线和特定产品倾斜，特别是不宜过于匆忙地将某种特定技术路线和特定产品设置为官方标准，并在此基础上倾力支持特定企业。因为对于这类产业创新，最终是哪一种路径、哪一种技术、哪一项产品能够成为主流，能够赢得市场占有率，不但政府不知道，甚至特定企业自己也不知道。现在的智能手机及众多应用，是苹果公司无中生有、破空而出的重大发明，完全算得上是开创未知技术、开拓未来空间的产业创新，但20多年前，电脑产业有好几种操作系统，苹果电脑及操作系统就远不如Windows系统方便，所以那时苹果公司的系统和标准及技术路线并不为主流客户群体所接受，没有多大市场占有率，企业多次面临破产。现在苹果如日中天，但有多少"非苹果"的果子尚未成熟就掉落了。就算是有着几十年历史的电

第四章 政策转型与产业创新

视机产业，不但经历了从黑白到彩色、从显像管到平板的革命性创新，而且仅就近十余年的平板技术而言，也经历了等离子技术路线和液晶技术路线的交织。当时多数人看好等离子而非液晶，但最后是液晶技术不断获得未曾料想的重大突破，因而成为主流，而研发等离子技术的企业就不可避免地掉队甚至倒闭了。这些就是产业创新的巨大不确定性，需要市场机制来举力量、聚资源、探路径、验结果、配风险。如果扭曲市场与政府之间的关系，即使形成一些阶段性的创新联盟、创新生态圈，最后也会陷入被动局面。

未来的主流技术和"脖子"在哪里

当然，对于追赶型、改进型的产业创新，政府可以多给予一些明确支持。许多这类产业科技研发活动，包括攻克所谓"卡脖子"技术难关的研发活动，严格来说也算不上是创新，而算是"创旧"，即已经有其他企业或者其他国家的相关机构掌握了这种技术，但本企业、本国需要掌握这种技术，并进行适应性改良和提升，就必须进行大量科技攻关。这类科研攻关也非常重要，特别在全球技术封锁意识增强的背景下更是如此。不过还是要着重指出，如果是产业领域的科研攻关，仍然不能忘记商业化使用、大量客户购买、市场占有率这几个关键词，这与修建长城、生产原子弹有着根本区别。而且，也必须意识到，对今天"卡脖子"技术的攻关即使圆满成功，也不能保证明天不出现新的"卡脖子"技术，甚至不能保证我们可以准确知晓明天的"脖子"在哪里、是什么。试想在 20 年前，不管是政府，还是特定企业，怎么会知道极紫外光 7 纳米光刻技术将是"卡脖子"技术？

因此，从各个维度来检视，的确很难得出一个关于政府支持产业创新的明确而精准的公式。如果有这样的公式，政府和市场的各自作用一目了然、明白晓畅，那产业创新就成了很简单的事情。但产业创新生态圈的形成和产生效力，的确应该以市场为基础，即使不排斥政府发挥适当作用，也需要警惕的是，政府即便以促进者的姿态介入产业创新生态圈，也有可能混杂着不当规制和要素错配，从而产生行政性进入壁垒、偏误性技术引导和低效性资源使用。由于在现代经济中，政府掌握很多资源，也会组织很多项目，更何况政府主导的国防领域是研发最密集、尖端科技最集中的地方，因此政府在促进科技创新方面的作用不可或缺，例如，政府应该扩大其主导的研发工程的开放性，应该及时公开和释出研发成果以产生溢出效应，美国的《拜杜法案》就是这方面的一个重要政策。当然，已经形成的一个广泛共识就是，政府应该大力支持教育事业，大力支持基础研发。也就是说，在伽利略创新方面，政府更容易发挥直接支持作用。不过，对于这个"支持"的界限，共识就少得多。教育的确需要政府增加投入，但如果政府在增加投入的同时，将教育往高强度填鸭、以标准答案定乾坤的方向引导，那未必有助于提高创造性、创新力。同样，基础研发也需要政府增加投入，但从科技创新的内在规律来看，政府角色应该越来越局限于资金资助，应该越来越少地介入研发过程，甚至越来越少地检查资金使用去向和资金使用效果。这听起来令人难以接受：资金提供者怎能不管资金如何使用、产生什么成果？但真正意义上的科技创新就是那种信息高度不对称、结果高度不确定的事业，只有创新者本人，才真正知道自己是不是每天致力于前沿领域开拓，只有老天爷，才知道开拓何时突破、是否会形成产业。当然，政府不能容忍拿着大量政府资助而长期没有创新成果。因此，最合适的方法，也许就是政府选择资助那些在孜孜不倦钻研方面有着良好诚信记录的学术人才、研发人员。果真如此，不投机造假、不偷懒耍滑的诚信资本将会成为创新时代最重要的资本。

没有伽利略创新，就没有深入持久的熊彼特创新

创新不属于"低垂的果实"，很难被采摘到。更进一步，对创新本身，人们之间也常常存在差异甚大的理解。如果不能厘清这些差异，并在此基础上懂得那些改善人类生活的创新缘何发生，就无法真正大力促进创新。

古代的熊彼特创新并没有改变马尔萨斯增长轨迹

许多人对熊彼特的创新理论非常追捧。但是，熊彼特创新包括非常宽泛的内容，譬如，将商品从甲地运到乙地出售属于熊彼特创新，将商品生产由家庭转向工厂也属于熊彼特创新，这些创新在古代就比较普遍了。而人类的生活水平呢？在古代几千年几乎没有实质性提高，经济史学家安格斯·麦迪森的研究显示，公元纪年的第一个千年，人口增长了大约1/6，人均收入却有所下降，在第二个千年的1820年之前，总收入的增长也在很大程度上被4倍的人口增长抵消，西欧之外的地区尤其如此，例如，亚洲地区人均收入在800多年里只增长了20%左右，人们的生活几乎是一个世纪接着一个世纪地重复下去。这是一种典型的马尔萨斯增长，古代的那些熊彼特创新并没有

改变这一轨迹。

只有到了工业革命以后，尤其是现代科技革命以后，人均收入和人类生活水平才发生了翻天覆地的变化。我把科学发现和技术发明称为伽利略创新，因为伽利略是现代科技之父，他既发现了自由落体运动规律，也发明了天文望远镜。这里要强调的是，没有伽利略创新，就没有深入持久的熊彼特创新，经济就不能持续地在索洛增长轨道上维持，仍有可能坠落到马尔萨斯增长轨道上。熊彼特创新也可以反过来促进伽利略创新，形成相互促进的良性循环格局，不断开辟经济增长新空间。当然，人类是不是真应该一直维持经济增长，是不是应该无节制地利用科学技术改造自然和人类自身，则是另外的话题了。

二维码用尽之后的伽利略创新在哪里

英国学者蒂姆·哈福德列出了塑造世界经济的 50 项伟大发明，其中有文字、货币等人与人之间交流和交换方式的发明，有复式记账法、股份公司、银行、福利制度、知识产权制度等制度方面的发明，当然更有车轮、犁、闹钟、燃油发动机、发电机、灯泡、抗生素、避孕药、机器人、条形码、苹果手机、搜索引擎等技术及产品方面的发明。这些发明基本上都实现了商业化和产业化，转化成了熊彼特创新，有力地促进了经济增长和人们的生活改善。需要特别指出的是，最后那类熊彼特创新几乎都是建立在伽利略创新的基础上的。我们以现在最时兴的二维码及其前身条形码为例，来分析这样的熊彼特创新源自何处，因为这个几乎所有人都要接触的实例最容易帮助大家理解创新。

毫不夸张地说，中国现在是一个扫码社会。二维码由 20 世纪末的日本人原昌宏团队经过两年攻关发明。一个二维码所能储存的信息比一个条形码多几十倍，而且那时候预测，二维码能生成的数量让人类几万年也用不完。在日本工作的中国人王越，于21世纪初将二维码有关技术带到中国，并进行大量的应用性后续创新，终于在十几年后迎来二维码在中国应用的连续井喷式增长，特别是智能手机的普及使得二维码应用大众化了。即使到此时，二维码可生成的数量据估计也可供人类用上几百年。新冠肺炎疫情以后，扫出的二维码成为许多中国人的新通行证。据说照这个趋势这样用下去，二维码可生成的数量在几十年内就会被中国人用完。不过，科学家说无须担忧，之后可以开发彩色二维码以供使用。毫无疑问，二维码的使用在中国已经成为一个非常重要的产业，目前还在进行各种熊彼特创新。

但不要忘记，二维码的前身——条形码，是几十年前一项典型的伽利略创新。大约70年前，美国的伯纳德·西尔弗、诺曼·伍德兰德、乔治·劳雷尔等人，前后花了20多年的时间，发明了条形码。在开始构想和试验这种发明时，不但涉及光电学、光谱学，而且涉及数学，譬如排列组合。最初的条形码识读器足有电冰箱那么大，后来助推条形码得到广泛应用是非常小型化的激光扫描读取器，而激光科技无疑也是典型的伽利略创新。条形码、二维码的发明及其产业化、日用化，淋漓尽致地表现出伽利略创新与当今熊彼特创新之间的关系，以及在经济发展中所起到的作用。

如果没有现代数学、光电学、激光学，如果没有支撑智能手机的电子学、电磁学、信息技术，会有二维码产业吗？当然不会有。而上述诸多科学技术，来自大量、长久的学术发展和基础研究。这正是伽利略创新的源泉。

欧洲的伽利略创新发生于什么样的环境

大家知道，伽利略生活在16—17世纪，他本人及他之后许多科学家的发现和发明，几乎都要等几百年之后才成为"生产力"。因此，从实用主义、功利主义的角度来看，伽利略创新对于当时来说并不一定合算。更何况，许多"伽利略"根本不会想到他们的成果会在日后得到怎样的运用，会成为怎么样的产业。伽利略本人，更是因为科学研究而经历了人生的巨大坎坷，他受到宗教法庭的强大压力而宣布放弃地动说，被学生斥为"没有英雄的国家真不幸"，他则辩解"需要英雄的国家真不幸"。不过从科学知识传播的角度来说，他又是幸运的，因为那时的欧洲并不是铁板一块，而是存在很多"缝隙"，他的许多学说被广泛传播到欧洲其他国家。这就是美国经济史学会前会长乔尔·莫基尔所分析的，当时欧洲已经开始孕育一种"增长的文化"，即形成了一个他所谓的"文人共和国"，其实就是跨域的学问共同体。

跨域的学问共同体十分重要。其一，这个共同体使得专门钻研学问的那些学者，可以相互交流和相互激发，从而促使许多人的创造力得到提升、释放和迸发，从而促进了真实知识的快速增长。其二，共同体似乎发挥了某种"人多势众"或者"抱团取暖"效应，增加了这些专业学者的安全感，提高了他们的胆量，使得他们对过去的权威知识更具挑战性，从而促进了知识创新。其三，这个共同体构筑起一个思想市场，在当时欧洲的政治多元、国家林立、地方自治从而相互竞争的格局中，使得研究者的思想和成果即便在本地受到压抑的情况下，也会扩散到外地，因而极大地促进和传播了知识创新。

在这样的环境中，可以想象，伽利略创新会成为一种文化。伽利略、牛顿这些人就被莫基尔称为文化企业家。特别是在英格兰，文化企业家与实业企业家、工程师、机械师、工匠之间有着更加密切的联系和互动，有利于伽利略创新知识扩散到经济领域，并形成熊彼特创新，所以发生了工业革命。

此后的创新历史就更清晰了，伽利略创新成为一种自觉、组织化的战略性行为，而熊彼特创新更是如此。尽管熊彼特创新的范围要宽泛得多，但绝大多数显著提升生产率和生活水平的熊彼特创新，源头都是伽利略创新。但是，熊彼特创新常常耍弄障眼法，掩盖其与伽利略创新之间的关系，因为许多伽利略创新，要等待很长时间，穿越很长的距离，历经复杂转化，通过各种组合，才能成为熊彼特创新，有些伽利略创新甚至从来都不会成为熊彼特创新。如果我们不能看透这些障眼法，就会忽视伽利略创新，最终导致包含索洛技术的熊彼特创新逐渐枯竭。试想，如果我们只知道可劲地使用二维码，即使有创新，也只是停留于二维码使用领域和使用方式改进方面等相对简易的熊彼特创新，这样只会加速二维码耗尽的进程和相关产业的停滞。

我国会有大量的伽利略创新吗

或者，我们可以期望别国，譬如美国和欧洲国家，进行自觉、组织化的伽利略创新，而本国集中于熊彼特创新以促进产业发展和经济增长。不得不承认，至今的绝大多数伽利略创新，来自西方国家，而我国许多部门和企业更奉行实用主义，更偏爱能够助推经济发展的熊彼特创新，不但二维码领域是这样，智能手机领域是这样，整个信息技术领域和其他领域基本上都是这样，我们所自傲的"新四大发明"，哪一项是我们自己发明的？

但是，如果长久如此，不但与一个人口大国、经济大国的身份不相符，而且可能引发其他一些问题。第一种问题是，伽利略创新的优势国家，可能会重新定义知识产权及侵权行为。至今，伽利略创新所产生的真实知识，大多数都属于全球公共产品；甚至一些颇具应用价值的科学和技术，也很少有人严格地界定和行使知识产权。我们知道，不但条形码、二维码的核心专利早已过期，而且事实上许多相关的知识和技术并没有被发明者申请专利与收取费用。苹果智能手机中的一些技术被申请了专利，但作为一种从未有过的全新而完整的产品，并没有被申请专利。当然，更基础的科技知识，也不会被列入专利。也许有一天，这种情形会有所改变，如果伽利略创新与熊彼特创新在国家之间失衡到非常严重的地步。第二种问题是，伽利略创新的优势国家，可能会重新考虑伽利略创新知识的流动规则，甚至对学问共同体的创新合作和知识交流进行管控。目前在全球范围内，伽利略创新知识的流动非常方便、迅捷，学问共同体的一体化程度比较高，学者之间的交流没有太多障碍。我们也不知道这种情况在未来是否会有所改变。总之，如果我们只是热衷于手里不离智能手机，乐此不疲地进行扫码和其他各种使用，而不致力于发明和推广下一个类似的破空而来的新产品，不致力于其背后的科学研究和技术探索，就有可能在未来被更多限制或更多收费，顶多也只能继续跟随他人，而难以爬上全球价值链的顶端。

好在我国目前已经充分认识到伽利略创新的意义。我国的"十四五"规划明确指出，要持之以恒加强基础研究，重点布局一批基础学科研究中心，加强量子信息、集成电路、生命科学等领域的前沿研究，基础研究经费占研发投入比重8%以上。可以预计，我国的伽利略创新将越来越活跃。

不过也应该认识到，资金投入对于伽利略创新很重要，但可能并不是最重要，至少不是唯一最重要的。伽利略本人的遭遇说明，如果确立既有的标准答案，进而用作审判准绳，那将扼制对前沿领域的探索；如果缺乏一个开放性、宽松化的学问共同体，知识分歧就不能较好得到讨论和鉴别，真实知识就不能得到传播和扩散。即使是资金投入，也存在困难的事情，就是在大量的研究人员中，从事真正创新的人其实是少数，多数人是南郭先生，而能够实现创新的人，则是极少数。但识别南郭先生不容易，看出谁是伽利略更难。应对这些困难，并没有确切的完美办法，因为创新不像工业生产那样过程可监控、成品可检测。也许数量较多的学术共同体同时存在并相互竞争，以及受到社会舆论的监督和批评，是较好的选择。当然，越来越多的竞争性企业愿意投入大量资金、组织大量人员从事基础研究，也是不错的方案。但比较确定的是，如果缺乏学术碰撞，如果一切都遵循标准答案，就难有伽利略创新。

第五章

企业发展与改革政策

经济增长的微观基础是企业，产业创新的主体也是企业。离开了企业，发展政策、创新政策几乎无从谈起，"稳增长"自然也失去依托。在我国经济发展历史中，正是得力的企业发展政策，有力地推动了经济增长。如果说在经济发展的外延追赶阶段，还可以较多地依赖产业政策来选择和支持主导产业，从而提高经济增速，那么在新的发展情景中，很可能要更多地由主导性企业来发现有前景的产业，并大力实现这些产业的规模化发展、全球化竞争。当然，主导性企业的形成，在很大程度上并不是政府挑选赢家的结果，而是公平竞争的结果。

因此，我国需要制定企业发展基本政策。这个基本政策，不但应该鼓励公平竞争，而且应该鼓励继续深化国企改革，并对中小微企业进行必要支持。更重要的是，应该激发民间的殖产创新和提升效能的精神，特别是企业家精神。国有企业改革，则应该以混合所有制为突破口，规模较大国企的"混改"应该跨越股权结构拐点。

从主导性产业到主导性企业

近几年,关于中国经济增速下滑的研究和讨论一直维持很高的热度。剔除近两年疫情的影响,许多学者从国际规律、人口变化和需求结构变动、体制性因素等视角,进行了分析。从宏观增长的中观结构与微观基础这一视角出发,可以把问题看得更加精细。若把宏观增长视为一座摩天大楼,那么把产业和企业分别视为中观结构和微观基础,是确切的。从中观结构来考察,如果曾经次第兴起的主导性产业缺乏"后浪",并且政府再也难以像以前那样,通过对阶段性主导产业和相关产业的预判、选择和扶植,迎来一轮又一轮的高成长产业的发展,经济增速自然会从高位滑落。从微观基础来考察,即使在当下看不到主导性产业的"后浪",但如果有数量众多、活力明显、优胜劣汰机制健全的企业群体,特别是有一批创新能力不断增强、全球竞争力日益提高、营业规模得以壮大的优秀企业,那么对未来的经济增速也不应陷于悲观,对是否有新的主导性产业出现也不应过于纠结;相反,如果企业群体,也就是现在政府经常强调的市场主体,缺乏稳定预期、强劲活力,那么宏观政策"放水"再多,减税降费力度再大,也难以明显奏效。这一视角的政策含义就是,政府应该把眼光从寻找、培育和支持主导性产业,移到哺育大量企业、助益可能的主导性企业发展上,并为市场和社会提供稳定而良好的预期。如果说主导性产业曾是过去阶段的高速经济增长的进门钥匙，那么主导性企业将成为新阶段攀登经济增长之梯的踏板。

主导性产业的变动与经济增速的变化

国家的经济增长为什么会伴随工业化而迈入高增速阶段，为什么又会随着工业化的退潮而转入增速明显放慢的阶段，这一直吸引学者们的注意力。西蒙·库兹涅茨和霍利斯·钱纳里等人通过大量数据分析表明，现代经济的高增长主要由少数优势行业，特别是被一些制造行业的快速膨胀推动，而不同阶段有不同的优势行业组合。沃尔特·罗斯托则提出了主要成长部门、补充成长部门和派生成长部门的概念，主要成长部门也被称为主导性产业；他发现，在工业化的不同历史阶段，都出现了一些主导性产业，它们不但自身迅猛扩张，而且能带动相关产业高速发展，这些阶段连在一起，可以助力国家为期几十年的经济起飞。阿尔伯特·赫希曼认为，政府应该发挥主动作用，选择投入产出表中的关联性强、带动性大的产业作为战略性产业，以推动经济高速增长。日本有不少经济学家，都主张政府应该实施产业结构政策，特别是重点支持主导性产业的发展，以提高产业竞争力和经济增速。我国自改革开放以来的发展历程显示，纺织工业、家电及电子工业、化学工业、冶金工业、装备工业、汽车工业、大 IT 产业等，都先后发挥过主导性产业的作用，支持了我国经济 30 多年的高速增长。

这些主导性产业，基本上都属于制造业。大量研究显示，制造业对于经济增速有至关重要的作用，因为数据分析表明，几乎所有经济体中的制造业都呈现生产率快速收敛的事实，而服务业在这方面的表现就差得多。这可能是由于制造行业更具"大机器""大迂回"生产的特征，而且制造行业一般而言是可贸易行业，更易享受全球化红利、接受全球化竞争压力。不过，经典的国别分析都显示，工业化发展到一定程度，制造业将逐渐让位于服务业。虽然服务业比制造业包罗更多的具体行业，但很难出现主导性产业，这就使得高经济增速的中观结构变得脆弱。当然，这些经典分析，主要局限于二战之后几十年的时间。在这短短几十年里，无论工业化先行国家，还是其他追赶型国家，尚来不及深入和全面思考自己的产业结构，尚来不及重新看待和设计自己的产业政策，尚来不及成功地调整自己的产业体系。因此，最近几年，当美国、日本和一些欧洲国家看到自己的制造业过多地流向中国并呈现弱势的时候，它们在反思其"后工业社会"到底是不是可以任由工业部门不断萎缩，从而提出制造业回流、再工业化等政策设想。不管这样的政策设想是否真的违背客观规律、是否真的可以落地见效，它们的政策界对于工业化的沉寂和主导性产业的匿迹，从而导致经济增长的乏力和相对竞争力的滑落，充满了焦虑，应该是昭然若揭。

我国应该哀矜勿喜。我国虽然还没有接近"后工业社会"阶段，但近年来经济增速明显下滑，在中观结构方面的现象，就表现为制造部门原有的主导性产业大都进入成熟和平稳期，但又没有新的真正发挥主导性作用的产业及时出现，至少没有可以同时推动经济高速增长的若干个主导性产业的出现，即使一些重要的数字化产业，也尚未承担起这样的重任。从科技存量和产能存量来看，以及从已有的人类需求变化轨迹来看，大部分已有的制造业在我国似乎已经完成主导性产业的使命，而服务业中一般而言很少能出现主导性产业。当然，也许还会有某些新的行业可以充当主导性产业，但从大趋势来看，这样的行业应该是越来越少，而且它们的主导性作用应该会越来越弱，包括一些数字经济产业。以后会有新的制造行业，特别是数字化的制造行业，可以崛起为主导性产业吗？至少目前还看不清楚，而服务业当然在发达国家也难以出现多少重要的主导性产业。新能源产业、生物工程产业都曾被寄予厚望，但至今还无法成为那种大众需求商品。尽管产业数字化、数字产业化的势头十分迅猛，并且许多IT相关行业都有比较强劲的表现，但这些产业要么本身体量较小，对整个经济增长只有小贡献而无大贡献，要么关联效应不像传统的重化工业那么强，对整个经济增长的带动性仍不够，要么属于服务业，不像一些制造业那样有很强的需求弹性和很大的生产率上升空间。总之，那些看起来十分闪亮的新兴产业，其中一些还被视为战略性产业，并没有起到主导性产业的作用。尤其令人困惑的是，热点迭出、活跃不止的科技创新，并没有及时带动TFP的全面和持续上升，这不像主导性产业兴起时代的生产率跃升景象。即使新科技革命，包括数字革命，将催生一些新主导性产业，但其主导作用的发挥、主导地位的形成，到底是出现在美国还是中国，也无法预料。

将注意力移向主导性企业

主导性产业对经济增长的巨大拉动作用，从新古典模型来看，就是促进了资本、劳动等生产要素从生产率较低或上升较缓的产业流向生产率较高或上升较快的产业，并且后者可以通过规模经济和连串创新而将生产率推向更高更快。这就是生产要素的产业间流动。特别是后发追赶型经济体，还可以从先发国家进口现成的技术和设备，从而大大压缩技术水平提升和产能形成的时间，在更短时间内实现"压缩式增长"，推高这个时期的经济增速。但一旦这个阶段结束，经济增速就会遭遇"去压缩式增长"的显著滑落；如果本国的产业创新不能及时补上，经济增长就会面临瓶颈。当然，前沿经济体也需要时间来实现创新，也需要时间来孕育和发展新产业，但它们没有"去压缩式增长"这样的问题。所以，后发追赶型经济体一旦进入这个进程，经济增速的滑落就更加明显，日本、韩国是这样，我国也是这样。

但是，这并不意味着我们无计可施。企业异质性理论以及新新贸易理论认为，即使在现有的许多产业中，不管它们是不是当前或曾经的主导性产业，同一产业内仍然存在企业之间的生产率巨大差异，低生产率企业长期不能提高生产率，但又继续消耗大量生产要素。实证研究支持这类理论，美国的情况是这样，中国的情况更是这样。这类理论对于寻找经济增长新源泉的启发意义就是，如果这些要素能够实现从低向高的流动，经济增速就有可能提高。这就是产业要素的企业间流动。一些研究表明，从企业全分布图来看，中国企业之间的生产率差异之大远超美国和欧洲国家。这意味着，促进生产要素的企业间流动，在我国能有力地促进经济增长。因此，下一步，我们需要将促进经济增长的较大一部分注意力，从主导性产业移向企业群体中那些具有更高生产率、能够更快提升生产率的企业。

这样的企业，是行业中脱颖而出的佼佼者，哪怕它们处于非主导性、平庸的行业。不管处于什么行业，它们都会通过持续的守正和创新，提高价值创造能力和市场扩展能力，并有可能孕育出新的细分业务、新的细分业态，而且实现由细到粗、由小到大。当然，它们也可以生来就处于新技术、新商品、新产业领域，能够在无人区不断成长发展。即使是在数字经济领域，对主导性企业的关注，比对主导性产业的关注，可能更有意义。从数字经济短短 30 年左右的历史来看，到底哪些细分行业能够做大做强乃至成为主导性产业，根本不能事先预测、主动规划，许多国家和地方的政府曾经大为看好的产业互联网至今未成大器，而电商、社交、短视频、游戏、搜索以及所谓的元宇宙等行业却发展迅猛。而且，当前的一些数字经济巨头，其主流业务也经历了很大变迁，重要的是它们能成为主导性企业，而不是它们的主流业务是什么。不管是什么产业，都已经有或者可以有这样的企业，它们往往具有生产率快升、营业额快增的"双快"，以及溢出效应大、示范效应大的"双大"特征。这些企业就是各行各业的主导性企业，它们是主导性产业缺乏情境中的经济增长新动能。

在新的发展阶段和发展环境中，主导性企业极有可能也是产业集群的群主、产业链的链主、创新生态圈的圈主。需要指出的是，群链圈主导性企业，未必一定是行业龙头企业。行业龙头企业不但在规模上傲视整个行业，而且对产品定价及现有供应链都有巨大影响力。而当今时代，不但大量行业的产业形态正出现深刻变化，产业集群、产业链、创新圈本身也在变革。我们看到，一些企业尽管在规模、传统供应链上并不属于龙头，但它们对未来趋势有很强的定义力和引领力，对其他企业有很大的号召力和联合力，对资本和人才有很酷的吸引力和黏结力，它们在产业集群、产业链、创新生态圈中居于核心地位。这些群链圈主导性企业，许多会成为大企业。我们相信，在未来，行业龙头企业仍然大量存在，但群链圈主导性企业会不断兴起。当然，对于这些群链圈主导性企业，也存在一个如何改善治理、如何完善政府监管的问题，但是它们对未来经济增长的主导性作用是不容忽视的。

如何锻造主导性企业

中国经济增长的下一步，当然也要大力发展数字经济等领域的新兴产业，但更重要的就是更多依赖"双快"和"双大"的主导性企业，由它们去寻找、去发掘、去建立有前景的产业，其中一些可能真的会成为未来主导性产业。在未来，主导性产业很可能由主导性企业创造，而不是像过去那样，主导性企业由主导性产业成就。一个自然而然的问题就是，如何寻找主导性企业、是否可以锻造主导性企业。

我们的政府官员和专家学者，对于寻找和培育主导性产业，有较多的经验，也有不少教训。因为作为后发经济体，我们很容易从先行经济体的产业兴替轨迹、需求更迭浪潮来发现主导性产业。此外，产业数据的易获得性有助于我们通过数量分析来比较各个产业，从而确定主导性产业。对于许多地区而言，可以从国内更发达地区的发展轨迹来寻找主导性产业，从而制订本地的产业规划，实施本地的产业政策。地方政府的招商引资，可以因此制订比较具体的产业目录，并在税收、财政、土地、基础设施等方面实施优惠政策，以支持主导性产业的发展。

相对而言，主导性企业的识别和选择就相当于大海捞针了。我们无法通过某个产业发展轨迹观察的方式来识别本产业的主导性企业。即使可以找到某个行业中规模最大的企业，或者增长最快、势头最猛的企业，它们的前途如何也有很大的不确定性。因此，如果继续沿用主导性产业时代的思维，我们就会陷入迷惘和困惑。

此时的关键，可能还是要真正确立竞争政策的基础性地位。如果说主导性产业可以是历史轨迹和现实排序的产物，那么主导性企业在很大程度上是当下势头和未来趋势的产物。应该通过营造公平的竞争环境，让真正具有创新能力和竞争能力的企业脱颖而出，让它们试错，并告诫或引领其他企业的发展。实际上，这就是要让市场机制在资源配置和创新竞赛中起决定性作用。市场机制和竞争政策，不但应该在一般意义上的产品市场、要素市场发挥作用，也应该在并购重组领域、产业创新领域发挥作用，使生产率更高、竞争力更强的企业可以并购重组其他企业，使创新意识更强、创新试错与调整机制更健全的企业可以获得更多的创新资源和创新空间。总之，促进资源向主导性企业的集中，促进机会和空间向主导性企业汇集。

让市场机制和竞争政策发挥作用，是否意味着政府应该"无为而治"？这并不是一个是或否的简单选择题。大量的经验表明，政府仍然可以在某种程度上识别、吸引、帮扶，甚至锻造主导性企业，尽管这是一件比制定产业结构政策更困难、更易犯错的事情。主导性企业，即使处于发育期，一般也有"双快""双大"的特征，对这样的企业进行识别和吸引，应该不太困难。当然，要选择它们作为帮扶和锻造对象，政府可以掌握、引导的资源投入，就应该更加慎重，特别是在招商引资政策面临规范化呼吁的情况下。一种替代性的方式，是致力于产业集群、产业链、创新生态圈的发展。这方面，政府仍然可以在基础设施建设、综合性协调、聚合力提供等方面发挥市场难以替代的作用。从地区层面来看，地方政府可以努力发展出自己的产业集群、产业链、创新生态圈，当然可以努力锻造出本地的主导性企业，以促进本地的经济增长。更重要的是，政府应该致力于促进初创中小企业源源不断地涌现，并破解要素市场对中小企业天然的"不待见"困局。这样的政策炉火，终究会锻造出主导性企业。也许，在主导性产业不再像以前那样发挥作用的时代，这样的"慢功夫"是不得已却最终成大事的政策选择。

应该特别指出的是，政府可以从鼓励企业进行外向型竞争，来发现并锻造主导性企业。真正的主导性企业，往往是外向型竞争的大企业。鼓励企业的外向型竞争，既包括开放市场和开放投资，也包括促进企业走出去。一批外向型竞争主导性企业的崛起，不但会在供应链方面，而且会在创新链方面，深深融于全球体系；它们之中必定会有主导性企业，而且是全球化的主导性企业，不但对中国经济增长，而且对全球经济增长，都会做出自己的贡献。在当下的国际局势中，毫不动摇地坚持全球化发展道路，其背后包含对全球规则的认同与接受，是一件并不容易的事情。

主导性企业成为增长之梯的踏板

2021 年，我国人均 GDP 已经超过 1.25 万美元。世界银行的本年高收入国家门槛可能会根据全球通胀水平明显上调，但预计我国在这两年会迈入高收入行列。不过，创业不易，守业也难。在过去的 30 年里，有三个国家，即韩国、俄罗斯、土耳其，曾经迈入或触碰高收入门槛，后来人均 GDP 水平却显著下滑，但韩国不久之后重新进入高收入国家行列，后两者至今还没有回到以前的水平。笔者的一些研究表明，当国家的人均GDP处于较低水平时，以快速的经济增长迈向中等收入状态，并不是一件特别困难的事情；而从中等收入，特别是从上中等收入往高收入迈进，并在此基础上继续提升人均GDP水平，就相当于攀登增长之梯。在这个艰难进程中，需要一批外向型竞争的大企业，它们可能并不是一直都很大，但会快速成长变大并继续壮大，对经济增长所发挥的作用好比梯子上的踏板。旧的主导性产业带动作用的弱化乃至消失，新的主导性产业难以出现和崛起，恰恰说明了踏板大企业的重要性。许多行业的主导性企业，或者难以清晰分辨行业的主导性企业，基本上都可视为踏板大企业。

在这样一个新增长阶段，我们的政策重点，就是要从中观的产业转移到微观的企业，要从扶持主导性产业转到锻造主导性企业。这些主导性企业，能够嵌入全球体系，在全球竞争规则中建立较强的竞争力。如果有它们的存在，特别是如果有这支队伍的不断扩容，就可以使中国经济以更高质量保持一定增速，在未来一二十年里，不但助力中国成功变为高收入国家，而且可以继续攀高，进而变为中等发达国家。

构建我国企业发展基本政策

与宏观政策和产业政策相比，企业发展政策是更加基础性的政策。在新发展阶段和新国际形势下，对中央文件中"营造各种所有制主体依法平等使用资源要素、公开公平公正参与竞争、同等受到法律保护的市场环境"的论述进行充实和提升，构建我国社会主义市场经济体制下企业发展基本政策，很有必要。这里所说的我国企业，包括所有在我国境内从事经营活动的企业。

企业发展政策比宏观经济政策和产业政策更重要

一般来说，宏观政策是经济政策的关注焦点，产业政策被视为"中观"政策，在不少国家也较受推崇。而企业发展政策却没有受到应有重视，这可能是因为企业发展属于微观领域议题，人们便认为国家政策只应该涉及宏观和中观，而不应该涉及微观，或者人们还有可能认为企业发展政策已经蕴含于庞杂的产业政策集合。

不言而喻，无论是宏观经济增长，还是中观产业发展，作为微观的企业发展是基础。一些国家宏观政策虽无大的失误，甚至还推出了产业政策，但由于缺乏活跃的企业部门，经济增长比较羸弱。在当今时代，随着科技革命和企业创新日益加快，随着企业竞争日益全球化，企业发展政策比宏观政策和产业政策更具重要性,国家经济增长和产业格局越来越取决于植根本土的企业群体是否有活力,以及其中的一些企业是否有创新力、引领力和全球竞争力。

虽然许多国家并不一定有其独立的、系统化的企业发展政策,或者并不容易从产业政策中分离出独立的企业发展政策,且宏观、产业、企业政策的具体举措还会有所交叠,但是树立强烈的企业发展政策意识,非常有助于认清政策实质,把握政策方向,评估政策效果。可以预料,更自觉、更清晰的企业发展政策,在经济政策体系中将具有越来越重要的地位,在世界贸易组织、二十国集团、经济合作与发展组织等国际协定和国际组织,以及国与国双边政策讨论中也将具有越来越重要的地位。

我国进入新发展阶段,企业发展政策的意义进一步凸显。从全球现有产业结构角度来看,我国产业体系已经比较完备,在成熟产业中选择支柱产业、主导产业已经没有多大必要和多大空间,而新技术、新产业因面临巨大不确定性而更需通过企业间竞争和市场选择来寻找未来格局。在全球化环境中,我国也需要更加尊重市场规则和竞争结果,更大程度让企业发展来决定产业发展。2019年秋,党的十九届四中全会提出"强化竞争政策基础地位"。尽管不少人将竞争政策视为"功能性产业政策",但竞争政策可以更多地理解为企业发展政策而非产业政策。可以认为,我国产业政策和企业发展政策之间的关系发生了微妙而重大的变化。

改革开放以来我国企业发展政策主题的变化

企业大量兴起,即使在西方国家,也不过是近200年的事情,除了产业革命的机遇之外,一个重要的企业发展政策,就是公司设立从特许到符合条件即注册的重大转变。现在已没有人把公司注册当成一项重大政策，而是将其当成一项基础制度，但这项制度的前身是一项关于企业发展的政策改革。反垄断制度、企业破产制度、企业依法纳税制度，都属于这种情况。

中华人民共和国自成立以来，一方面重视产业发展，另一方面一直有较强的促进企业部门发展的意识。特别是改革开放以来，我国经济政策体系当中，企业发展政策一直居于关键地位。不过，企业发展政策的主题却经历了一些重要变化。1978年之后的二三十年里，如何搞活和改革国有企业，一直是最重要的政策主题。在改革开放前10年，这还是独占鳌头的政策主题。那个时期的另一个企业发展政策主题是吸引外资。到20世纪90年代，非公有制经济逐渐壮大并被认可为社会主义市场经济的"重要组成部分"，如何进一步发展民营企业并使之获得更正确、更公平对待，才与如何搞活和改革国有企业一道，一步一步成为政策主题之一。

随着民营经济快速发展及对外开放的不断扩大，随着国家对各类所有制企业认识的不断深化，大约从世纪之交开始，我国企业发展政策的主题，从以前基于所有制量身定制各类企业发展政策，悄然转变为构建各类所有制企业平等竞争的发展环境。尽管早在1993年，十四届三中全会通过的《中共中央关于建立社会主义市场经济体制若干问题的决定》就明确提出，国家要为各种所有制经济平等参与市场经济创造条件，对各类企业一视同仁，但这样的政策思维还非常简略且难以落地。2002年，十六大报告继续了上述政策思维，指出要形成各种所有制经济平等竞争、相互促进新格局。2013年，十八届三中全会通过的《中共中央关于全面深化改革若干重大问题的决定》提出，国家保护各种所有制经济产权和合法利益，保证各种所有制经济依法平等使用生产要素、公开公平公正参与市场竞争、同等受到法律保护，依法监管各种所有制经济。这是一个比较完整的"三公一平一同"政策方针论述。2019年秋，十九届四中全会只是将十八届三中全会"平等使用生产要素"更改为"平等使用资源要素";2020年夏,党中央、国务院印发《关于新时代加快完善社会主义市场经济体制的意见》,继续沿用这个论述,意味着"三公一平一同"政策主题基本定型。

鉴于这样的形势,笔者认为,可以将上述"三公一平一同"充实提升为我国企业发展基本政策。

企业发展基本政策是相当长时期里所有关于企业发展的政策的基本遵循,必须不懈坚持和努力实施。企业发展基本政策可能为我国所独有,这是由我国企业发展所展现的基本情况和面临的基本问题决定的。其他许多国家的涉企政策即使可以归纳出主题或主线,可能也是如何处理大企业和中小企业之间的关系,所以许多国家将促进中小企业发展、防止大企业垄断作为最重要的企业政策议题。但我国的基本情况和基本问题目前还是,且可以预料未来较长时期也是不同所有制企业之间的关系。在我国,处理大企业和中小企业之间的关系,实际上也与处理不同所有制企业之间的关系密不可分,因为中小企业绝大多数是民营企业。的确,我国的企业发展政策需要淡化所有制,但所有制差别实际存在,而将"三公一平一同"充实提升为企业发展基本政策,重要目的恰恰是淡化所有制。

如何构建企业发展基本政策

"三公一平一同"可以提升为我国企业发展基本政策的主干,但不可能是全部,因为还有一些重要内容需要充实到基本政策之中。

其一,要对国有经济布局和国有企业资本结构进行调整。没有这一点,就难以纠正资源错配和竞争扭曲,宏观经济政策和产业政策的效果也会打折扣。1997年的十五大就指出,要从战略上调整国有经济布局。1999年的十五届四中全会进一步提出,坚持有进有退,有所为有所不为。2002年党的十六大提出，除极少数必须由国家独资经营的企业外，积极推行股份制，发展混合所有制经济；实行投资主体多元化，重要的企业由国家控股；进一步放搞活国有中小企业。后来中央多次重要会议也进一步强调和深化了上述思路。可见，中央对调整国有经济布局和国有资本结构的态度是清晰的。现在尽管国有经济在GDP中的占比并不高，但国有经济控制力强、国有资本体量大，且对资源配置能否进一步优化、市场竞争能否真正公平有牵一发动全身的影响力，如果企业发展基本政策缺乏调整国有经济布局和国有企业资本结构的内容，"三公一平一同"就难以真正实现。即使许多国有企业改制为混合所有制企业，也存在企业资本结构继续调整优化的议题，所以企业发展基本政策应该将这项内容纳入其中。

其二，要对不适宜于"三公一平一同"政策的少数领域、少数企业和少数行为进行规范化排除。应该清醒地认识到，"三公一平一同"并不适宜于所有企业、所有领域、所有行为。几乎所有国家，包括美、日，以及欧洲的发达国家，少数行业、少数技术领域对外资企业是有限制的，即使完全实行准入前国民待遇加负面清单，也存在负面清单，外资企业不可能完全与本国资本企业一样享有"三公一平一同"对待。此外，极少数领域全部由国有企业运营或由国有企业占大多数市场份额，这可能是因为非国有资本不愿或不宜进入。即使对"不愿"和"不宜"会有一些争论，但极少数领域这样做是可以接受的，这些领域可能是自然垄断性的、特许经营性的、开发前景具有长期性和高度不确定性、所涉资源具有战略性、所提供服务带有普遍性等。这些领域的国有企业也可能是特殊法人而不是普通的市场化、商业化企业，将它们排除在"三公一平一同"是可以的。对中小微企业实行一定程度的倾斜性扶持政策，也应该排除在外。对中小微企业的倾斜性扶持，也可以理解为就是实行"三公一平一同"，因为中小微企业往往受到与大型企业不一样的歧视性待遇。这些歧视性待遇在很大程度上并不是政府选择而是市场选择，政府可以通过适当倾斜的方式实行"平权化"，并为经济发展提供源源不断的"活水"，所以将对中小微企业的倾斜性扶持理解为对"三公一平一同"的排除也是可以的。此外，对于极少数违背监管规定的企业，政府可能会对其实施惩罚，并将其列入惩罚清单或特殊监管清单，如建立"不可靠实体清单"。这些惩罚性政策就不符合"三公一平一同"了，但符合国际惯例。还有一些行为，也可以排除在"三公一平一同"之外。一种很常见的行为，就是地方政府在招商引资中，会对特定企业实行特殊优惠政策。我国地方政府未来招商引资时继续这样做，是否会违背"三公一平一同"基本政策呢？这是一篇大文章，也是一篇难文章。从其他国家的情况来看，这样做不是绝对不可以，但如果有比较规范的排除政策，可能更好一些。因此，未来应该建立规范化、具有一定透明度和通畅沟通管道的排除政策，将一些领域、企业和行为排除在"三公一平一同"之外。最关键的是要将上述措施纳入法治化轨道，这样才可以有效避免各地竞相以超规则甚至无规则的随意性优惠政策招商引资。事实上，这样的优惠往往会随着官员调整而出现变故。当然，由市场选择、由企业自主决定而形成的一些"不平不同"，如企业的差别化定价，并不包含在我们论述的"三公一平一同"之中。

其三，要锲而不舍地激发行为者殖产创新和提升效能的精神，特别是企业家精神。这并不是单项政策，之所以应列入企业发展基本政策，是因为它是基础中的基础。能否引导人才向殖产兴业的生产部门配置，是否有更多的人从事企业家活动和创新活动，对于经济长期增长至关重要。政府的政策引导在这方面无疑可以发挥良好而重大的作用。我国近年来促进"双创"、实施简政放权和商事制度改革，都获得了较好效果，以后应该通过企业发展基本政策，进一步巩固和改进这项工作。

"三公一平一同"中的"同等受到法律保护"，如果更改为"同等受到政府对待和法律对待"似乎更为妥当。以法律公平对待各类企业，涉及各个方面。法律当然应该保护企业的法定权利，但也应该惩处违法企业，同时还有一个非常重要的方面，就是打通企业依法退出竞争、退出市场的渠道，使得劣势企业可以破产，这不但有利于出资者"止损"和从头再来，也有利于优化资源配置和改善竞争秩序。不管是保护、惩处，还是引导、促使企业退出，对各类所有制企业都应该同等对待。企业除了处于法律环境，也处于政府监管环境，如环境和生态保护监管、安全生产监管、劳动环境和劳动者保护监管等。政府监管是企业必须日常应付的事项，政府监管又难免存在一些自由裁量，所以存在一个如何规范监管、如何同等监管的问题。此外，无论市场机制如何发达，政府都可以直接和间接分配一些资源，如资金补贴、税收优惠、政府采购、政策性贷款或贴息等。政府分配这些资源，未来一方面要更多考虑与国际规则衔接，另一方面就是要同等对待各类企业。将各类所有制企业受到政府同等对待的内容纳入企业发展基本政策，是应该的。

综合来看，我国比较完整的企业发展基本政策，应该是"三公一平一同，调整排除激发"。

如果确立这样的基本政策，就会比近年来被越来越多讨论的"竞争中性"更加完整，更加符合我国国情。"竞争中性"的大部分内容与我国确定的改革方向和倡导的政策方针是一致的。但是，"竞争中性"并不涉及国家主动实行国有经济布局和国有企业资本结构调整。我国企业发展和国企改革几十年的历史表明，仅仅推行"竞争中性"并不能解决国企的激励结构合理化、经营者选择机制和监督机制合理化、决策权力配置合理化等根本问题。而且，必须实行的"排除"和"激发"也不在"竞争中性"的涵盖范围。

我国若确立上述企业发展基本政策，不但有利于较好处理各类企业之间的关系，实现企业部门的平权化，促进企业部门发展和经济增长，也有利于为未来处理国际投资贸易协定和参与全球磋商、全球治理，提供谈判遵循、构筑规则主动、建立话语权优势。如果确立了这个基本政策，就应该系统性地清理各种文件，包括对各项涉企补贴进行梳理和规范，使各式各样的政策规定逐渐向基本政策收敛。

混合所有制须跨越股权结构拐点

国企改革现在是"足将进而趑趄,口将言而嗫嚅"。在 2008 年国企形势大好的时候,笔者通过对国企周期律的研究,就预警国企的第二个黄金时代即将结束,并转入第二个白银时代,如果疏于改革将会进入第二个青铜时代和第二个黑铁时代。两三年前,笔者开始研究国企对经济增长的影响,发现国企起着增长抑制作用,构成了对下一步经济增长的拖累。显然,抓紧时机推进新一轮国企改革,不仅能够帮助国企自身避免滑向青铜时代和黑铁时代,也有助于消除增长抑制、卸除增长拖累,有利于宏观经济走出低迷和恢复动能。

国资管理构架和运营体系的调整不应作为重点

尽管不少人都认同国企改革的必要性,何况还有一个十八届三中全会决定的改革任务需要完成的问题,但是在哪儿改、怎么改,仍然颇有分歧。一个很有意味的事情是,20 世纪都说国企改革,现在很多人却说国资国企改革。国资改革是什么意思?你总不能对资产、资本改革吧?那真实的意思应该是对国资管理构架以及所谓的国资运营(或称国资经营)体系进行改革。其实,国资运营是一个颇有中国特色和国资特色的词语,不但听者难以领会,言者也未必理得清楚,而且从来没有一个国家机构对其进行清晰界定和解释，在现实中主要体现为国有资本或资产运营公司、投资公司这类机构的设立及从事的活动。如果国企本身的改革被有意无意地回避，从上到下都热衷于对国资管理构架和国资运营体系进行调整，那么由国企构成的国有经济能够实现市场化和增强活力吗？这里不需要妄言理论，只需要看看过去的实际，不就是机构的牌子、机构的权力换来换去，不就是把土地、资金、股权、壳资源运作来运作去，符合预期、搞得好的管理机构和运营机构也不是没有，但凤毛麟角，所以答案应该是比较清楚的。

的确，国企有没有自主性、能不能市场化，无疑与国资管理机构，或者持有其国有产权的运营机构，对国企"管"多少、如何"管"，有直接关系。但问题在于，能取消这些"管"国企的国资管理机构和运营公司吗？不但不能，现在反而搞得越来越多、层层叠叠，连那些以前不管国企、不管经济的部门也插手了，形成了世界上最复杂和最严密的国企管理、监督、运营体系，可以想象国企怎么会有活力。能使这些机构只"管"国有资本回报，而不再"管"其他吗？这是一个好想法，但要害在于：国企就算没有资本回报，这些机构能拿国企怎么办？这一点我们不能跟新加坡的淡马锡比。所以结果就是，这个好想法不但得不到实施，反而"管"得越来越精细和复杂，包括国企研发投入比例、研发机构规格等，更何况这些机构有什么动力和压力只"管"国有资本回报，而放弃那么多管理权力呢？

因此，下一步若真想深化国有经济改革，虽然不排除对国资管理构架和运营体系做一些试探性调整，并及时跟踪评估其效果，但不应将这些作为重点，重点应该是国企本身的改革。市场的主体是企业，而不是政府监督管理机构和那些"二政府"公司，企业本身没有活力和竞争力，政府和"二政府"是管不出也运营不出活力和竞争力的。国资管理构架和运营体系是酒瓶，国企是酒，不把心思放在酿出好酒上，而把心思放在改换酒瓶上，顶多就是新瓶装旧酒，也可能是旧瓶

第五章　企业发展与改革政策

装旧酒，或者是大瓶子装小瓶子、红瓶子装绿瓶子。

混合所有制的股权结构拐点

国企本身的改革到底怎么改？答案其实就在国企改革历程中。中国国企改革史是一间做过了所有实验的实验室，简政放权、政企分开、放水养鱼、让利激励、下放上收、分拆合并、增资减债、剥离减负、重组上市、取消行政级别、实行政企脱钩、优化劳动组合、大力砸破"三铁"、改进党企关系、建立公司治理，不胜枚举。我们在这个过程中也发明了很多词语，如这个"制"那个"制"：承包制、租赁制、风险抵押制、资产经营责任制、员工持股制、股份合作制、全员合同制、全面考核制、外部董事制等。要说"管资本"和"简政放权"，那 20 世纪 80 年代的承包制和租赁制比现在还要彻底，只要承包者、租赁者交够相当于资本收益金的承包费、租赁费，政府可以这也不管那也不管，但结果又怎么样？离开产权去追求完美合约，还不是缘木求鱼。

做了所有实验，最后还是绕不开产权改革。混合所有制就是一条折中的产权改革道路。混合所有制至少在 20 多年前就在国企改革中得到尝试，现在又被提到"基本经济制度的重要实现形式"这一高度。但从过去 20 多年和最近一两年的混合所有制实践来看，无论是这一概念本身，还是其具体做法，都需要进行更加深入的辨析。

从字面上来理解，只要在国有全资企业中引入一丁点儿非国有资本，从而占有相应股份，就可以说是搞了混合所有制。这一丁点儿非国有资本的进入，能给国企带来实质性的变化吗？如果不能，这样的混合所有制又有什么意义？笔者的研究发现，即使进入的非国有资本占更大一些股比，无论是公司治理，还是公司业绩，都不会有实质性的变化，但当非国有股权比例高到一定程度，公司治理和公司业绩的实质性变化就会跳跃出来。从数据分析和案例分析的综合结果来看，可以判断，非国有股权比例达到33.4%，是出现这一跳跃性变化的转折点。

为什么非国有股权比例达到33.4%是一个转折点？笔者认为，当非国有股权比例高到33.4%、国有股权比例降到66.6%，公司的权力结构将出现戏剧性变化。道理其实很简单，就是因为我国的《公司法》明确规定，股东大会做出决议，必须经出席会议的股东所持表决权过半数通过，而股东大会做出修改公司章程、增加或者减少注册资本的决议，以及公司合并、分立、解散或者变更公司形式的决议，必须经出席会议的股东所持表决权的2/3以上通过。如果非国有股东拥有33.4%的股比，那么国有股东，或者国资管理机构和国资运营机构，只要它们不明目张胆地悍然践踏《公司法》，它们在修改公司章程、增减公司资本、推进公司重组时，就不能我行我素、独来独往，非国有股东不接受的话，就能予以否决。由于对上述事项有否决权，实际上也会使这个非国有股东对其他很多事项构成实质性的制约权，并可能参与企业的经营管理。笔者大量的实地调研也证实了这一点。

上述混合制的股权结构只考虑了两个股东——一个国有股东、一个非国有股东——的情况。如果股东人数更多、股权更加分散，情况就会复杂一些，但基本原理完全一样。在多个股东、股权分散的混合所有制企业中，如果还是国有控股，那么必须有一个积极的非国有股东能够动员至少33.4%的非国有股份，才能建立实质性的制约权。也就是说，这个积极的非国有股东的独家股份可以少于33.4%，但是它需要一个或几个能够与它凑齐33.4%股份的一致行动股东。当股份非常分散的时候，譬如在国有控股的上市公司中，积极的非国有股东既不需要独家33.4%的股比，也不需要一致行动股东，就有可能在股东会上构成1/3多一点的投票权，因为国有控股股东的股比可能远远低于66.6%。这时，如果这个积极的非国有股东的股比达到国有股东股比的 1/2，实质性制约权就很有可能建立，例如，在一家上市公司中，国有控股股东的股比是 40%，一个积极的非国有股东的股比达到 20%，就可以认为它掌握了一些事项的否决权和更多事项的制约权。

归纳起来，就是混合所有制存在一个股权结构拐点：非国有股东独家或加一致行动股东的股比达到 33.4%，国有股比降到 66.6%；或者在国有控股上市公司中，积极非国有股东独家股比达到国有股比的 1/2。需要说明的是，现实世界中的股权结构远比上述几种情况复杂，笔者研究这个股权结构拐点并不是说要画出一条放之四海而皆准的精确的股比界线，而是想辨析清楚，混合制的股权结构拐点是存在的，只有跨越股权结构拐点，才会使混合制的公司治理和公司业绩发生实质性变化。当然，拐点还不是控股点，如果非国有股比跨越拐点之后能够进一步跨越控股点，所以刚好跨越拐点的混合制只不过是迈过了门槛，是一个使混合所有制具有实质意义的阈值；拐点更不是终点，为了更大程度的市场化和效率提升，大多数国企的"混改"在跨越拐点之后应继续降低国有股比，一些混合制的股权结构可以跨越控股点，使得这些企业的国有资本可以降到参股甚至全部退出以实现战略性转移和重新配置，这也符合十八届三中全会所说的鼓励发展非公有资本控股的混合所有制企业。笔者把跨越股权结构拐点的混合所有制称为实质性混合所有制，而把没有跨越股权结构拐点的混合所有制称为非实质性混合所有制，或者名义性混合所有制。很显然，国企单纯上市，只引入了散户股东，或者股比很小、比较注重流动性的投资基金，根本算不上是实质性混合所有制，国企上市是否实质性改善了公司治理和公司业绩，大家都能判断；国企搞员工持股、管理层股权激励，大多数都不能跨越股权结构拐点，也算不上实质性混合所有制。如果觉得区分实质性和非实质性混合所有制有点复杂，笔者宁愿这样界定混合所有制：一个企业同时具有大宗国有股份和大宗非国有股份，大宗股份是指至少有一个单一股东独家持股 5% 以上。笔者之所以选择 5% 这个股比，是因为《证券法》规定持股 5% 就到了举牌线，持股不但要公开，而且股份的卖出受到与散户不一样的限制，持股者就有可能成为积极股东，至少它不方便在二级市场通过频繁买卖获利。

如何跨越股权结构拐点

名义上的混合所有制对于转换国企经营机制、实现国企市场化经营并没有实质意义，也就是圈圈钱或者搞搞资本运作和利益输送等名堂而已，有些国企靠引入散户股东或分散性小股东搞所谓的"混改"，不过是染金发，装混血儿。要使混合所有制真正成为深化国企改革的一条路径，至少必须跨越股权结构拐点。

如何才能跨越股权结构拐点？当然就是要引入大宗非国有股份，最好是非国有的战略投资者来入股。大宗入股的财务投资者也是可以的，但是要斟酌持股时限和后续退出及接续股东等问题。引入战略投资者，当然有一个人家来不来的问题，这并不是一厢情愿就可以的。如果既不让别人控股，也不让别人占股 1/3 以上，甚至连股东会、董事会都成为摆设，那就只能去找慈善基金和少数财大气粗、入套认栽的外资了。如果国企有后续的国有股份减持计划，如果一些国企不强制要求以后仍保持国有控股，这会增加对非国有投资者的吸引力。为了更快地跨越股权结构拐点，转让存量国有股份比引入增量非国有资本有更大的效果。这方面当然需要在企业增补资本和企业股权结构改善之间进行平衡，但现在好像是把混合所有制当成圈钱机会，对混合所有制的后续发展没有任何好处。

中小国企可以一步到位地跨越股权结构拐点，其中一些可以不再要求国有控股或者国有资本在位。十六届三中全会已经明确中小国企可以通过多种方式进行放活，政策是现成的，无非是要更加规范、更加公开透明。中小企业要搞混合所有制，由于它们的国有资本盘子一般不大，一步到位跨越拐点并不难。国有资本盘子较大的企业，可以更多公开公允地转让存量国有股份。国有资本盘子较小的企业，可以更多地将转让存量国有股份和引入增量非国有资本结合起来，这样也有利于企业补充资本金，降低负债率，并相应增加资本性支出能力，有利于产业调整和产业升级。如果这些企业处于完全竞争性行业，也可以在较短的时期内就实现国有资本的有序优价退出，转而投入到更加合适的领域或用于民生支出，或者用于解决历史遗留问题。

使混合所有制跨越股权结构拐点，重点是大型和特大型国企，包括集团性国企的母公司。它们的国有资本盘子很大，需要分步到位地跨越拐点。大型和特大型国企，通过上市和向上市公司注入资产等方式，当然对于改善公司治理有一些作用，譬如股东会和董事会至少在形式上是必须开的，而且要有会议记录，存档备查，股东会还有可能闯入非国有股东；财务公开和审计以及强制披露等制度提高了公司透明度；二级市场的存在使得举牌成为可能，控制权市场在一定程度上浮现等。但是，这远远不够，不跨越股权结构拐点，这些国企大鳄就会与市场化保持远距离。这些国企的上市也应该采取出售存量国有股和发行新股相结合的方式进行，这样就可以使国有股比再降低一些。更进一步，这些国企应该不断地向非国有投资者以公开透明的方式和市场公允价格出售大宗股份。只要这个进程有计划地持续下去，就会有越来越多的大型和特大型国企跨越股权结构拐点，而且这个进程与上市一点也不相互妨碍，反而还可以相互促进。这样的改革举措，不会让国资流失，而会让国资增值，也会让那些国企大鳄有更多机会转换机制、焕发活力。大型和特大型国企的"混改"，特别是集团型国企的"混改"，应该与非核心业务的分拆、非核心企业的重组结合起来进行。这些非核心业务和非核心企业，分拆和重组之后就可以按照中小国企的路径进行改革，而母公司也可以在此基础上推行股份制。当然，有一些特大型国企由于块头太大，短期内无法跨越股权结构拐点，但不能以此为借口来拖延更多其他国企循序渐进跨越拐点的改革行动。只要一步一步不停地走下去，改革就会显现效果。

要使混合所有制如此走下去，除了为将要出台的国企改革指导意见画出路线图之外，还需要一些关键性的配套措施。其中一项就是如何防止国资流失。最好出台一个界定国资流失的司法解释，因为现在关于国资流失的判定是很不清晰的，这会让很多国企改革的关联方望而却步。当然，最根本的还是要有法治，否则入股之后连股东权利也保障不了，退出渠道也不通畅，就更没人愿意去"混"了。

必须指出的是，即使跨越了股权结构拐点，混合所有制也绝不是"一混就灵"。多个股东、多种所有制企业的公司治理，比单个股东、单一所有制企业的公司治理，在技术上要更加复杂，在现实当中，失败的混合所有制企业比比皆是。从这一点来看，远远低于拐点的混合所有制，公司决策体制反而要简单得多。但正如前面分析的，国企改革，特别是那些大型国企的改革，目前只能选择混合所有制这条中间道路，所以技术上比较复杂的公司治理是难以回避的。好消息是，笔者的调研发现了越来越多混合所有制企业的股东和管理层，正在迅速适应这种技术复杂性，正在提高处理这种技术复杂性的能力，这是值得欣慰的。

第六章

全球化与数字经济

中国企业必须参与全球竞争。但是非常明显，全球化的许多内容已经改变，甚至全球化的一些规则也在改变。这对中国的全球化政策提出了严峻挑战。在严峻挑战面前，到底是实行内卷，还是参与规则制定，抑或接受共同规则？这是无可回避的选择。实际上，我国许多重大改革愿景，与大部分国际规则的变化趋势几乎一致。也就是说，我们的改革目标，在许多方面与全球变化趋势并不冲突。

全球化规则的改变也体现在数字经济方面。数字经济方兴未艾，成为增长新动能，而且数字经济本身比传统经济更容易冲破国界。数字技术很可能是新通用技术，从而导致数字竞争产业组织出现一些新特点，并给传统的反垄断政策带来挑战。中国需要与其他国家合作，共同应对数字企业的垄断问题，以及正在萌生的数据隐私权受侵犯等新公害问题。发展数字经济，必须遏制这些新公害。从更长远的视角来看，未来需要建立一个基于场景的数权体系和算责制度，这一工作需要跨国合作。无论从哪方面来看，数字市场治理，都是一项全球性事业。

TPP 规则与中国改革愿景基本一致

在一个全球化环境中，会有许多谈判，会形成一些国际协定。美国主导的一些协定，有可能主导新规则的建立进程。跨太平洋伙伴关系协定（TPP）就是一个这样的协定。

TPP 要点不是零关税，而是新规则

众所周知，TPP 已于 2015 年 10 月由 12 个创始国代表完成谈判。正如美国前总统巴拉克·奥巴马所言，TPP 的要害在于它是一套新的黄金"交通规则"，而不仅仅在于它是一个新的多边架构。笔者认为，TPP 构架及规则对全球和中国的深远影响并不会随着时间推移而变弱，反而会不断变强。中国作为一个大国，如何认识和对待 TPP 架构及规则，现在只是一个开始，而不是一个结束。如果 TPP 生效和实施，那么在未来几年甚至一二十年里，它将与我国如影随形，无论我国是加入还是不加入。

不管国内和其他国家有何种质疑与反对的声音，从经济全球化的深化和进步的角度来看，TPP，以及正在谈判的 TTIP（跨大西洋贸易与投资伙伴协议），都是值得肯定的。经济全球化从来都不乏反对的声音，过度和过快的全球化当然不切实际并会受到抵制。2008 年的

全球经济危机也造成了一些国家的贸易保护主义和内卷化行为,而当今时代,经济全球化进一步深化的趋势是无法逆转的。但是作为经济全球化最重要的平台——WTO,显然已经不能承担治理之责,连多哈回合这样一项相对简单的议程都陷入长期停滞,又怎能指望它设定更加开放和更加进步的新规则?其中的道理非常简单:一个超过160个成员且成员高度差异化的团体,其谈判、协调、执行成本实在是太高了,将它作为一个关税减让平台是可以的,推动它成为一个全球化的深化和进步平台就有难度了,《信息技术协定》扩围谈判成功才勉强使其有了一线生机。对于亚太地区而言,APEC(亚太经合组织)还是有太多的成员和太大的成员差异性,实际上就是一个让各国领导人发表演说的会议平台,也难建成实质性的区域经济谈判和治理机制。更何况,WTO和APEC都缺乏核心领导国家,领导力方面的先天缺失没有办法使这两个平台有大的作为。因此当TPP由美国接手主导之后,对于这个只有12个成员的"小俱乐部"可以较好地行使领导力,可以较好地克服谈判协调成本,而且成熟市场经济国家占多数的"小俱乐部"对于"黄金规则"本身并不强烈抵制,所以才有谈判的成功。即使如此,TPP谈判也是一再延期并远超预定的时间表,也反衬WTO这种全球化平台要取得一些进步是何等艰难。

TPP"黄金规则"已经广为人知。总的来看,与过去数年谈判过程中所透露出来的内容并无明显变化,主要包括自由的货物和服务贸易,自由的跨国投资,各类企业公平和符合规范的竞争,严格的环境保护、知识产权保护、劳工保护标准,政府监管的一致性与透明度要求,政府采购的公开性与无歧视性等。可以说,TPP与WTO不可同日而语:WTO仅以货物贸易为主,主要处理关税与贸易壁垒问题;TPP以服务贸易和投资为主,主要处理竞争领域准入和竞争规则以及政商关系等问题。如果说WTO像是一个倡导货物自由贸易和降低关税的大集市,TPP则像是一个倡导自由投资和公平规范竞争规则的小俱乐部。显然，WTO 只是经济全球化的初始版本，而 TPP 则是经济全球化的升级版本，尽管目前它只是一个小范围的试验版本。

阅读其文本就可以发现，TPP 规则简直与十八届三中、四中、五中全会所提出的改革开放愿景不约而同。十八届三中全会指出，坚持双边、多边、区域次区域开放合作，以周边为基础加快实施自由贸易区战略；改革市场准入、海关监管、检验检疫等管理体制，加快环境保护、投资保护、政府采购、电子商务等新议题谈判，形成面向全球的高标准自由贸易区网络。这些表述是非常清晰的。十八届五中全会进一步指出，必须顺应我国经济深度融入世界经济的趋势，发展更高层次的开放型经济；开创对外开放新局面，必须丰富对外开放内涵，提高对外开放水平，协同推进战略互信、经贸合作、人文交流，努力形成深度融合的互利合作格局；形成对外开放新体制，完善法治化、国际化、便利化的营商环境，健全服务贸易促进体系，全面实行准入前国民待遇加负面清单管理制度，有序扩大服务业对外开放；加快实施自由贸易区战略。十八届三中全会还比较详细地提出：国家保护各种所有制经济产权和合法利益，保证各种所有制经济依法平等使用生产要素、公开公平公正参与市场竞争、同等受到法律保护，依法监管各种所有制经济；国家实行统一的市场准入制度，在制定负面清单的基础上，各类市场主体可依法平等进入清单之外的领域；探索对外商投资实行准入前国民待遇加负面清单的管理模式；加强知识产权的运用和保护；切实转变政府职能，增强政府公信力和执行力，建设法治政府和服务型政府；统一内外资法律法规，保持外资政策稳定、透明、可预期，推进金融、教育、文化、医疗等服务业领域有序开放；建立系统完整的生态文明制度体系。这些提法几乎涵盖 TPP 所有的重要规则。这几次全会虽然没有着重强调劳工权益保护，但我国是社会主义国家，比美国、日本等资本主义国家更加重视劳动者权益保护，这当然不应该成为我们的障碍。TPP 强调在法治框架下保障规则的实施，这与十八届四中全会提出的"社会主义市场经济的本质是法治经济"的理念也是一致的。中国的这些重要文件和 TPP 文本所展现的规则基本一致，很可能反映了这些规则洞悉了时代发展趋势，定义了市场经济的未来方向。

TPP 有一部分针对国有企业的内容，这使得一些国内官员、学者、民众认为这是专门冲着中国来的，是要逼迫中国搞私有化。其实 TPP 文本中国有企业章节并没有私有化方面的要求，但要求政府保持竞争中立，即政府不能在企业之间的竞争中偏袒国有企业。这与我国十几年前至今一直强调的各种所有制企业平等竞争的原则是一致的。TPP 文本中的国有企业有其专门的界定，是指一个企业中国有资本占比在 50% 以上，或者拥有 50% 以上的投票权，抑或拥有权力来任命董事会（或类似管理机构）的多数成员。同时，TPP 并不关注所有的国有企业，只关注那些达到收入门槛的国有企业，现在确定的年收入门槛是 2 亿特别提款权（SDR），按目前的兑换比率大约接近 3 亿美元，而低于这个年收入标准的国有企业是可以免于 TPP 对国有企业所提那些要求的。当然，收入门槛以后会调整，调整的参数主要是 SDR 中各种货币的权重和其 GDP 平减指数的变化。TPP 对成员国的国有企业到底提出了哪些要求呢？主要包括非歧视性要求、非商业性扶助要求，以及透明度要求等。应该说，这些要求与我国已经颁布的各相关文件的精神并不抵触，至少原则上并不抵触，只是有些内容我国目前还考虑不到或者实施不力，即使不加入 TPP，我们自己以后也应该朝着这个方向走。

TPP 对贸易和经济的影响不易准确测算

既然 TPP 规则不是问题，那么我国加入 TPP 的话，到底会有多大好处呢？譬如会不会像加入 WTO 那样刺激出口的迅猛增长？而不加入是否会蒙受较大损失？应该说，无论是双边、多边，还是区域、全球的经济贸易和投资协定，在促进贸易、促进经济增长方面，理论上往往都能得出正面结论，但实际效果未必与理论预期一致。此前，美国国务院的经济学家来笔者单位就TPP问题进行交流研讨，他们介绍了美国著名经济学家彼得·彼得里等人的研究成果，认为TPP在2025年之前会给加拿大带来2.3%的出口增长，给美国带来4%的出口增长，给日本带来11%的出口增长，给越南带来28%的出口增长，而如果中国不加入，则会因为贸易转移而蒙受1%的出口负增长。不过笔者和他们都认为这种使用可计算一般均衡（CGE）模型的分析方法远远不能准确预测贸易创造和经济增长，更无法衡量TPP这种涉及跨国供应链合作与重组的行为，因此，从贸易增长和经济增长的角度来考量TPP，既难以做到准确，也未能真正展示其积极意义。笔者判断，中国若长期不加入TPP，贸易转移给中国带来的出口损失可能会远远超过1%，因为TPP对成员国之间贸易的原产地要求有更高标准，这会有利于越南等国从中国手里夺取一些对发达国家的出口，久而久之，就会对中国目前尚保持全面优势的完整供应链结构和配套体系构成侵蚀，使中国本已受到成本上升困扰的出口导向型制造业受到伤害。这一点，我们不应该掉以轻心。

当然，从根本上讲，关税减让和自由贸易、自由投资等协定是否能促进一国的贸易增长和经济增长，归根结底还是取决于这个国家本身争不争气、提不提气。这就是那句老话所说的"外因是变化的条件，内因是变化的根据"，所以同样加入一个协定的若干国家，当初都抱着受惠得益的打算，但随着时间的推移，争气提气的国家就受益了，不争气不提气的国家就受损了。从中国过去30多年的经历来看，我们的政府、企业、民众基本上都很适应一个比较开放的经贸环境，可以说中国是全球化的最大受益者之一。TPP这12个创始谈判国，也未必都把直接带来的贸易增长和经济增长的账算得那么清楚了，才加入TPP，也不排除不同国家各有其他算盘，譬如也需要借助TPP这种跨国机制和外部压力来推进国内的改革。中国在21世纪初加入WTO无疑对国内改革起到了推动作用，与美国商谈的双边投资协定（BIT）也会有这方面的作用。更重要的是，既然TPP的要点是一套"交通规则"，我们应该关心，这套规则是使国际社会的成员相处相与得更好更顺，还是恰恰相反。就像夜间车辆稀少之处的交通信号灯，并不一定能提高通行效率，但能使人们内心更加踏实、出行更加安全，这才是交通信号灯的真正价值。因此，即使加入TPP在促进贸易增长和经济增长方面的直接作用并不值得夸大，中国在未来也应该加入。中国的加入，不但会增加TPP的价值，也可以通过高水平、高标准的开放来促进中国国内改革愿景的实现，其意义可能大于21世纪初的"入世"。

中国不应缺席TPP

一些中国人这么认为，如果中国这样的亚太大国不加入，TPP"肯定搞不成""肯定搞不大""肯定缺乏代表性和完整性"。真的会是这样吗？"搞不搞得成"，当然取决于成员国而不是非成员国；"搞不搞得大"，它本来就是一个志趣相投、规则共守的"小俱乐部"，像WTO那么大反而不容易扩大合作内容，提高合作水平，何况韩国、印尼等国也比较明确地表示了加入意向；至于代表性和完整性，这是一个高标准的俱乐部，并不是毫无标准地覆盖所有国家和地区，即使是WTO这样广覆盖的贸易构架，中国也是21世纪初才加入。TPP、TTIP这些协定的确显示了一种小集团化和碎片化倾向，但在WTO这种大块头无法照顾100多个国家和地区各自口味的情况下，在小范围内率先试验新标准，迈上新台阶，起到示范和引领作用，并不是坏事，而是好事。事实上，目前中国也与韩国、澳大利亚等国签订了双边自贸协定。至于像越南这样的欠发达国家也成为 TPP 首批成员，我们没必要对 TPP 的品位或者越南的品位品头论足，这是谈判的结果，如鱼饮水，冷暖自知。

TPP 是不是美国、日本等国围堵和遏制中国的一个阴谋？中国可不可以用亚太自由贸易区（FTAAP）、RCEP、一带一路来对冲或对垒 TPP？与其说 TPP 是一个阴谋，还不如说是一个阳谋，因为时任美国总统奥巴马说得很明白，也很刺耳：不能让中国来书写未来的交通规则。刺耳的语言对于中国的自尊心是一种伤害，但阳谋可以达到围堵和遏制中国的目的吗？如果中国加入 TPP 能够受益，那就会有助于中国的繁荣富强，而不是相反，就像美国鼓励中国搞市场经济一样，市场经济使中国获得了很大发展，变得比较繁荣和强大。如果中国不加入 TPP，而致力于 FTAAP、RCEP、一带一路，当然也是选项。不过，FTAAP 看来并没有设定较高标准，并不像十八届三中全会追求的那种"高标准自由贸易区"，而像是一个规模更小、关税更低的缩小版 WTO，现在经济全球化或区域化的要点已经不在关税减让方面，所以它的意义不宜被夸大，而且几十个成员方的谈判成本、协调成本也不可小觑。而 RCEP，到底将是一个以关税减让为主的浅协定，还是一个强调供应链纪律与标准和谐化的深协定，则尚未可知。如果是前者，就跟 FTAAP 没有太大区别；如果是后者，那就是一个新的更大规模的 TPP，中国若能主导当然很好。目前来看，想给 RCEP 设定较高标准还比较困难，更谈不上"黄金标准"。而且在 TPP 已经谈成的情况下，日本等亚洲主要国家到底有多大兴趣再搞一个 RCEP，就难说了。至于一带一路，并不是由成员国谈判签署形成的一个协定或架构。总的来看，TPP 如果能生效，不但会引领未来的跨国经贸规则，还有可能逐渐发展成为一个区域治理机制和平台，并将吸引亚太其他几个有影响力的重要国家加入。如果出现这种情况，也许 TPP 会成为一个亚太版 G20，并且比现在逐渐空谈化的 APEC 和全球 G20 更具解决实际问题的能力。可以说，如果 TPP 获得成功，再加上可能成功的 TTIP，就可能改变亚太和全球的贸易格局、政经格局和治理结构。这一点应该引起重视，而中国的缺席是不应该的。

需要指出的是，TPP 的一个核心实施机制，即投资者－东道国争端解决机制（ISDS），的确可能引发争议和疑虑。这个机制意味着，从事跨国贸易、投资等经济活动的企业（ISDS 中的投资者），如果遇到争端，可以绕过东道国的司法体系，可以绕过母国与东道国的政府对政府的机制，而直接将东道国政府告到国际仲裁机构。这个机制，不但可能给东道国政府带来经济赔偿方面的压力，还可能给人造成东道国的主权受到侵蚀的印象。来笔者单位讨论的美国国务院经济学家澄清说，ISDS 机制即使判定投资者胜诉，东道国政府也不需要改变政策或改变监管，只需要进行经济赔偿就可以了。这种澄清当然不能消除传统语境中对主权受损的困惑和疑虑。不过，这种机制也可能在未来的区域治理、全球治理中得到更广泛的认可，因为缺乏强有力实施机制的区域治理平台、全球治理平台都会慢慢地沦为橡皮图章和清谈会议，这是大家都能看到的。事实上，过去几十年，国与国之间的经贸合作、裁军合作、反恐合作，以及现在的应对气候变化合作，都涉及他国或国际机构对一国内部某些事项的核查和透明度要求等问题，这在传统认知中都被可以被认为是对主权的侵蚀。在区域治理、全球治理变得越来越重要的未来，国家主权有可能会进行重新界定和重新调校，TPP 对成员国政府监管的透明度、中立性等方面的要求和核查程序，也反映了这种趋势。

当然，TPP 会不会成功，TPP 规则和机制会不会引领未来的方向，TPP 构架会不会重绘亚太和全球格局，需要时间来回答。尽管区域化、全球化有很多疑虑和抵触，应该说是一个大趋势，但如果过于理想化、激进化，如果标准太高、步子太快，结果并不一定如人所愿，甚至可能适得其反。欧盟和欧元区应该是经过充分酝酿、充分磋商、充分设计的，但还是有一些国家跟不上，从而可能危及整个架构。从这个角度来看，奥巴马为TPP所设定的"黄金标准"比美国前国务卿希拉里·克林顿所主张的"白金标准"要更加现实一些，得以实施的可能性还是较大的，中国对其采取更积极的态度是值得考虑的。

数字经济时代的美丽新世界

对美好社会的憧憬，是人类的天性。早在先秦时代，《吕氏春秋》就表达了在春风吹拂时节，"凤凰圣人皆来至"的期望。到了近现代，科技进步推动经济增长，人类生活水平不断提升，而憧憬也更加活跃，并且出现了对美丽新世界的展望。

工业经济时代美丽新世界

现代经济增长得以持续，在很大程度上依赖科技创新。科技创新不但会促进经济增长，提升人类福祉，而且会带来社会结构和生活方式的巨大变化，所以人类总是对科技革命充满期盼。不过也有一些对科技创新的过快推进持抵触情绪的人，他们更愿意过经济增长慢一点、世界变化缓一点的生活。还有一些人，则对现代科技创新抱有一些疑虑和担忧，英国小说家奥尔德斯·赫胥黎的作品《美丽新世界》，就是表达这种疑虑和担忧的经典代表。这本小说描写了一个建立在发达工业科技基础上的新世界，人的孕育和出生由一排排试管开始，经过命运和职业规划室的调配，然后通过流水线而"出厂"，出生后要实施统一的教育培训工程，并基于崇高的经济政策而在他们的大脑中消除一切不良的思想观念。总之，要按照一种"波卡诺夫斯基"流程，对每个人的一生进行规划和管控，从而维持一种稳定至上的文明和可控为要的秩序。这本书写于20世纪30年代，所以挖苦的是工业科技，并把"美丽新世界"的主宰者取名为福特，把这个世界的图腾设计为T型，这个图腾当然是福特T型车的隐喻。

其实差不多在同一时期，经济学家也非常热衷于对未来世界进行憧憬，也有美丽想象，或有惶恐心理。那时经济学界有一场大辩论，就是奥斯卡·兰格和路德维希·米塞斯关于计划经济和市场经济的辩论。兰格不但使用先进的数学方法证明计划经济可行，而且认为，政府计划部门可以主动地、全面地运用日益发达的数学工具，使计划经济实施得越来越好。到20世纪60年代，兰格认为科技进步已经达到可以广泛使用计算机来实施计划经济的地步，他信心十足地说，到了这个时代，可以把经济运行联立方程放进一台计算机，一秒钟就可以求解。所以兰格在20世纪70年代专门写了《经济控制论导论》一书，指出"控制论对于社会主义经济具有特别重要的意义"，并设计了基于计算机技术的计划经济模式。兰格的思路在当时的苏联和东欧国家极有影响力。而米塞斯，还有哈耶克，就显得比较老套和落伍，他们似乎根本不在意计算科技和数学方法是否可以改变经济运行机制，只是强调，以计划经济替代市场经济，就会消除一切自由，而留给个人的只是一个服从的权利，并且声称，由于知识和信息具有分散性和不完整性，所以计划体制不可行。

基于数据网和计算机的完美经济运行试验

学者们是纸上谈兵，而真有掌权者认为科技创新可以实现国家经济运行的工程化，可以实行计划经济。智利曾经就出现过这一幕。20世纪70年代初，智利时任总统阿连德，就实施了一个赛博协同工程，由政治家、经济专家、工程师组成一个赛博协同中央指挥部。赛博大约就是计算机科技和控制论工程的意思。这个指挥部,接收由电信网络传过来的全国各地的经济数据,并由计算机进行分析,然后由计划部门做出决策,发出指令。阿连德希望通过这个工程,在智利实现社会主义。他的经济专家告诉他,现代世界具有了马克思时代所没有的高度复杂性,所以借助计算机,就可以建立一个美丽新世界之类的社会。据说阿连德这个计划的总设计师,是英国一位名叫斯塔福德·比尔的经济控制论专家。智利政府认为,联网计算机系统使得工厂难以伪造生产数据,而且会立即显现异常情况,所以是可靠的。赛博协同还设计了反馈回路,由经过专业培训的操作团队管理。这就是那个时代基于数据网和计算机的一次追求完美经济运行的实验。虽然当时还没有大数据的概念,但可以认为这就是一个依赖大数据的实验。需要指出的是,阿连德是智利的一位民选总统。阿连德的政纲是要创立智利模式的社会主义,当选总统后立即实行了大规模的企业国有化政策和土地国有化政策。后来因陷入恶性通胀、大罢工等困境,智利发生政变,赛博协同工程被废弃。

赫胥黎和阿连德所描绘和设想的,以及兰格所设计的,不过是工业经济时代的美丽新世界,尽管他们也想到了计算机和数据传输系统。那时还没有进入数字经济时代。人类进入 21 世纪以来,数字科技日新月异,数字经济突飞猛进,似乎一切都在摆脱旧痕迹、旧轨迹,似乎可以把以前视为不可能的东西变为可能。例如,一些人就认为,信息科技如此发达,以前失败的计划经济,现在变得可行了。当然还有不少人认为,超级计算、大数据、人工智能等,将无所不能,那将是一个真正的美丽新世界,不但是一个丰裕社会,也是一个超能社会。

数字经济时代的乐观

从数字科技和数字经济的发展势头来看,人们有理由乐观。过去几年，全球数字经济增加值连续以 5% 以上的名义速度增长，显著高于全球 GDP 的名义增速。我国更是不同凡响，这个速度达到 10% 左右，目前是仅次于美国的数字经济第二大国。据有关机构测算，2020 年，我国数字经济核心产业增加值占 GDP 比重达到近 8%，其中大数据产业规模超过 1 万亿元。我国在物联网、工业智能化等领域也有很好的表现。2020 年底，规模以上工业企业生产设备数字化率达到近 50%，许多设备都"联网上云"了。同时，我国数字政府建设、数字监管体系建设也在不断推进，且效果卓著。特别是在新冠肺炎疫情时期，我国的数字化监测发挥了巨大作用。譬如，到 2020 年底，全国"健康码"累计使用达到 600 亿次，"通信行程卡"查询达到 54 亿次。可以预计，数字经济将成为全球经济增长的最新引擎，而数字领域硬科技及应用场景也将迎来一个又一个新突破。当许多人还在津津乐道万物互联、人工智能、区块链的时候，2021 年突然又兴起了"元宇宙"憧憬，据说这个由科幻小说虚构的世界，可以通过全新技术系统，形成一个三维立体全真全息的网络世界，使虚拟与现实完全交融，梦与真没有界限，不但可以突破物质宇宙的任何可能边界，而且可以真正实现去中心化和民主自由平等，是人类数字化生存的最高境界。无论元宇宙世界是否会在可预期的未来走向人类，人们的数字化生产、数字化生活的场景都应该会成为新常态。

从推动经济增长的角度而言，数字经济这个新引擎，在一定程度上可以克服工业经济引擎的某些固有局限。工业经济引擎的局限之一，就是宏观经济上的边际消费倾向递减。消费倾向递减，不但因为人们进行储蓄和投资，也因为在大多数情况下，人们对物质的消费存在边际效用递减规律，甚至对物质消费存在极限。例如，绝大多数人不能无限地购买房子和耐用品，多余的东西不能给他们带来任何效用，而人们更不能无限地吃喝，否则会撑破肚皮，所以存在市场饱和问题。当然，人与人之间的收入差距所导致的消费差距的确存在，一些人撑肚皮，另一些人饿肚皮，则是另一回事。而数字经济时代可能就不太一样了。譬如人们对信息的消费，在很多情况下，就不存在边际效用递减问题。我国现在很提倡信息消费，据说 2020 年我国信息消费规模达到 5.8 万亿元，且还在快速增长。看信息、看新闻、看传闻、看别人所"晒"，许多人是越看越想看。还有网络游戏，可以被设计得让人极为上瘾，欲罢不能。这些都是边际效用递增而非递减。聊天、网络社交，以及各种各样的"饭圈"经营业务，都不会遇到传统产品市场饱和之类的问题，或者数字技术本身可以化解此类问题。譬如，为了打破市场饱和，有创新精神的企业，可以开发梦中聊天与社交技术，让人们在睡眠中，可以将自己的梦境信息输出，将别人的梦境信息输入，并联网进行交流、互动、梦境再创作，还可以延伸开发出硬拷贝出版物等。这样就可以突破人类必须睡眠，从而停止经济活动的生理极限，使经济增长拥有无限空间。总之，数字经济会极大地拓展繁荣边界。

数字科技的威力更非工业科技可比。数字技术有了超级计算、N 级超级计算这样强大的基础，人类曾经难以想象的巨量信息都可以得到处理，信息汪洋中任何蛛丝马迹与风吹草动都可以被瞬时发现和识别、利用和管控，数据不但是我们已经写入文件的一种新生产要素，更是一种新秩序要素。还有网络技术，未来一定还有比光纤传输、地面无线传输和卫星传输更先进的系统，所有的人，许多的物，都可以被联结在一起，人及物的各种状态和动向数据都将进入系统。芯片技术必将获得一个又一个突破，譬如，下一步的碳基芯片，不但储存和运算能力会超过人类的脑细胞，而且体积也会非常小。下下一代的芯片将是什么样子，现在完全无法想象。而应用场景技术，会更加异彩纷呈，据说美国企业家和"创新狂人"马斯克，正在大搞脑机接口技术，其初步试验表明，这种技术可以读取大脑活动信号，包括情绪信息和思维信息，而且可以进行知识存储和传输。这种技术一旦获得更大突破，不但可以解决人脑记忆有限、记忆衰退和思维狭隘、思维迟钝等问题，还可以带出很多新应用、开发很多新产业，包括梦境产业，以及管控梦呓和改造梦境的产业。

数字经济时代美丽新世界

的确，数字科技提高了生产和生活的精准性与匹配度，极大地扩大了市场范围并减少了边际成本，有助于人们提高经济效率，也有助于人们探索未知世界，可以使人类变得更美好、更充实。数字经济带领人类源源不断地从无限世界采集和提取数据，进行加工、运算和设计、统筹，再输出到无限世界并对其进行控制和改造。数字化时代，构筑了一个生产数据和消费数据的大循环，这不仅是一个无穷无尽的 GDP 创造过程，也是一个不使任何个体、任何犄角旮旯失去控制的过程，还可以是一个使整个宇宙按照伟大设计趋向完美的过程。数字经济时代如果出现美丽新世界，将是一个比工业经济时代更加繁荣、更加有序的美丽新世界。

赫胥黎在构建工业经济时代的美丽新世界时，就特别重视世界秩序的筹划和设计，特别描绘了高科技对实现社会可控的重要作用，并借用福特的话说：最重要的是秩序。赫胥黎的美丽新世界，有命运和职业规划室这样的机构，也有基于工业技术的"苏摩"药物，这种药物能产生欣悦的快感、美妙的幻觉以及一些麻醉作用。这个世界是一台精美的机器，人们能够精确而不知疲倦地运转，而不会把时间花在阅读和思考等无谓的活动上。赫胥黎说，在这个世界里，"每个人都很忙碌，每件事都井然有序"，正如主宰者所说的那样：如今这个世界很太平，人们过着幸福的生活。而数字经济时代的秩序必将全面超越工业经济时代。例如，每个人的收入、支出、财产，都完全透明。个人身份是数字化的，个人生活所需要的货币也是数字化的，切断数据就可以切断身份与货币。苏摩这样的药物生产，及每个人不时地服用，在数字经济时代将没有必要，因为每个人的行动轨迹和思维轨迹，都可以通过物质和精神定位系统来获取数据，都可以通过大数据分析来研判和预测，都可以进行实时纠正和重新规划。即使人们酣然入眠，陷入梦境，脑机接口也可以把他们朦胧、游移、跳跃的下意识思想链接到外部系统。这个系统可以自动矫正所有不符合秩序的任何数据，或者自动生成异常梦话和梦想报告单，以保证人们的潜意识不脱轨。辅之以基因分析技术，还可以确定任何异常者是否属于先天基因性问题，并通过基因编辑工程来根除这样的问题。所以，数字经济时代的美丽新世界，绝对不会出现赫胥黎笔下的"伯纳德"之类的"破坏秩序和文明的阴谋者，以及社会稳定的颠覆者"。

对繁荣和调控的追求

无论是现在的数字经济，还是以前的工业经济，本质都是由现代科技塑造出来的繁荣。科学本是人类对客观世界的认识，技术作为工具的确可以用于各种好的或坏的目的。事实已经证明，基于现代科技的工业经济给人类带来的福祉远超祸患。我们相信数字经济也一样。不过在科技和经济的突飞猛进面前，就会有许多人逸兴遄飞，或遥襟俯畅，颂扬一切都很美好的乌托邦，或兴尽悲来，恐惧一切都很丑恶的反面乌托邦。所以，就有对美丽新世界的想象。

赫胥黎笔下的美丽新世界虽然有些荒诞，实际上有许多人，特别是知识分子，都幻想着一个繁荣和有序的可控社会。有不少知识分子都喜欢控制论和运筹学之类的理论，并期望通过这样的理论和工程来改造世界。控制论之父，美国天才科学家诺伯特·维纳，其惊世之作的书名就是《控制论（或关于在动物和机器中控制和通信的科学）》，也就是说，控制论也旨在对动物，包括对人类，进行控制，以实现更好的稳定秩序和运作效率。华人经济学家杨小凯在早年，不但将兰格的《经济控制论导论》译成中文出版，自己也写过《经济控制论初步》和《数理经济学基础》。尽管杨小凯的经济控制论与兰格的经济控制论有所不同，但还是能看到一个青年知识分子那种把国家经济运行作为一个客体系统的思维，以及通过人工设计和国家力量就可以精妙调控这个客体系统的思想。兰格等人更不用说。其实，这是一种很普遍也很正常的思维与思想。但从公开发表的作品来看，杨小凯后来显然有了改变，维纳也提示了控制论和智能技术可能导致伤害人类自身的巨大问题。数字科技和数字经济的出现，可能会在当前的全新环境中，进一步激发那种思维和思想。当然，国际上也有一些偏于保守和谨慎的声调，譬如在 2020 年，欧美一些机构和人士共同签署了《人工智能伦理罗马宣言》，强调大数据、人工智能等高科技应用不应该侵犯个人隐私和基本权利，不应该妨害社会价值和伦理。欧盟委员会还公布了《塑造欧洲数字未来》的文件，声言在大力发展数字科技和数字经济的同时，要遵循以人为本的原则，并通过数字化塑造一个更加开放、民主和可持续的社会。这样的声调，可能会拖慢欧洲一些国家数字经济发展的步伐，但这也是那个社会自己的选择。我国对数字经济时代的治理也有一些深入思考和政策构建，譬如国家出台了《个人信息保护法》等法律文件，对一些互联网平台侵犯个人隐私等基本权利的行径进行了惩处，并提出"科技向善"的重大命题。所以，我国的数字经济发展，必将更多地造福人民，而不是创造一个控制论社会。

数字经济中的数权体系与数据法院

在数字经济发展中，数据成为关键投入品。在实际中，数字企业那些比较突出的策略性行为，包括自我优待、"二选一"及其他形式的拒绝交易，大数据杀熟及各种花样的差别性定价，以及屏蔽、封禁和拒绝链接等，都与数据利用及算法设计密切相关。尽管传统行业也有一些类似现象，但对数据的利用和基于数据的各种算法，可以将这些行为升级为系统性的竞争和反竞争手段，并能够以自动化、隐秘化的方法实施，从而使事情发生性质上的变化。因此，数字经济领域的反垄断与反不正当竞争政策，以及其他一些重要规制政策，应该聚焦于对数据和算法进行科学合理规制，并纳入法治轨道。我们主张，在数字经济迅猛发展过程中，应该有意识地推动一个基于场景、嵌入未来的数权体系，以及相应的算责制度的建立，其意义不亚于工业革命时代产权体系的建立。而设立专门的数据法院，有助于这一进程的提速。

建立数据和算法规制政策的必要性及复杂性

数字经济领域的反垄断执法，已成为当下的全球关注点。数字市场中受到高度关注、易被归于不正当竞争和垄断的一些典型行为，其实在传统行业中也不鲜见。例如，拒绝交易在传统经济活动中被认为是企业的一项正当权利；差别化定价在传统营销活动中广泛存在，而且人们习以为常；自我优待行为，譬如将自营商铺置于人员流量最大的通道，在兼有自营和招商店铺的商场，也屡见不鲜；而阻碍互联互通和统一标准，在非数字化的通信服务业、视听产品制造业、软件设计业，都或多或少存在。不过在数字市场，通过数字技术手段，数据可以被自动采集和处理，算法程序可以快速、有目的地将大数据分析结果与特定群体进行关联，因而具有数据和算法优势的企业，就可以系统性地实施一些策略性行为，而且常常以隐秘的方式进行。这些系统性、自动化的策略性行为，的确容易起到强化企业的市场地位甚至不当排斥竞争的作用，的确可能造成垄断性市场，当然还可能带来其他问题，譬如对非成年人形成不当诱导、刺激吸引注意力的行为、造成致瘾性等。所以建立数据和算法的规制政策，具有较强的必要性和紧迫性。

数字市场那些典型的策略性行为，既然主要是基于数据和算法，那么必然存在规制上的空白区和灰色区，因为数字技术、数字经济毕竟尚处于快速兴起和不断迭代阶段，还远未稳定和成熟，立法、司法和执法机构，乃至学术界，不但缺乏现成的经验，甚至缺乏必要的知识储备和认识积累。事实上，过去几年，已经出现一些涉及数据和算法的重大分歧，例如，美国的数字巨头GAFA（谷歌、亚马逊、脸书、苹果）都遭遇过一些涉及数据与算法的重要指控和起诉，后来要么以罚款及和解了结，要么检方起诉被法官驳回。因此，对数据和算法的规制，一方面存在巨大的必要性，另一方面又存在巨大的复杂性，需要注入足够的探索精神和谨慎态度。这是政府不得不面对的艰难平衡。

掌握这个平衡，很可能需要从数据入手，即对数据的采集、流转、加工、利用，应该采取什么样的具体政策。这是因为数据是算法的基础，无论有多么大的算力、多么新的算法，都需要大数据作为原料，都是对大数据进行挖掘、开发、利用。数据从本质上来看并不是什么新东西，它是客观世界在人类认知上的投射，早已伴随人类对客观世界的主动认识和改造欲望而出现。但当人类有了身体器官之外的器具和方法去采集客观世界的状态信息时，数据体量就可以无穷无尽地膨胀。人类对数据进行加工和分析的方法也在不断发展之中，使得原始数据和加工数据有了各种各样的用途，这些用途在很多时候并不为数据投射物或者数据投射物的拥有者所愿意。甚至，数据投射物或投射物的拥有者，很可能并没有同意，甚至并不知晓数据被采集。数字技术不断取得突破，数字经济持续快速发展，这使得数据采集、流转、开发、利用活动成为有目的性的大规模谋利活动，大数据和算法以及智能科技结合在一起，把数据带到了前所未有的关键位置。因此，在数字经济领域，数据规制属于基础性规制。数据规制就是要建立一套关于数据采集、流转、加工、利用的规则。

毫无疑问，数据采集规则是初级规则，而关于数据流转、加工、利用以及拥有等方面的规则，都是次级规则，因为没有采集，就没有此后的一切。而数据采集规则的基石，是与数据相关的权利的确定与保护，以及利益的分配和责任的承担。欧盟于2018年颁布实施了《通用数据保护条例》，是全球范围内关于数据权利的颇具标杆意义的政策文件。这个条例大量涉及数据权利问题，特别是强调对个人隐私数据的保护。我国于2021年颁布实施了《个人信息保护法》，也体现了类似的政策思路。不过这些政策性文件无疑只是初始步骤，远远不能涵盖，更不能预见数据权利所涉及的各种复杂场景。当然，即使数据场景得到清晰辨认，数据采集权利得到明确授予，也需要建立数据流转、加工、利用等方面的次级规则。数据次级规则的权、利、责界定，与数据采集不尽相同。譬如，数据流转不但涉及数据在不同主体之间流转，还涉及在不同国家之间流转，这就把公共意志、公共权力引入数据规则。我国出台了《数据安全法》，从而将数据的主权问题，以及数据的跨境储存、流动、使用的安全问题，提上了议事日程。这不但使数据跨境流转面临严厉的政策环境，也使整个数据规则更加复杂。此外，数据有可能形成一些独特的数字资产和数字产品，包括非同质化代币（NFT），以及虚拟世界的艺术品等，都面临价值评估与分配问题。目前的法律和规制政策，还无法应对这些问题。

而算法规则的建立，一点都不比数据规则的建立容易。算法规制的最大难点，在于算法的非人工性和不透明性，因为许多算法决定，是由通过处理大数据而进行深度学习的智能化机器做出的，有时连算法的设计者也很难搞清智能化机器为什么会做出某项决定，以及在什么时候会做出这样的决定。算法程序还可以进行不断快速更新，因而很难进行事前监管。对算法进行规制的另一个难点在于，基于大数据的算法，是人类的一项重要创新，有力地促进了经济效率的提升和人们生活的改善，因此规制政策一方面应该可以有效应对算法的阴暗面，特别是社会公认的阴暗面，譬如利用数据和算法系统性调动、刺激、利用人性弱点的那些经营行为，系统性实施明显违背良知的欺诈性和垄断性经营行为等；另一方面也应该避免扼杀科技和经济创新。由于存在这些难点，国际国内对算法进行规制，目前还处于初始阶段，并引发了很多争论。欧盟有关机构在2019年提出了《算法问责及透明度监管框架》，美国国会一些议员也于2019年提出了《算法问责法（草案）》，要么具有很强的原则性，要么陷入激烈的讨论。我国虽然于2021年颁布实施了《互联网信息服务算法推荐管理规定》，但可操作性有待提高，特别是如何纳入法治框架，还需很长时日。而在全球范围内，对基于算法的一些新生事物，譬如智能合约，应该如何建立规制，更是政策空白。

需要建立数权体系和算责制度

基于上述必要性和复杂性分析，可以认为，从长远来看，在数字革命浪潮中，在全世界范围内，将需要随着实践的不断发展，建立一个能够嵌入未来、基于场景的数权体系，就如过去几百年里，在工业革命浪潮中，建立一个包括物权、债权、股权等权利主张在内的产权体系一样。这无疑将花费较长时间，并将经历较多纠葛。世界上最早、最完备地建立产权体系的国家是英国，这个过程经历了诉讼与判决互动、普通法与衡平法交织的数百年漫长时间。比较完备的数权体系的建立，尽管不需要上百年时间，但至少需要几十年时间。与数权体系相配套，还需要建立算责制度。可嵌入未来的数权和算责体系应该告诉人类社会，数据的权利如何分配、如何确定、如何保护、如何重置、如何获利，算法和其他此类的自动化、智能化程序所产生的行动，应该如何界定责任、追究责任。尽管这是人类历史上一个前所未有的新范畴，不可能一蹴而就，但重要的是，应该树立这样的意识，并以这个意识引导人们迈出第一步和后续的坚定步伐。

  数权不但涉及个人权利，也涉及所有个体，包括厂商个体、机构个体的权利。众多个体的信息，从来都客观存在，因为这些个体永远处于某种状态。在农业和工业经济时代，几乎无人有兴趣采集状态信息，或者缺乏相应的采集技术，而且采集到的状态信息也没有什么利用价值。数字经济改变了这一切。数权体系需要告诉社会，状态信息在什么情况下可以被采集和加工，在哪些用途上可以被利用，被采集和加工后所形成的数据应该如何分配权利和利益，当遇到纠纷时应该如何获得救济。不过，关于这些事项，在可预见的将来，并不容易达成社会一致，很有可能的是，会在"对场景的尊重"中，即在各式各样的具体场景中，细致地分清责、权、利关系，实现隐私保护与信息采集和流转、加工、使用的合理平衡。这与工业革命时代的产权体系建立，是一样的路径，英国的法庭体系在这个过程中发挥了至关重要的作用。OECD曾于2019年发布了《加强数据访问与分享》报告，对数据进行了分类，并努力根据场景对数据权利和利益进行界定，可以算是"对场景的尊重"的初步尝试，不过其中许多定义从可操作层面来看仍然是含混的，并不能覆盖现实场景的复杂情形。正是数字经济现实场景的复杂性和不可预见性，决定了人类社会需要从大量和长期的诉讼与判决中积累智慧与共识。

对数据进行挖掘和利用，才使数据有了价值，算法技术则是挖掘和利用的集中体现。因此，需要建立一个数字经济时代的算责制度。在实际中也可以看到，至今，算法是数字经济领域最强大的竞争武器之一，例如，精准匹配可以极大地节约搜寻成本，提高配置效率；算法也是最强大的限制竞争、追求垄断的武器之一，例如，大数据杀熟就是基于算法，对链接的控制也是基于算法。算法可以突破用户的自主权、自由选择权屏障，通过人的心理弱点和习惯特点，实质性地引诱甚至强加、胁迫用户进行交易或者不交易，形成严重的算法滥用。而人工智能的快速发展和越来越强的渗透式使用，使得算法的威力更加强大，这种威力已经而且必将进一步超越经济领域。算责制度的要点，是确定人的责任，而不是自动程序、智能机器的责任。美国国会一些议员提出的《算法问责法（草案）》对算法的自动化决策做了清晰界定，要求数字企业必须评估其在使用自动化决策程序时，是否导致偏见、歧视等问题，是否存在侵犯个人隐私、侵害个人安全等隐患。2021年，美国一些议员还提出了一项被称为《过滤气泡透明度法案》的草案，要求数字企业必须让用户有打开或者关闭算法功能的选择权。我国于2021年颁布实施的《互联网信息服务算法推荐管理规定》，也有类似内容。不过在实际当中，涉及算法的纠纷与案件，往往难以追究人的责任，这不但因为算法的使用以无人化的高科技手段来实现，也因为算法贯穿于海量数据处理，导致证据搜集的困难。

数权与算责体系的建立，尽管面临许多认识上的分歧和技术上的困难，并需要花费很长时间，但只要人类社会保持对规则追求的信任，并与时俱进地推动法治的发展，终究可以成形。与工业经济时代

第六章　全球化与数字经济

产权体系的最终建立与完善一样,数权与算责体系的建立,应该由大量的法庭诉讼来推动。如果没有足够多的诉讼,如果不积累足够多的法庭判决,而只由政府规制机构单方面对企业和个人实施惩罚,就会导致对质的缺失、证据的贫乏、理由的单调,那么再多的政策文件和规制条文也未必能带来科学合理的规则,并使这些规则得到社会普遍认同和遵循。

设立数据法院的重要性

总之,随着全球数字经济的快速发展,涉及数据和算法的纠纷已经纷至沓来,建立数权和算责体系的紧迫性日益凸显。而设立专门的数据法院,应该非常有助于加快数权和算责体系的建立进程。

一个值得注意的最新努力,就是美国与欧盟于2022年3月宣布原则上达成的《跨大西洋数据隐私框架》。美国和欧盟长期在数据治理方面存在分歧与争执。而达成这个数据隐私框架,不但会为美欧数字经济一体化发展消除重要障碍,也将为全球数字经济治理确立一些重要的基本规则。特别是这个文件提出,要设立数据法院来应对数字经济迅速发展中的各种新型纠葛,预示着数据法院将在数字经济发展的实际进程中发挥重要作用,并创立重要规则。

美国是数字经济的开拓者和最大受益者,美国企业对数据和算法的利用非常娴熟。而欧盟企业在这方面弱得多,并与美国在数据采集和跨境流动与利用方面存在较大分歧。美欧在2000年签订了关于数据流动和利用的《安全港框架》,后来由于"斯诺登事件"爆发而导致欧盟对这个框架失去信心,双方遂于2016年达成《隐私盾框架》,但欧盟法院于2020年认为美国的数据保护措施没有达到欧盟的水平,又导致这个框架失效。而达成《跨大西洋数据隐私框架》,意味着双方建立了数据保护新机制。这个隐私框架在保护个体权利和鼓励数据流动、促进数字经济发展之间建立了一种高标准平衡。在这个高标准的平衡性框架中，数据隐私和安全得到可信保障，同时大中小企业又能充分利用数据跨境流动而开展数字化商业活动。该框架规定，美国政府的情报活动不得侵犯数据隐私和公民自由，有关企业和组织应继续遵守《隐私盾框架》各项规则，欧盟居民可通过各种途径对涉嫌犯规的企业和组织进行投诉。该框架特别指出，欧盟将设立一个独立的数据保护审查法院，来审理数据流动和利用中的诉讼，并提供救济。

  欧盟考虑设立数据保护审查法院，可视为数字经济发展进程中一个具有战略意义的重大步骤。在过去十几年里，已经出现一些重要的涉及数据的诉讼，但法律和法院却缺乏与时俱进的专业性，绝大部分此类诉讼也没有现成判例可供借鉴，在如何判定上常常存在很大争议。脸书就曾遭遇集体诉讼，案由是其收集用户面容特征和其他生物信息等数据，但各方对于案情的争论也非常激烈，法院遂于2021年批准双方和解，脸书向数以百万计的用户支付了6.5亿美元的赔偿金，并删除了相关数据。不过，脸书也曾于2020年向法院起诉一家名叫OneAudiance的数据分析公司，指控后者利用内嵌软件从前者平台上收集用户姓名、性别、电邮等数据，后者在法院干预下停止了这样的行为。在英国，谷歌曾遭遇由一家消费者权益组织牵头发起的集体诉讼，被索赔数十亿英镑，案由是其秘密收集数百万iPhone用户的个人数据。不过被告律师辩称，谷歌未泄露用户数据，且未给他们带来损失。英国最高法院的法官采纳了辩护意见，认为采集数据的不正当行为尚未触发英国《数据保护法》定义的损失，遂于2021年驳回起诉。亚马逊、谷歌等公司也遭遇过类似诉讼，并且也大多以和解、赔偿的方式了结法律争端。在荷兰，甲骨文在2020年遭遇了由一家用户隐私组织发起的集体诉讼，被索赔百亿美元，案由还是其收集用户数据并将数据加工后出售给其他企业，违反了欧盟《通用数据保护条例》，但甲骨文进行了强制辩护。我国抖音旗下的TikTok，曾遭遇美国用户发起的集体诉讼，一些用户指控其收集他们的面容特征、位置等个人数据，前者进行了辩护，但于 2021 年同意支付 9200 万美元赔偿金以寻求和解。在我国国内，涉及数据的纠纷与官司越来越多，但由于相关法律不健全，并且缺乏可操作的法律细则和专业化的法官，许多案件遇到判决难题。我国颁布的《个人信息保护法》《数据安全法》等法律，尚未进入法庭实践阶段。

我国也可考虑尽快设立专门的数据法院。我国已经成为世界上数字经济发展最快的国家之一，一些数字企业具有较强的全球影响力和竞争力。中国信通院发布的《中国数字经济发展白皮书（2021 年）》显示，2020 年，中国数字经济增加值达到 39.2 万亿元，占 GDP 比重为 38.6%。中国社科院数量经济与技术经济研究所发布的《数字经济蓝皮书：中国数字经济前沿（2021）》显示，2020 年，中国数字经济增加值为 19 万亿元，占 GDP 比重为 18.8%。尽管不同机构基于不同统计口径，测算出的数据有较大差异，但我国数字经济在整个国民经济中占比不低，应该是事实。而我国网民数量在 2020 年底已达到近 9.9 亿人，更是一个其他国家无可比拟的数字。我国还颁布了《"十四五"数字经济发展规划》，不但设定了雄心勃勃的发展目标，也提出要健全数字经济治理体系，规范数据采集、传输、存储、处理、共享、销毁全生命周期管理，强化个人信息保护。显而易见，下一步，我国将面临大量的数据和算法治理方面的工作。而数据和算法治理，具有极强的专业性和新颖性，这个领域的法律细则制定和法官人才培养，应该在司法实践中推进。这也是探寻数据规则、积累数据判例、培养数据法官的好方法。我国已有设立专门法院的经验，譬如已在一些地区设立金融法院、知识产权法院、互联网法院。杭州、北京、广州等地的互联网法院已进行一些有意义的审判，但其审理范围其实很少涉及数据问题，而是集中在互联网购物、互联网金融、互联网版权等方面的纠纷，以及网络上一些侵害人身权、财产权的纠纷。在数字经济发展过程中，处理数据纠纷比处理上述几个方面的纠纷更具基础性意义。世界上最早、最完备地建立产权体系的国家是英国。英国也率先设立了一些专门法院，譬如海事法院，从而为英国在这个领域确立全球权威奠定基础。我国若率先设立数据法院，可以在全球数字经济治理中谋得一定主动权。

数据和算法提高经济活动精准性

数据的采集与挖掘，算法的开发与利用，是十分重要的创新，在促进生产效率提高、改变人类生活方式方面产生了革命性影响，并推动数字经济不断蓬勃发展。数据和算法，极大地提高了经济活动的精准性，相当于给经济活动戴上了一副眼镜，而且随着算力的不断提升、算法的不断改进，眼镜的清晰度会越来越高。而数据，则相当于制造镜片所必需的原料——硅砂。在没有眼镜之前，硅砂到处都有，但没有什么用处。数据也是这样，在没有算法之前，个人、机构的状态与过程，以及人们的思维、想法、念头，不过是天然存在、自生自灭的一种副产品，与汗水挥发没有多大区别，算法时代才使得这些副产品被采集为大数据，并进行分析和利用。因此，大数据以及算法，对于人类而言是前所未有的新生事物，如何利用并规制，以及如何评估与分配价值，只能在实践中进行摸索。而建立这方面的规则，并不是要消灭大数据和算法技术，也不是要抑制这方面的技术进步与各种创新，而是要使这些技术与创新更好地服务于人类社会。建立数据法院，有助于把握这种平衡，并使这种平衡在法治轨道上向前推进。

数字经济领域的反垄断与反不正当竞争

与工业经济相比,数字经济的一些重要领域,譬如互联网平台领域,基于数据和算法的智能化领域,不但出现了许多非常"新颖""奇异"的竞争和反竞争行为,出现了市场结构的快速颠覆性变动,而且对一些传统行业产生了重大冲击或其他影响。数字经济领域的资本进入也非常积极,技术和商业模式创新比较活跃,又进一步导致市场行为的复杂化。在此针对数字经济领域具有突出特点的涉及垄断、不正当竞争的一些重大问题,进行分析研判,力求为科学合理执法提供思路。

企业行为、关键企业、市场结构

数字经济是新兴领域,几乎所有相关行业都处于快速膨胀之中,而且不断有细分行业诞生和兴起,加之技术变革时常导致产品和服务被迭代,所以企业的营业规模和市场占有率难以自然维持高度稳定状态,除非优势企业采取有力有效的排斥竞争的行为,或者不断实现自我迭代。

一些行业即使当前市场集中度非常高,政府将龙头企业视为反垄断、反不正当竞争的主要目标,也不意味着政府执意改变这种市场结构。从全球重要国家过去十几年的执法经验来看，关注数字经济重要企业的市场行为，特别是密切关注少数关键企业的行为方式及其不良影响，而非市场结构，是一种主要趋势。美国国会在 2020 年公布的《数字市场竞争状况调查报告》，就反映了这种趋势。该报告集中反映了政府和社会对数字经济巨头企业的市场行为的关注，包括赢家通吃、拒绝交易、强制销售、自我优待、滥用数据、引导舆论等行为。事实上，即使在传统工业领域，历史经验也已经证明，主要关注市场结构的思维不得要领，大多数针对市场结构的强制拆分、禁止合并等措施，并没有产生预期的效果；相反，是创新和迭代，极大地改变了市场格局和消费者、厂商的利益结构。

从理论层面来看，到底是关注市场结构更有必要，还是关注巨头企业的市场行为更有必要，则稍微复杂一点。一方面，所谓的新布兰代斯学派虽然重新强调市场结构的重要性，但其实际关注焦点是，过高的市场集中度，以及维持高集中度的巨头企业的行为，对民主和自由的社会基础产生了怎样的不良影响，而非市场集中度本身。这个学派的重要人物非常注重对巨头企业行为的分析。另一方面，产业组织研究不但早已建立于博弈论和信息经济学的基础之上，而且越来越多地吸收行为经济学、企业成长理论、创新增长理论的成果，从而对企业行为的分析越来越令人信服。尤其在面对数字经济时，市场结构分析方法遇到极大挑战。

定价与补贴

首先应该受到关注的企业行为，就是定价，以及与之密切相关的补贴。一方面，数字经济许多行业远未成熟，产品和服务价格，以及背后的成本，处于快速变动之中，甚至有些产品和服务从一开始就是以免费方式推向市场的。这就使得传统的成本—价格衡量方法遇到极大困难。另一方面，这些新兴行业的定价策略和补贴手法呈现各种花样，且借助网络延伸和算法便利进行复杂设计。此外，风险资本大量进入这些行业，助长了受资企业为抢夺市场份额而竞争，以及为抢夺流量而竞争的行为，这类竞争常常采取资本补贴的残酷方法进行，这就是"烧钱"竞争。

从已有的产业组织理论来看，许多这类竞争属于浪费性竞争。数字经济使此类竞争复杂化。首先，就是通过免费方式培养客户对互联网的认知和习惯。大量客户从习惯于物理空间到习惯于虚拟空间，存在巨大的转换成本，这个成本需要寻求别样的分担方式，包括通过别样的定价和补贴来分摊成本。其次，互联网平台的显著双边性，再加上其巨大的范围经济性、场景黏性，以及边际成本趋零，都有可能给传统的产业组织分析和判定方法带来严重尴尬。双边性尽管在传统行业也大量存在，但互联网的搜寻和匹配能力远非从前的平台可以比肩，使得数字经济平台极大地实现了跨地域、跨行业、跨人际经营。因此，数字经济平台的确可以实行更便捷的双边交叉补贴，从而推出双边组合定价。再次，互联网及相关数字技术成为新通用技术，大数据成为新通用资产，使得数字经济领域的一些先占者、优胜者，特别是平台领域的巨头企业，可以获取巨大的范围经济性和延伸优势，有助于它们使用更加复杂的交叉补贴式定价方法。最后，上述种种情形，都会强化数字经济领域的"冠军通吃""剩者为王"预期，会刺激企业和风险投资者以激进与激烈方式进行价格及补贴竞争，以及其他方面的竞争。总之，监管机构仅仅根据单边价格或补贴来判断是否属于不正当竞争或垄断，的确存在困难。

因此，要判断数字经济领域的低价竞争和补贴是否属于严重的不正当、不公平竞争，是否助长了垄断，并不是一件容易的事情。从技术分析的角度来看，应该设立更加综合性的分析框架，即对企业业务组合和商业模式进行综合分析与评估，以及对企业实体业务行为与资本市场行为进行综合分析与评估。如果企业在各种组合性业务之间实行交叉补贴，就应该分析某些客户是否被隐形推销、强制性甚至欺诈性兜售困扰，是否受到严重的系统性价格歧视侵害，或者客户的数据权益是否被企业不当利用、隐形变现。如果企业在实体业务和资本市场之间实行交叉补贴，就应该分析企业家、投资家是否对资本市场实行了误导和欺诈。

总的来看，这些情况都意味着，反垄断部门可能应该更多地与消费者权益保护部门、数据安全保护部门、资本市场监管部门等机构联合调查或联合执法。复合视角得出的结论，与单一视角结论截然不同，但对于数字经济领域而言，可能更趋近于正确判断。

当然，定价行为还涉及所谓的价格歧视行为，包括大数据杀熟。其实，对不同类型的客户，以及对同一客户群体在不同时段、不同场景、不同条款下，实行不同的定价策略，在传统行业也非常多见。数字经济领域的此类现象之所以更加值得关注，主要是因为数字企业可以系统性地利用数据和算法，更加方便、更加隐形、更加大规模地实行差别化定价。的确，能够更加娴熟地实行价格歧视或者差别化定价，往往意味着可以进行更多的复杂化交叉补贴，从而更能巧妙地获得竞争优势。这类行为必将成为反垄断、反不正当竞争的难点。很可能，需要从算法、数据利用等角度来审视企业是否存在系统性的不良和不法行为。

自我优待与拒绝交易

数字经济领域的企业，主要是互联网平台企业，常常兼有平台性和自营性两类业务，因而自我优待行为就成为比较突出的议题。

平台的自我优待有很多方式，譬如把自营商品放在更显眼的位置，安排更优先的配送，在索引、算法、排名方法、排序方式上进行不利于其他经营者的处理等。自我优待在传统市场中也存在。但在数字经济领域，由于搜索和匹配可以在广泛的范围进行，而且数据和算法可以显著放大搜索和匹配的分际，这无疑可以提升自我优待的效果。

不过，自我优待是否可以判定为不正当竞争，或者强化垄断，需要谨慎对待。严格地讲，自我优待对其他厂商是不公平的。但是，如果平台企业所利用的平台优势地位，是平台企业自己在竞争环境中锻造出来的，而不是政府给予的，就不一样了。企业自己在竞争环境中形成了优势地位，然后利用这种优势地位来营销自己的产品，这比较正常。问题的关键在于，企业是否将新产品进行强制性、误导性销售，或者将新产品与已经广受欢迎、具有刚性需求的老产品进行捆绑销售。如果不存在这样的情况，很难说存在不正当竞争或垄断。

当然，如果某个平台占绝对优势地位，厂商对其有很高的依赖程度，成为所谓的"必需设施"，而它实行大规模的自我优待行为，的确会对开放性、公平性竞争造成伤害。但是，定位为"必需设施"，至今仍然缺乏令人信服的具体标准。如果其自我优待并没有实质性妨碍众多厂商的选择，并没有胁迫和误导客户的购买行为，应该属于可控的自我优待行为。当然，如果存在误导行为，特别是存在胁迫、欺诈等行为，性质就不一样了。这也说明，对企业行为的分析和定性，远比对市场结构的分析和研判来得复杂。

电商平台收集其他卖家数据来帮助自营商品的营销，也属于自我优待行为。但这样的行为，涉及其他卖家的数据权属和使用规则问题，需要从数据法的角度，而不是从自我优待的角度，来进行规制。对于技术性的排他和歧视行为，例如，搜索平台利用索引、算法、排名方法、排序方式而实施的排他和歧视行为，也应该给予关注并进行深入分析。总之，数字经济领域的自我优待行为，以及其他许多行为，与数据的采集、使用、流转密切相关，与数据作为资产所需要的要件、数据资产的界定方法、对数据资产进行经营的前置条件密切相关，也与算法以及其他技术方法的使用范围和使用方式密切相关，这些都必将是数字经济反垄断、反不正当竞争面临的重大技术性难题。

互联网平台的拒绝交易行为也广受诟病。从市场经济的自由选择权角度而言，一般情况下，市场主体有拒绝交易的权利。拒绝交易其实在传统行业也存在。

问题在于：一方面，人们和厂商对数字化手段的依赖程度越来越高，数字经济巨头拒绝交易会对许多人的生产和生活带来重大不利影响；另一方面，数字经济领域的拒绝交易行为的自动性、隐蔽性非常强，人们和厂商很可能在不知不觉的情况下被拒绝交易，甚至被拒后仍不知情。而且，算法和软件的强大功能，可能使大量的人和厂商被拒绝交易，从而激起社会公愤。

数字经济领域拒绝交易的主要形式包括封禁、断链、限流、降低便利性等。平台对入驻的商家，也可能会设置一些限制性条件，譬如限制它们入驻其他平台，一旦商家触犯这些条件，平台就会对它们采取惩罚性措施，最严厉的措施就是逐出，从而出现所谓的"二选一"现象。执法机构应该细致区分不同类型、不同情形下拒绝交易的属性，并实行区别对待。首先，应该认识到，一般性的拒绝交易是一种正常权利、正当选择。其次，政府即使要对一些拒绝交易行为进行规制，也应该审视具体的拒绝交易行为到底适用哪部法律、应该由哪个机构来实施，例如，对拒绝兼容和链接的行为，到底是应该诉诸电信设施、通信网络方面的互联互通法律法规，还是应该诉诸反垄断、反不正当竞争方面的法律法规。

数字经济领域的拒绝交易，由于大部分都基于信息网络，就涉及互联互通及最低限度兼容问题。政府有必要采取规制措施，促进网络效应的最大化，以提高正的外部性。但也应该考虑到，数字经济领域一些企业的特有竞争力，主要是来自其自己构建的独特而强大的生态，而非物理网络。因此，规制机构不能简单套用电信领域的网络经济学准则来行事。一个比较稳妥的原则，可能仍然是欧盟的"必需设施"思维。欧盟对一般性拒绝交易行为是接受的，只有在企业滥用"必需设施"实行拒绝交易行为时，才会进行规制。尽管对"必需设施"的定义至今仍然缺乏清晰标准，但这样的思维毕竟可以避免规制的泛滥化。

最重要的是，应该关注数字经济领域自我优待和拒绝交易等行为的自动性、隐秘性带来的危害。这是一种数字化的系统性危害。在数据收集与处理、算法、软件的强大功能驱动下，数字经济领域的自我优待、拒绝交易等行为，很容易得到大规模、高频率、隐形化实施。应该对数据滥用、操控算法、不当利用人工智能的诸多行为进行严厉规制。这也是对数字经济巨头企业进行规制的全球趋势。

杀手型并购与投资控股

杀手型并购在传统行业也存在。但由于数字经济领域创新型小企业不断涌现，颠覆性技术和商业模式层出不穷，在位大企业就更有动机实施杀手型并购。不过在现实世界中，数字经济领域的并购不全是上述典型的杀手型。也有一些企业被并购后，大企业为它们注入了许多有用的资源，并帮助它们改进了经营管理，从而发展壮大，并使大企业的竞争优势进一步强化，而未被并购的其他小企业则被严重碾轧，这被一些学者认为是另一种形式的杀手型并购。不过客观地讲，如果这也被归为杀手型并购，显然是把此概念扩大化了。

我国公布的《关于平台经济领域的反垄断指南》提到，反垄断执法机构应高度关注参与集中的一方经营者为初创企业或者新兴平台等并购行为，对未达到申报标准但具有或者可能具有排除、限制竞争效果的，可以主动进行调查和处理。这种主动态度有助于防止杀手型并购。不过，大企业并购同行业或关联行业的小企业，或者投资乃至控股这类初创小企业，是否属于大企业阻断潜在竞争的行为，是否会导致大企业走向垄断，非常难以判断。即使被并购的小企业后来破产歇业了，或者完全失去独立性而成为大企业的一个部门，这只能从事后结果来说这项并购是杀手型。如果说大企业在并购前就旨在将这些小企业"杀死"，就属于"诛心"理论，因为有一些被并购的小企业是自己"不争气"而走向消亡，这实际上意味着大企业并购小企业本身就是一种风险投资行为。反垄断和执法不能建立在"诛心"理论的基础上。

在现实中，众多初创小企业尽管掌握了一些独特的创新性技术、产品或商业模式，但是普遍而言，它们的产业化能力远不及大企业，管理水平和营销能力更是致命短板，被在位大企业并购是不错的选择。大企业即使收购了这些创新型小企业，也承担着不能将这些创新成果进行转化的风险，甚至还会因此而造成重大损失。因此，大企业进行这样的并购，与自己从事研发活动并无本质区别。

在数字经济领域，许多在位大企业也是积极的风险投资者，主动投资于许多初创企业，从而形成结构十分复杂的企业集团或者系族企业。因此，数字巨头企业的广泛投资行为，也可能被认为是对公平竞争环境的侵害。大企业或者其实际控制人，向外部企业投资甚至控股的行为，本身不是坏事而是好事。但是，持股或者控股大量的企业，不但涉及公司治理的透明度、合规性问题，也涉及跨行业监管、风险防范问题，因此，政府应该加强对数字巨头企业的关联企业的穿透性审视，特别应该对隐形协议进行监管，查处越界的自我优待和排他性行为。这可能是比反垄断审查、反不正当竞争执法更加严峻，也更加复杂的一个议题。

反垄断、反不正当竞争应建立复合视角

在数字经济领域，企业行为才是需要关注的焦点，而恰恰是巨头

企业的复杂竞争行为，使得判定垄断和不正当竞争变得更加困难。总之，仅凭单项行为，难以对行为定性。而将数项行为、多维指标进行合并考虑，建立复合视角，应该是数字经济领域反垄断、反不正当竞争执法的必然选择。从这个趋势来看，反垄断、反不正当竞争机构，将会越来越多地与其他机构，譬如消费者权益保护、隐私权保护、数据安全保护等机构，进行调查、研讨、执法合作。此外，强化对巨头企业在采集、使用、流转数据方面的行为，以及在利用算法和人工智能方面的行为进行监督和规制，应该成为一项特别重要的工作。

下 篇
稳增长的善治理与大智慧

第七章

治理驱动"善循环"

从治理的视角来看，经济发展是良治的产物，稳增长势必更呼唤良治善治。世界银行等机构的研究显示，发展失败的国家，也是治理失败的国家。

但是，绝不能把治理望文生义地理解为统治加管理。恰恰相反，治理是更多的人获得权利、实现参与，他们的活力和创造力从而得到激发，强势群体的权力和利益则得到应有制衡。这是一个善的大循环。在这个"善循环"中，经济得到发展，社会实现进步。

"治理"这个词语虽然是舶来品，但其包含的精神内核，是不同民族的共同追求。所以，治理外形的多样性，并不能掩盖治理内核的同一性。如果过于强调一体化管控，就极有可能抑制发展活力，并导致官僚主义、形式主义的流行。譬如到处可见的形式主义，其实在过去几十年里，特别是在过去几年里，都受到了挞伐，但似乎收效不大，原因就潜藏于管控体系之中。

治理的本质：行权和共治

中国经济的稳健增长和高质量发展，离不开治理体系和治理能力的现代化。治理，这个三四十年前才兴起的专业词语，现在成了流行词，从公司治理、网络治理、污染治理，到社会治理、基层治理、国家治理，几乎渗入各个领域。但是，到底什么是治理，它与管理、管控、监管等到底有什么不同，恐怕没有多少人说得清楚。更重要的是，治理的实质是什么，似乎没有多少人愿意深究。而在这些方面不"较真"，治理就有可能沦为一张包装纸。

治理不等于统治加管理

最早在学术领域有意识地、专业性地使用"治理"这个词语，很可能是诺贝尔经济学奖获得者奥利弗·威廉姆森，他在 1975 年出版的著作中，把市场机制和层级体制，都视为一种治理结构，并从激励、控制、调适等角度对治理进行了论述。后来，他又发表专著，对治理的概念、机制、适用性进行了系统性阐述。从威廉姆森的分析来看，他所谓的治理，显然不同于管理、调理、统治、控制、维护等概念，也不是这些概念的综合。此后，"治理"这个词语被更多学者使用。将治理这个概念和理念，从学术界带入政策界和舆论界及公众视野的机构，是世界银行。1989年，世界银行发布了《撒哈拉以南非洲：从危机到可持续增长》的研究报告，认为那个地区贫困难脱、增长乏力主要源于治理危机，譬如，国家缺乏基本透明度和法律规范，官员滥用权力及严重腐败，政府堵塞了民众和社团的参与渠道。1992年，世界银行发布了《治理与发展》的研究报告，提出了良好治理的分析框架，包括透明度、权力制衡、法治、公民权利的表达等。这些研究报告及主要内容产生了巨大影响，从而使"治理"这个词语及其基本内涵，在全球范围内被广泛接受，譬如，联合国全球治理委员会就认为，治理是不同利益方得以参与、协调并形成共同行为的过程，治理的改善主要应该从制衡、参与、透明度、信息真实性等维度推进。

治理的理念在企业发展领域似乎有着更加深远的影响，从而兴起了公司治理这样一门新兴的学科和社会运动。事实上，在20世纪七八十年代，就有越来越多的学者对大企业管理层滥用权力，违背和侵犯股东利益的问题倾注了关切，譬如，经济学家尤金·法玛在其1980年的著名论文中，从代理和控制权角度论述了治理问题，强调了董事会作为一个投票决策机构发挥作用的重要性。而管理学家约翰·庞德干脆从公司政治机制的角度来分析公司治理，认为公司治理围绕权力分配而展开，他把权力集中于管理层的公司称为管理型公司，把权力得到合理分配、多元化利益得到合法维护的公司称为治理型公司，股东、董事会表现责任感从而参与决策和监督，并与管理层进行必要合作。推动公司治理运动的一些文献，如《卡德伯利报告》《格林伯里报告》《汉普尔报告》，则把关注点放在如下主要议题上：董事会必须发挥作用，引入外部或独立董事，防止管理层滥用职权和内部人控制，鼓励小股东采取积极主义行动，对上市公司实行强制的透明度要求和信息真实性要求，强化财务纪律和财务责任，将管理层薪酬与长期业绩挂钩。显而易见，即使在公司治理这样的"微观"领域，治理的概念与理念，也与管理、管控截然不同。

总的来看，治理概念的引入和风靡，绝对不是学者和国际机构刻意标新立异、博取眼球，而是表达一种对权力、利益和责任模式的新思考和新强音。治理绝对不等于统治加管理。治理正视利益和诉求的多元化、分散化，将统治加管理时代的弱势利益者纳入架构，倾向于以增加参与开放性和运作透明度、增进分权制衡和问责约束、建立激励相容和委托代理规则，来提高体系的效率性、公正性、稳健性。简而言之，如果将统治加管理视为独治，将治理视为共治，大致是正确的，尽管并不完整。当然，共治在技术上比独治更加复杂、更加麻烦。

治理的历史痕迹和文化精神

尽管"治理"是一个现代词语，但它有明显的历史痕迹；"治理"又是一个从西方舶来的词语，它含有其文化精神。

先来看公司治理。可以说，所有国家所倡导的良好公司治理，都强调股东应该奉行多关心公司事务、多参与表达并投票的积极主义，都强调董事会这样一个集体决策和监督机构要发挥应有作用，以制衡对公司事务进行日常管理的高层管理人员的巨大权力。请注意，不要错误理解董事会的集体决策，这里的集体决策不是指集体讨论、集体协商，而是指基础性的票决制度，即最终可以实行各人独立投票，以票数多少决定事务。而董事会成员的构成，尽管在股份很分散的时代比较依赖独立董事、外部董事，但基本原则是基于股东财产，由股东大会投票选出。

股东会、董事会这样的机制和机构，及其结构和功能，显然带有古希腊、古罗马甚至古日耳曼的历史文化痕迹。例如，古希腊的雅典，在德拉古时代，就确定了公民权取得的条件，只有能够自备武装的人方可以成为公民，所有公民都有权参加公民大会，公民大会行使选举权，选出由 400 人组成的议事会及两位执政官；议事会对议案进行预审，公民大会对议案发表意见和投票；此外，雅典还设有元老院，其职责是保证法律不受破坏。而梭伦时代则明确了以财产多少来区分公民等级，只有四个等级中的最上等级才有被选举权，当然后来的伯里克利又规定官职向所有登记的公民开放，不再有财产限制。可以看出，现代公司的股东大会有雅典公民大会的影子，董事会有议事会的影子，高管人员有执政官的影子。有意思的是，梭伦时代以公民财产多寡分等级，也有点类似于现代公司中只有大股东才有当董事、高管的机会。而且，议事会成员承担义务职责，不领薪，只有一些津贴，这与董事的职责与津贴制度也有些相像。又如古罗马也设有元老院，可选出两名执政官；还设有平民会议，可选出保民官。被认为是蛮族的古日耳曼部落，也有民众大会、贵族会议。日耳曼法有着较强的团体主义和属人主义特点，很难说现代德国公司的监督委员会没有这个历史渊源。

　　国家治理的历史痕迹则更加显而易见，因为公民大会、议事会、执政官，以及元老院、平民会议、保民官，正是出现在古代的国家权力结构和政府体制中。这很容易理解，因为国家、政府的出现比公司早得多。其实，古罗马有不少 universitas，即现在所讲的团体，包括宗教团体、民间团体等，古罗马法律逐渐承认这些团体有相对独立的人格和权利、义务，并有了法人的概念，而且认为政府也具有法人资格。可以认为，从古罗马的源流来看，法人治理、公司治理、国家治理的渊源其实是相同的。

　　当然，即使在西方世界，不同国家关于治理的实践，也有一些自身特色。譬如，在公司治理方面，欧洲大陆北部国家实行双层委员会制度，德国就是一个典型。德国上市公司的第一层委员会是监督委员会，由股东、管理者、普通职工代表以及银行等外部机构的代表组成；第二层委员会为管理委员会，由总裁、副总裁等组成。欧洲大陆南部国家和英美则实行单层委员会，即董事会制度，相对简单一些。在美国，公司董事长通常兼任 CEO（首席执行官）；而在英国和其他欧洲国家，董事长与 CEO 通常分开。在国家治理方面，各国的不同点更是为人所熟知。

尽管各国存在自身特色，但治理的文化精神是基本一致的。这种文化精神，就是拥有权益的普通大众积极参与，在很多情况下，他们可被视为委托人；被选举出来的委员会履行代理人职责，以票决为基础进行重大决策和实施监督；执行官获得日常管理的授权，但受到监督机制和问责机制的约束，同时也应该有较好的激励相容机制。这种文化精神，也包含个人独立地位、独立人格、独立判断，以及自主决定、自主投票、自主担责的价值认同。正是这样的理性主义和个体主义基础才使董事会等构架发挥作用，否则就会南橘北枳。当然，这种文化精神也打上了时代潮流的明显烙印，就是权益长期受到忽视和侵害的弱势利益群体，应该获得更多的渠道、更健全的机制来表达和行权，而长期滥用权力并容易腐化的高层管理人员，则应该被更多地制衡和约束。

治理和管理的分际与交叠

治理是一个新兴概念，而管理是一个长久的传统概念，难道管理应该被治理全面取代吗？

不是这样的。最简单的回答就是，该治理的地方一定要加强治理，该管理的地方一定要加强管理。

法学家马克·洛在分析公司治理时就着重强调：治理是指处于公司顶部——董事会、高管、股东——的那些关系；治理机制是指顶部的权力如何分配，主要是指权力在这三元之间的分配。这里的关键语句是，顶部的权力分配。为什么公司治理讲的是顶层，而不是中层和基层的权力分配？道理很简单，公司的基层和中层都有上级，如果这些层级的管理人员滥用权力和腐败，导致弱势利益人权益受到侵害，或者导致决策偏离合法合理轨道，人们可以诉诸上级。而顶层出现这些问题，只能诉诸上天，当然是叫天天不应，所以顶层需要治理。从理论的角度来深究，公司中层和基层的管理人员与本层级员工之间的关系，并不是代理人与委托人之间的关系，相反，是管理人与被管理人之间的关系。因此一般而言，公司中层和基层的要害并不是建立治理，譬如，不是要建立车间工人选举车间主任的制度，而是要健全管理乃至强化控制，要利用管理控制方面的方法和工具使生产计划有条不紊地实施。但在公司顶层，如果没有治理的存在，处于科层体系中的 CEO 就是万人之上、无人之下，他的管控就可能是灾难性的。当然，随着时代的发展，公司的基层治理也在逐渐展开，这可以提高普通员工的参与感、主人感、归属感，从而有助于提高公司活力和竞争力，但无论如何，不能以基层治理来冲淡、取代治理的核心——顶层治理。国家构建也是同样道理。

显然，科层体系内部的管理，与科层体系顶部的治理，是并存的。公司领域是这样，其他领域也是这样。回溯到古希腊、古罗马时代，委员会选出并制衡执政官，这是治理；但执政官对行政机关及人员，对军团及将士，则发号施令，这是管理。到了现代，任何国家，都要对政府工作人员及其承担的事务进行管理，那么治理又在何处？当然也主要在顶部。

不过，国家的多层级毕竟不能简单地与公司的多层级类比，国家管理和治理，当然比公司管理和治理更加复杂。在公司的多层体系中，科层结构存在于一个独立的法人内部，而母子公司结构则以股权比重为基础进行权力配置。国家的管理及治理，可以参照，但无法照搬公司的管理和治理。我国有中央、省、地级市、县、乡（镇）这五个层级，如果把村也算在内，则有六个层级，在全世界应该是绝无仅有的。如果仅从层级数量来讲，我国许多大公司的法人级次都超过六个层级，似乎公司管理和治理也要应对更复杂的层级情况。不过，国家的人口数量比公司的员工数量要多得多，国家也不像公司那样是一个资本联合、员工受雇的组织。对于国家而言，中层甚至基层仍然存在构建自我治理结构的极大必要性，而公司并不必然如此。将人民视为委托人，政府视为代理人，是认识这种必要性的关键。美国学者罗德里克·凯威特和马修·麦卡宾斯，就直接将民众与政府之间的关系定义为委托代理关系。地方的人民不但是国家的委托人，更应是本地政府的委托人，而委托人也含有主人的意思，应该当家做主，包括选择和监督本地的代理人，即主要执政官。而美国学者华莱士·奥兹更是从地方公共物品与地方财政的角度，强调了当地人民发挥当地政府委托人作用的重要性。这些理论，给国家管理和治理提供了更丰富的视角。当然也应再次强调，不论任何组织，中层和基层治理的任何必要性，都无法冲淡和取代治理的核心——顶层治理结构的必要性。

治理外形的多样性和治理内核的同一性

我们已经看到，即使在西方国家，治理的国别特色也难以避免。当治理以一种全球性浪潮向世界各国蔓延时，那些与治理有着较少历史文化联系的国家，以及有着较少实践积累的国家，是否可以以自己的形态，来构建自己所理解的治理结构呢？

至少在公司治理领域，这是一个有争议的话题。例如，法学家马克·洛就强调，公司治理必然会打上国家政治模式和政治文化的烙印，例如，德国社会民主主义的政治理念和文化，在德国企业的多方参与、共同决策的公司治理中得到了映射。法学家卢西安·拜克切克和马克·洛的共同研究认为，公司治理很难摆脱路径依赖，在相当长的时间里，国家和民族的历史痕迹会留存于公司治理的某些形式中，而治理的全球性浪潮，会引起规则的改变和租金的重新分配，导致公司政治问题，而公司政治会使公司治理复杂化。同为法学家的亨利·汉斯曼则争辩道，尽管各国的历史文化会残留于其公司法和公司治理中，各国公司治理形式上的存异并没有阻碍实质上的趋同——各国都会更加趋向于股东导向的公司治理，他甚至认为，这将是公司法律领域"历史的终结"。还有不少学者，喜欢将公司治理分为几种不同模式，例如，盎格鲁-撒克逊模式、莱茵模式、东亚模式等，并指出各种模式的不同及需要各自应对的独特问题，但也有比较一致的关于公司治理内核的看法，即以股东积极参与和董事会职责到位等主要方式，保护股东尤其是弱势小股东的合法权益，促进公司长期良性发展。从大多数研究和世界性事实来看，可以认为，公司治理即使形式性趋同没有那么明显，但实质性趋同现象的确存在，也就是，不管实行双层委员会还是单层委员会，不管叫 CEO 还是总裁，不管是设立审计委员会还是监事会，都在朝着更多呼应股东诉求和鼓励股东参与，更有效制衡管理层或实际控制人，更进一步提升透明度和合规性的方向前进，特别是，更加注重保护那些最容易受到侵害的弱势利益人（例如，小股东）以及一些利益相关者的合法权益。

　　在公司之外的领域，治理形态的多样性更是显而易见。不过，正如经济学家阿维纳什·迪克西特在他关于治理机制的论文中所强调的那样，无论如何，都不能把"治理"和"政府"视为同义词，从普遍趋势来看，无疑应该从产权保护、合同实施、集体行动等方面来定义经济治理，而这些都涉及法治基础，以及合理分权的体系和对政府权力的制衡。政治学家巴里·温加斯特更是把政府的宪法和法治基础，作为良好治理的内核来看待，而且他认为，政治领域的逻辑与经济领域的逻辑在许多重要方面是相似的，都要以一种具有自我实施性的治理结构来处理出现的问题，同时又要保持政治和经济权利的持久性，这些权利帮助约束国家的机会主义行为,从而指出,不但横向分权是重要的,而且纵向分权也是重要的。与他们一样,许多学者和实践者,在论述治理的时候,对权利保护、法治实施、透明度提升,都有基本一致的认同,而很少呈现国别上的异议。这其实很容易理解,在人类文明进程中,可以说,几乎所有区域,都曾有过类似的呼吁,或曾有过类似的历史,作为全球浪潮的治理理念及其内核,自然而然地可以得到普遍共鸣。

当然,接受和拥抱治理的内核,并不意味着应该忽视治理的缺陷和无力的一面。构建治理结构,并不一定马上形成治理机制,更不一定自然获得治理能力。有结构,无机制,无能力,就不会有良好结果。进一步而言,治理所包含的共治、制衡、参与,有不易克服的冗繁、争执、掣肘、迟缓,以及搭便车、回避义务、推卸责任等问题。一些学者还认为,更多人的参与,可能会导致更严重的短视。在现实中,构建治理结构未必可以迅速、神奇地使所有发展问题迎刃而解。治理溃败的事例,在世界上并不鲜见,或者说,严格意义上的良好治理比较少见。如果我们看到历史上一些时期和当今一些地区,统治加管理比治理更好,那并不稀奇,就像也有非开放性家族企业比一些规范运行的上市公司更有竞争力一样,但家族企业一旦改组上市,就必须走向治理。其实,孟德斯鸠这样的哲人早就有了类似的洞见,他说分权肯定不如集权那样具有更果断的决策和更迅捷的反应,不过他又强调,在一些情形下,安全比速度更重要。也许,对治理的欢迎和疑虑,将永远同时存在下去。

治理的本质

治理不但不等于统治加管理,反而与之截然不同。治理的本质,是行权和共治,远离控制权的人积极行使权利,各类代理人分权共治。

它的技术方式，包括开辟参与通道、强化制衡措施、提高运作透明度和信息真实性、诉诸法治和问责、增强激励相容机制等。不管带来的结果是好还是不好，它是更多人的参与和表达，而不是接受照料和恩赐。

治理的秩序：依赖而不限于法治

在主体多元化、利益差异化、表达和诉求多样化日益得到正视的时代，特别是在传统弱势者的权益得到不断伸张的情形下，治理似乎正在成为一件必需品。但是，在一定程度上，治理又是一件奢侈品，实现良好治理，从技术和机制的角度来看，比实现强势统治和管理更加困难。共治、制衡、参与、分享、兼顾、透明，往往意味着冗长和低效，而且不时滑向纷争和对抗。尽管从本质上来讲，治理应该比统治和管理可以获取更大的共识与合力、更多的智慧与效率，并且"治理"这个词语可能隐含某种程度上共同建立秩序的意思，但良好治理不易建立，而糟糕治理带来的秩序崩溃、能力丧失、效果背离预期的情形并不鲜见。因此，我们必须关注治理的失序、失能、失效等议题。

治理为何丧失秩序

熟悉公司治理的人，大概知道美国苹果公司董事会驱逐又请回乔布斯的故事。那段时间，苹果公司的治理秩序陷入动荡，公司业绩和公司前景也一度阴晴不定。事实上，美国上市公司每年都有一些类似事例。我国的公司治理秩序动荡事例也不少，近年比较受关注的就有万科公司新进入大股东与董事会对峙事例，以及康佳公司二股东与大股东争夺控制权和战略决定权的事例。在现实中，有的公司大股东或管理层换来换去、动荡不已，不但人心惶惶，而且影响业务的正常开展；即使是家庭或家族成员合股的公司，这个股东抢夺公章，那个股东霸占账册，其他股东私签合同的事情也屡有发生。此外，我国上市公司中有一些无大股东、无实际控股人的企业，看起来"治理结构"健全，治理程序依法，但时常陷入争斗与分裂旋涡。而国家治理，有很多"治理结构"看起来像模像样的国家，类似戏码更吸引眼球。虽然在实行强势统治与管理的地方，更恶劣的事情时常发生，但人们通常以为，"旧"统治与管理的"坏"是一直存在的，而"新"治理"不好"则是难以接受的。

任何团体与机构，都需要维持基本秩序，哪怕是由强力压制一些人的权利和自由而建立起来的秩序。否则，会陷入严重的集体福祉损失和发展机会丧失的境地。美国保守主义思想家拉塞尔·柯克就说过一句非常经典的话：秩序是人类第一需要。他指出，秩序意味着系统性、全局性、稳定性的和平；如果不理解何为秩序，那就请看其反面——冲突、暴力，以及正常工作被停止、正常生活遭破坏等。美国政治理论家弗朗西斯·福山指出，人类既是群居的动物，又是相互争抢的动物，所以秩序和失序与人类的各种组织纠缠不休；人们总是在探讨如何到达"丹麦"，即能够达到和平、稳定、有秩序，同时又能保持自由、民主和繁荣。实证性研究更有说服力，例如，世界银行曾经专门对秩序与发展问题进行过国别研究，精辟地指出，人与人之间虽然存在一些共同的价值观念和行为准则，例如，应该讲求利益方面的公平、权利方面的正义，以及基本的公开性和透明度等，但这些观念和准则往往难以自我实施，因此并不能自然而然地导致和平稳定的秩序；在治理最薄弱的地方，最容易产生不稳定，以及重复性暴力。公司治理专家虽然不像政治理论家那样精于研究政治体的秩序和失序，但常被引用的迈克尔·詹森和威廉·梅克林的经典文章所讲的委托人—代理人关系，本质上其实就是分析公司中的内在冲突问题。菲利普·科克伦和史蒂文·瓦提克在界定公司治理含义时就认为，公司治理的核心，无非是如何妥善解决公司中不同利益方的冲突问题，主要是股东、董事、管理者之间的冲突问题，以利于公司保持基本秩序，并在寻求共同利益的基础上获得良好发展。为什么要关注他们之间的冲突，寻求他们之间的和谐呢？正如罗伯特·霍尔和罗伯特·墨菲的研究所表明的那样，如果缺乏恰当的机制，一般而言，掌握权力和资源的管理者，对于增进自己的利益，比增进股东的利益更有兴趣。因此很容易理解，只要存在利益不一致，就有可能出现失序；尤其是在权力和资源不均等的地方，同时权利和利益又得不到正视与伸张，就更有可能出现失序。治理，恰好就是要解决这些问题。

正如亚里士多德所言，人类天生需要参与，而不仅仅是接受分配和给予。事实上，治理的历史痕迹，至少可以一直追溯到古希腊时代。当然，中国的悠久历史中，应该也有类似的痕迹，只不过被后来的选择性历史记录掩盖了。而仅就公司领域而言，当今，随着股份制的普及和资本参与度的空前提高，当公司由大量股东出资构成时，当众多小股东根本不可能染指公司的管理权力时，怎么还能维持统治与管理那样的模式呢？走向治理，是必然趋势。

达成治理秩序的核心与基础

毫无疑问，统治与管理也会失序，甚至比治理失序更加剧烈，更加具有破坏力。不过，其维持秩序的时间也可能会更长一些，或者其维持秩序的手段和技术更简单粗暴一些，而不是像治理那样，似乎每天、每月、每年都在争执、掣肘、诉讼。在治理环境中，尤其当分歧、争执与种族、宗教等问题纠缠在一起的时候，秩序会遇到更大的挑战。但当不得不正视和认可主体多元化、利益不一致、诉求不相同这种现实时，当不得不处于一个共治与制衡的体系中时，要达成治理秩序，而不是追求统治和管理秩序，究竟要有什么样的核心机制呢？是以广开言路、兼听诉求、反复商讨、尽力协调来化解争执和掣肘吗？来求得一致与和谐吗？这些当然很重要。不过，达成治理秩序的核心，不是商谈机制，而是投票机制。

事实上，在实现良好的统治与管理秩序时，商谈机制更加重要。让更多的人表达意见，与更多的人进行商讨，不但可以集中智慧，避免偏颇，而且也是一种协调方式，能起到润滑和妥协作用。管理学当中，除了强调组织、指挥等基于强制性权力的功能之外，也很强调软性的协调功能。管理学现在也越来越注重领导力的建立，其实领导力在很大程度上就是领导艺术问题，包括如何把不一致转化为一致、把反对方转化为支持方。在统治体系中，礼贤下士、听取诤言、征询民意，甚至一定程度的主动分权，都是很好的艺术。上述这些东西，打一个比方，就好比统治与管理者手中的掸子，可以清扫掉许多灰尘。但在治理体系中，永远都有掸子扫不到、清不干净的地方，这就需要投票机制来达成秩序。

在公司治理中，不管如何界定权利和权力，不管如何设置机构和人员，最核心的东西还是投票表决、投票选择。不管是哪个国家的公司法、证券法，都规定了比较详细的股东投票、董事投票制度来确定重要人选和重要决策。《G20/OECD 公司治理原则》明确指出，股东的投票权利是治理的最基本要素；为了保证股东投票的顺利进行及进行一些事先准备，应该防止公司董事会和管理层故意在程序和方式方法上设置障碍，譬如将会场设在偏远地点，禁止代理投票，只能举手投票，以及不向股东提供有关信息、不允许股东查询有关资料等。这个原则还基于目前信息化、全球化的现实，鼓励公司采用互联网技术来减少投票障碍。在国家治理中，投票机制则更加具有核心地位。其实考察治理的历史痕迹，就可以看到，在古希腊，无论是公民大会还是议事会，投票制度都居于核心位置，这与我国古代典籍乐于记载的明君兼听、从善如流之类的做法是两码事。

当然，投票决定机制并不一定意味着完全平等，也不意味着完全正义。有意思的是，我国在20世纪八九十年代构建公司法律和公司治理时，主流声音是"同股同权"，后来与国外接触多了，突然发现它们有"不同股、不同权"的制度。例如，在允许设立类别股东的体系中，A类股东的投票权只有B类股东投票权的1/2或几分之一，甚至没有投票权；而在有些公司法律体系中，存在大股东的投票权上限制度；此外，有些国家设有累计投票制度，而有些国家没有这样的制度。在国家治理的历史中，西方国家的成年女人、财产很少的成年男人，也是很晚才获得投票权。当然从历史趋势来看，投票机制的确在越来越多地考虑平等，越来越多地追求正义，尽管哪一类股东应该一股设置多大投票权是否属于正义范畴，肯定存在争议，因为买哪一类股票是可以自由选择的。但总体上可以说，正义的秩序、进步的秩序，才是真正的治理秩序。

投票在哪里都可以发生，例如，小孩子的游戏中也会有投票之类的东西。投票真的可以进行决定与选择，投票真的被相信和接受，那一定不是小孩子的游戏。是的，投票成为治理秩序的核心，其基础是法治。没有法治的保证和认可，投票就是游戏。

所有的公司治理，不管是什么模式，不管有哪种外形，都以公司法、证券法、合同法等法律和这个经济体的法治体系作为基础。我国于1993年颁布了第一部《公司法》，就详细地规定了股东、董事的投票制度，从而这样的投票结果具有法律强制效力。加拿大法学家布莱恩·柴芬斯在分析公司治理时就清晰指出，公司主要参与者，包括股东、债权人、董事、管理者等，存在错综复杂的利益冲突和风险问题，因此法律构成了治理的基础。OECD在1999年推出第1版《OECD公司治理原则》时，就明确指出公司治理实践，包括投票实践，应该符合法治，并且是透明的、可实施的；不同的股东，譬如小股东和大股东，在利益和责任、能力方面存在客观差异，控制性股东还可能会从事自我交易而转移利益，并且股东与董事、高管更加存在利益和认识的不一致，因而矛盾和冲突根植于公司内在结构，才需要法治作为公司治理的基础。社会治理、国家治理实践中的投票，如果没有法治基础，则更加不可想象。

治理秩序的法治基础，最终会体现在诉讼上。没有诉讼和裁决、执行的法律，不是真正的法治。《G20/OECD公司治理原则》明确指出，股东权利，当然也包括基本的投票权利，得以执行的渠道之一就是对管理人员和董事提出诉讼，法律救济是否有力和有效是股东权利受到保护程度的决定性因素之一。例如，现在小股东集体诉讼制度就是一项颇有威力的诉讼方式，据说其历史可以溯源到英国13世纪衡平法院的判例，它在20世纪60年代被纳入美国联邦民事程序法后就被广泛应用。当然，诉讼也包括一个或一些股东，或者债权人及其他人，对其他股东的诉求，特别是对滥用控股权的大股东的诉讼。在公司治理之外的领域，投票也可能引发诉讼，譬如2020年美国总统大选的选票争议，就引发了不少诉讼。

治理秩序的成本与可能副产品

不管是投票，还是诉讼，以及多元共治、相互制衡中的协商与妥协，都牵扯众人而非一人，都耗费精力、耗费时日、耗费金钱。正如《G20/OECD公司治理原则》所言：长期以来，人们认为在股权分散的公司，个体股东难以承担采取行动的成本，也难以投入资金来监控效果。也就是说，要实现治理秩序，就存在必须承担的成本。其实，公司治理秩序的成本，又何止股东个人所需投入的时间和金钱，公司要给股东发送股东大会的通知，要应付股东查询账册和其他经营信息，要耗费时间准备股东大会；公司管理人员、董事还要应付可能发起的诉讼，而任何诉讼一开展，将消耗大量的司法资源，并且旷日持久；如此等等，可谓成本巨大。统治和管理则可以大量地避免这些直接成本。

在治理秩序之下，还可能存在一些难以避免的副产品。首先就是决策的效率低。众人投票、分权共治，怎么会像集中决策那么迅速？在市场竞争中，如果公司重大决策迟缓，就会造成老百姓所说的"黄花菜都凉了"。为了缓解这样的局面，公司当然可以更加切合实际地划分决策权力，尽量多地把日常决策权授予高管层或CEO，不过这并不能和统治与管理意义上的集权决策相提并论。还有一个可能的副产品就是决策的不用心。良好公司治理依赖所谓的勤勉义务和忠诚义务，但在实际当中，董事和高管怎么做才是足够的勤勉和忠诚，哪里有具体明确的标准？因此，受托责任问题和委托代理问题，是公司治理理论中的关键性议题。即使是股东自己，也未必会用心地行使投票权，甚至懒得行使投票权，而去随大溜、搭便车。因此，在那些股份分散的公司，如果经营决策比家族企业更加草率、更加不负责任，一点儿也不奇怪。在公司治理中，董事会、管理层还有可能倾向于过度谨慎决策，就是以不冒风险、不出问题、不惹诉讼为导向，一碰到有争议、存在不确定性的事情，就不拿主意，或者弃权、反对，这种风格的决策最终会导致企业的平庸化、衰败化。公司治理秩序可能有这些副产品，其他组织、机构的决策也是一样的道理。

在一个现代和进步的社会，治理秩序的达成，还会涉及更广泛的人群、更广泛的议题。譬如，公司治理越来越重视公司股东和债权人之外的利益相关者的诉求与意愿，这些利益相关者不但包括本企业职工，还包括社区居民、生态环保积极分子等。这些人群会在公司治理实践中更多行权，且部分分利。因此，公司治理越来越多地与企业社会责任、企业公民行动结合在一起。这样的趋势，对于公司治理秩序的达成，无疑会提高成本，也会增加副产品。在这种趋势下所达成的治理秩序，还可能导致权利滥行使、利益超分配，甚至可能因为行权和分利的技术措施跟不上而导致程序烦琐和无谓争执，这无疑会引起人们对治理的怀疑情绪。在一些特别情形下，公司治理还面临一些特殊问题，例如，在经济体制转轨阶段所推行的国企混合所有制改革，笔者专门研究了混改企业的公司治理，发现许多企业陷入治理转型困境，而股权结构和政府规制性约定对转型是否得以实现有重大影响。社会治理、区域治理、国家治理又何尝不是如此。所以当人们看到，越是注重治理的地方，修建一项基础设施、通过一个项目决策，就越麻烦、越迟缓，从治理秩序的视角来审视，就明白这是怎么回事了。

在非竞争性的环境中，达成治理秩序，如果有一些上述副产品，可能不是太大问题。但如果处于一个竞争性环境，情况就大不一样了。例如，那类企业决策迟缓、混乱、谨慎，而这类企业决策迅速、用心、进取，结果就是，这类企业极有可能在市场竞争中胜出。而那类企业的治理，是会受到赞扬和肯定，还是会受到批评和怀疑，答案不言自明。在一个全球化的环境中，治理模式之间的比较，甚至治理与统治加管理之间的比较，更容易被放到聚光灯之下。如果仅仅是聚光灯下的比较，只会引起评论和争论，而不同模式之间的直接竞争，则会引起各种模式的内部反应，并对过去的秩序结构造成强烈挑战。恰如美国著名政治学家萨缪尔·亨廷顿所说的那样，一种文明内部形成了秩序，但文明之间的不期而遇，形成比较和冲突，又可能造成秩序的失去。

治理秩序与强力作用之间的悖论

统治可能会恶劣，管理可能会混乱，所以治理有成本和副产品，相比较而言未必是坏事。如果治理系统以不时的小失序来避免久积而爆的大失序，也许是好事。

即使实行治理，也有不同模式，审视这些不同模式的一个视角，就是依赖强力的层次和程度。这是福山在分析秩序时所采用的视角，他认为，暴力在创造政治秩序方面的作用似乎是矛盾的，因为政治秩序的存在首先就是为了克服暴力，但没有一个政治秩序曾经永久地消除暴力，而只是将暴力推到更高的组织层次。福山的关注点当然不是公司治理，而是更高层次的治理。福山强调了秩序的法治基础，但又不刻薄地指出暴力的作用。其实事情就是这样的，难道法治不是以合法暴力为基础的吗？不管是在有法治还是在无法治的地方，当人群之间的分歧、争斗与种族冲突、宗教争执纠缠在一起的时候，往往导致暴力泛滥，秩序荡然无存，而更高层次的唯一强力，的确有助于秩序的重建，但人们也只能祈求这个唯一强力代表正义、善良和进步。如果未来关于治理的全球竞争，朝着减少行权、减少分利的"治理"和增加强力的方向移动，那一点也不奇怪，这可以被看作治理的悖论。

不过诺贝尔经济学奖获得者道格拉斯·诺斯及其同事认为，从基于暴力和特权的权利受限秩序，走向权利开放与竞争的秩序，可以使秩序更持久，更有利于促进经济繁荣。他们的分析视角，不但是进步主义的，也是功利主义的；他们的结论，可能不但适用于社会治理，也适用于公司治理。而诺斯正是一位治理派而非统治加管理派的经济学家。诺斯并没有忽略法治与暴力之间纠缠不清的关系，相反，他认为，暴力是解释社会如何运作的核心，暴力和秩序的关系必须作为未来研究的方向。正如美国保守主义思想家柯克说的那样，秩序依赖法律，但又不限于法律。他的意思是，心灵秩序与思想秩序，最终会发挥作用。因此，虽然达成治理秩序的基础是法治，但法治是必要条件，而非充分条件。

治理的能效：传统能人主义的局限

一家公司在治理的框架和秩序下，能不能选拔有才能、有智慧、有德行的人担任董事和高管？能不能对他们既进行有效监督，又进行有力激励，以使他们发挥才能、智慧和德行？公司经营会不会繁荣兴旺、市场竞争力增强、价值得到提升？这就是治理的能力和效果问题。对于非公司组织，也应该问同样的问题。显然，治理的效能与治理的秩序不是一回事，即使达成治理秩序，也未必获得好的治理能效。

如何审视治理的能效

治理，如果不能达成最基本的秩序，就谈不上能效。但纵使能达成最基本的秩序，由于治理的本质特征在于分权共治、行权参与、透明问责等，这意味着，一些人，甚至是很多人，譬如公司的众多股东，一方面不是掌握控制权的管理者，另一方面却有权和应该选出掌握控制权的管理者。分析治理的能效，就不能不分析这些人能不能选拔出有才能、有智慧、有德行的董事和高管，来掌握控制权。特别是总裁或者首席执行官（在有的治理框架中是董事长），掌握着巨大的经营管理权，且常常被视为企业家，他们的才能、智慧、德行，以及有点说不清道不明的企业家精神，对公司的经营状况、发展前景具有决定性影响。审视公司治理的能效，首先就应该问一问，合适的人物能不能被推到这些位置，并让他们发挥应有的作用。

但是，如饥似渴地阅读公司治理文献，也不容易找到如何才可以选拔出有才能、有智慧、有德行的人，以及既有效约束又合理激励的有价值文章。而管理学却有不少这方面的内容。统治学更不用说，选贤任能是基本课程。也许公司治理理论和最佳实践都认为，只要股东关心自己的利益、董事尽到受托责任，以上"三有"人才自然会被选拔出来；只要实行激励相容机制，他们自然而然会为股东利益、公司整体利益而奋斗。但问题在于，小股东会搭便车，大股东会剑指控制权，董事大多没有足够股份和攸关利益，高管激励即使相容，也与股东利益不完全重合；即使是股东利益，其内部也会有分歧，短期视角和长期视角会有分歧，股东局部视角和公司整体视角会有分歧，更何况，许多股东自己并不能认识到公司应该怎样经营才会增加其利益。

更进一步，人的才能、智慧、德行，以及进取心等精神状态，是一个非常复杂且动态的集合。一个人在进入重要位置之前，可能并不会展示出，或者并不会发展出出众的才干和精神，能看出谁是好的企业家并不容易。而且，企业在不同的发展时段中、不同的竞争态势下，所需要的控制人的才干偏向、战略取向并不一样，一些情形下需要稳健，一些情形下需要冒险；企业的位置组合不一样，所需要的人物组合也不一样，强势董事长搭配弱势总裁，弱势董事长搭配强势总裁，是经常的事情。因此，股东即使有足够的积极性来选择好的控制人，也不一定有足够的精力和能力来选出好的控制人。此外，公司政治、裙带关系、官僚积习的存在，会严重干扰股东的正常判断和明智选择，会使对人的选择问题更加复杂化。不难发现，许多公司，一些董事和高管形成盘根错节的关系，把控甚至左右着重要的人事选择。在非公司组织中，人们对这样的问题更加习以为常。

第七章 治理驱动"善循环"

因此，一些公司治理专家就对以"治理"的方式来选拔公司控制人，提出强烈批评。例如，美国经济学家威廉·拉让尼克和玛丽·奥苏丽文就认为，企业的持续发展取决于其创新能力，能够支持创新的公司治理一定偏向于内部人控制，只有内部人控制，特别是追求创新的内部企业家对企业的控制，才是促进企业发展的关键。显然，他们实际上对治理机制是否能够选出致力于创新的人、是否能够提升企业竞争力和推动企业长期发展，持否定态度。

如果说对治理能力的审视还存在不易把握的因素，那么对治理效果的审视，相对来说就简单得多了。好不好，看效果。所谓效果其实主要是指结果。在公司治理领域，过去 20 多年里，许多学者对治理优良程度与发展效果之间进行了大量的实证分析。治理优良程度通常以股东大会及股东投票的参与性和规范性，董事会制度的健全性以及独立董事的比例，管理层薪酬的合理性及其与业绩之间的关系，财务透明度的高低和信息披露的合规性，法律诉讼的可行性等角度来衡量。而关于公司发展效果，则可以从市场价值，托宾 Q 值，股东回报率，业绩成长性，以及资产、利润、创新表现等各方面进行衡量。一些研究表明，公司治理的改善带来了较好的公司发展效果。例如，安德烈·施莱弗和罗伯特·维什尼从投资者利益保护的角度研究了公司治理，他们发现，所谓良好的公司治理，其实是一套更有利于投资者利益保护的制度，这些制度有利于投资者，特别是中小投资者保证自己得到应有的回报，譬如股东如何选择和制约内部人侵蚀他们的利益，以及如何调动内部人的积极性以创造更多价值。不过，这个研究领域也存在一些争论，不少文献认为，公司治理与公司绩效之间的关系是复杂的，甚至是模糊的。而关于公司之外的组织，治理优良程度与治理效果之间的关系，乃至如何正确衡量治理效果，就不像公司领域那样可以进行大量的计量分析，存在的争论更多一些。

企业家精神、能人主义与治理主义的差异

不管有怎样的争论，能否把能人选拔为掌握控制权的人，应该是衡量治理能效的基本指标。当然，能人最好也是贤人。审视公司治理的能效，如果说更需要从选出能人的角度来考量，应该不会有太多的人反对，因为公司必须在市场竞争中生存和胜出，对能人的依赖程度更大。这样的能人，就是常常被誉为企业家的那些人，或者被认为有企业家精神的那些人。

拉让尼克和奥苏丽文等人的思路是倾向于更广泛的企业内部人，而有较多的经济学家更为推崇企业家的作用，譬如认为好的公司治理应该能够让企业家精神得到充分发挥，但由于企业家从事的工作是创新，难以得到股东、董事的理解与接受，股东投票、董事投票制度与企业家精神相冲突，所以公司治理中这些基础性制度是错误的。企业家自己更加强调企业家精神的作用，而对外面的股东，特别是小股东、短期股东，有些不屑一顾。譬如马云在一封致投资者的信中说，阿里巴巴实行"客户第一，员工第二，股东第三"，因为只有为客户创造持久价值，才能为股东创造价值，而让客户满意的主要因素是员工；阿里巴巴治理机制中最具特色的合伙人制度，就是选出员工中的出类拔萃并具有共同信念的人，并在公司战略上有很大发言权；公司渴望长期投资者而非短期股票炒作者。这种必须把股东、员工、客户割裂开来，并排出个一二三的思维，从治理的视角来看就比较生硬。很显然，这些合伙人，特别是其中的核心人物，是具有企业家精神的人物。

由此及彼地推论，企业的许多内部人都可以被纳入企业家，或具有企业家精神的人的范围，都可被视为"能人"，都可成为能人主义的受惠者。譬如美国学者大卫·布莱尔就强调，在重要岗位的员工对于企业发展具有极大重要性，这些员工既是利益相关者，而且其人力

资本与股东投入的货币资本一样承担了企业的剩余风险，所以也应该一样地分享剩余收益，这样才有利于员工积极投身于企业长远发展。他这种思路，已经成为公司治理理论中的内部人导向的思路。的确，很难说除了总裁或CEO之外的高管就不是能人，就不是企业家，现在提倡企业内部创业创新，会导致企业大量分蘗，就可以使不少内部人有机会尝试发挥企业家精神和企业家才能。所以，内部人主导的思维，特别是内部能人主导的思维，是有市场的。

的确，不管什么组织，要发展壮大，都需要能人掌舵和管理。因此，能人主义从逻辑上来说很吸引人。能人主义体现在企业发展领域，就是企业家精神思维，这种思维更有吸引力。不过，能人主义思维一点也不新鲜，譬如，贤能主义就非常古老，但其缺陷更是广为人知。可以说，治理主义在很大程度上就是针对能人主义、贤能主义的一种纠正。如果不理解能人主义、贤能主义不可克服的漏洞，如果不理解能人主义、贤能主义的机会主义本质，就难以理解治理主义，更难以接受治理也存在局限和缺陷。在企业领域，最典型的能人就是所谓的企业家，但正如美国经济学家鲍莫尔所分析的那样，在强调企业家的创新精神、创造价值能力的同时，也不应该忽略企业家可能具有破坏性和掠夺性；企业家精神并不是高尚的代名词，企业家才智可以在多种用途之间进行配置，企业家到底以什么方式行事，取决于游戏规则，社会必须制定合理的规则，以防止和阻止企业家精神被用于各种非生产性用途。鲍莫尔提醒人们应该注意企业家的另一面，但他没有提醒的是，其实并不容易在内部人中间明确地区分企业家和非企业家，因为企业家的定义实际上具有很大的含糊性，它并不是根据职位来定义的，在很大程度上是一个事后的成王败寇式评价。一个总裁或CEO，到底是杰出的企业家，还是瞎整的浑球，很多时候是事后诸葛亮式的评价，而不是事先的慧眼识珠。

公司治理思维，看到了企业家、管理人员和其他员工、股东之间的利益冲突，不是因为这种思维看不到他们之间利益一致的一面，而是其眼光更全面，既看到了利益一致，也看到了利益冲突，甚至看到了欺诈与犯罪。哈佛大学法学教授罗伯特·克拉克的巨著《公司法则》，基本上就是围绕股东、董事、管理层的利益冲突开展论述，因为他认为，公司内部的人有很大机会（在实际中也有很多案例）侵害股东（主要是小股东）以及债权人的利益。翻阅司法资料，也可以发现内部高管和控股股东侵害小股东利益、伤害公司整体利益而自肥的案件层出不穷。我国改革开放早期的禹作敏是当时著名农民企业家，互联网浪潮时期的乐视网也被视为创新精神很强的企业，都足以给人以警示。我国上市公司中，曾经大面积出现实际控制人占用、挪用上市公司资金的情况，那些实际控制人有许多都是大企业家。美国的"创新英雄"马斯克，在2018年"临时起意"发推特声称公司将退市私有化，而且资金已经到位，还说出了具体的退市价格，后来公司宣布不会私有化，其女友说马斯克讲的价格是吸食大麻后的幻觉价格，但这一事件导致公司股价异常波动，一些投资者遭受损失，美国证券交易委员会进行了调查，马斯克被迫辞去董事长职务，公司选出一位独立董事接任董事长。我们不难判断，难道治理主义可以对"创新英雄"的能人主义让步吗？更进一步，在很多企业，广大的内部人很容易成为少数内部"能人"的幌子和挡箭牌，导致欺诈的出现。学者的实证研究证实了这一点。例如，丹尼尔·埃尔斯伯格和托马斯·菲利彭的研究发现，一些大公司的高管通过操纵会计报表等办法来引导公司股价，从而行使期权来增进自己的利益。戴维·叶尔马克的研究发现，高管薪酬与业绩不挂钩以及任人唯亲等现象并不少见。卢西恩·别布丘克和杰西·弗里德的研究发现，一些公司的董事与高管相互勾结，相互帮助连任。这些研究都反映了客观存在的事实。即使一个企业家不贪、不骗、不偷，而是执着于发明和生产可以改变世界的新产品，但如果他可以决然不顾治理机制，而一味沉溺于想象中的创新乌托邦，那政治家是不是也可以这样做？当我们认清了这些现实，难道还会陷入能人主义、内部人主义、贤能主义的思维而不能自拔吗？我们还会对公司治理注重分析委托代理关系，特别是关注内部控制人和控股股东的权利、利益过分扩张问题而持抵触态度吗？

进步和文明视角的治理

仅就企业领域而言，公司经营繁荣兴旺、市场竞争力增强、价值得到提升，也不仅仅是依赖企业家精神，而是与很多其他因素有关，包括景气周期和市场潮流的变化，政策的关照，当然也包括股东及时注资等，此外并不排除一些偶然性和运气的成分。即使在很大程度上依赖内部人的努力，也有多种精神在企业发展中发挥重要作用，譬如，管理人员的严格精神，科技人员的求索精神，操作工人的工匠精神，营销人员的灵活精神等。所有这些有益于企业发展的精神，都不应该背离治理精神。一旦背离治理精神，就可能产生破坏性和掠夺性。也许，经济学家可以争辩，市场机制会惩罚背离治理精神所带来的破坏性和掠夺性，产品市场、资本市场、并购市场也会给其以颜色。但是对于公司股东而言，难道仅仅让他们被动地接受公司衰败、清盘？为什么不让他们通过治理机制主动行权并进行监督和约束？他们可能目光短浅、见识浅薄，但也可能不全是这样、不总是这样。这就是公司治理思维。

治理思维的确有可能会让企业家精神发挥得少一些，治理的能效差一些，但从长远来看，良好治理所带来的秩序和能效是有意义的。人们津津乐道的乔布斯的故事，应该一分为二地分析。公司治理及时赶走了乔布斯，真就是公司治理的坏吗？公司治理适时请回乔布斯，不正是公司治理的好吗？要知道，乔布斯被赶走，不仅仅因为他主导的产品销售不畅和与其他高管在产品定价上的分歧，而且因为他试图以欺瞒客户的手段来销售和清理积压的过时产品，以及经常性地迁怒于人、责骂众人；更何况，管理层把"眼前活下去"摆在比"以后改变世界"更重要的位置，并不算错误决策。如果许多股东都不愿任由企业家一意孤行、随心所欲地创新，不断"交学费"，那完全可以理解。这些胆小怕事或浅薄短视的股东，即使导致企业创新少一些、慢一些，也应该享有投资者的权利，即便是风险资本家，也不会毫不约束地让受资创业家一味自以为是地创新。让权利为创新让路，这未必是好主意。而在地区治理、国家治理领域，政府内部人，特别是具有企业家精神的那些能人，他们那种精神的发挥，更不能自由自在。企业领域有众多公司，这家公司黄了、垮了，还有那家公司会冒出、兴起，公司破产重组也不是什么怪事，另外还有股份转让市场让股东有脱身的机会。譬如，市场机制的创新，就区分了公开上市、开放式但非上市、封闭式等公司类型，公开上市公司的股东可以用脚投票，所以用手投票、亲自参与和监督等方面的治理制度就可以弱一点，但政府对公司信息披露有很强的监管要求，而封闭式公司的股东难以用脚投票，那就必须设计较强的股东用手投票、亲自参与的制度。而地区治理、国家治理，更接近封闭式公司的治理，因为老百姓很难脱身。现在，有许多学者把企业家的概念广泛化了，提出了政府企业家、社会企业家、文化企业家等概念，这些企业家，在各自领域，如果任由他们的各种精神和能力自由发挥，而不纳入治理框架和治理规则，将会是什么样的结果，不难想象。世界银行的一些研究也表明，发展业绩更差的国家，往往是治理更糟糕的国家。即使从结果论的角度来看，能人更有能力把蛋糕做大，也能让他人分得一些，但如果靠压制别人而实现自我意志、把侵夺别人当成自己"功有应得"，这在现代社会也不会受到欢迎。我们不反对从能效的角度来衡量治理，这种功利主义的视角非常有必要，因为老百姓看一种东西，要问其"能不能当饭吃"。治理也能当饭吃，但也不仅仅是能当饭吃。米塞斯打了一个很有意思的比方：将由许多人选出来的人与国王和皇帝进行比较，一些时候丝毫不利于前者，前者犯错与后者一样多，所以迅速出现了否定选举的理论，而呼吁由少数最优秀的人物来统治，但还是应该断然拒绝这种理论，因为究竟什么是最优秀的人，其实没有严格的评判标准，问题的核心是暴力论，即是否允许以强力来产生统治者。可以说，理解治理精神，也是理解进步和文明。治理所包含的行权与共治，所包含的参与和制衡，代表着进步与文明。正如阿马蒂亚·森所说，权利、自由等不仅涉及发展绩效，也涉及发展目的，还关乎权威与合法性的来源。从他的角度来看，如果统治加管理的能效与治理的能效一样好，是不是等于统治加管理与治理一样好呢？这就是文明与进步的视角。美国经济史学家乔尔·莫基尔在其《增长的文化》一书中，尽管对创新，对推动创新的所谓"文化企业家"极尽赞扬之能事，但也强调，那是进步文化的产物，而进步文化，就包含对现有权威的质疑，对普通人权利伸张的接受，对理性的尊重等。事实上，至少在公司治理领域，文明与进步正在扩展。在过去一二十年里，社会责任、公司伦理等议题，迅速成为公司治理最佳实践的重要内容，并成为时代潮流。这种潮流的出现，是不是意味着公司治理已经"越界"，还有待时间回答。不过可以预料，在其他领域的治理实践中，应该会有更多的文明与进步元素的渗入。

治理的未来

展望治理的未来，必须提示，我们正处于一个全球化的激烈竞争环境。在这个环境中，人们对治理与能效之间关系的认识和选择，可能会出现许多疑惑和争论。哪种模式的治理更有秩序、更有能效，治理与统治加管理究竟应该在多大程度上进行区隔、结合，能人主义、贤能主义和治理主义之间的边界线和重叠区在哪里，可能都在疑惑和争论的范围之内。

  这不是坏事，而是好事。多样性、竞争性的环境，会产生压力，也会促进相互比较、学习、借鉴。美国不同州有不同的公司法，全国有多个证券市场，这些不同的公司法和多个证券市场对治理结构与权力分配提供了多样性及灵活性。这就为人们提供了多种选择。譬如，阿里巴巴对保留合伙制持强硬态度，这样就无法在中国香港上市，但它可以在美国上市。即使对于那些完全排斥治理、唯企业家独尊的人，现代社会也提供了其他选择，譬如，他可以选择做一人公司，但这样的选择也基本排除了从外部进行股权融资的可能性。不过，非公司组织就不可能有那么多选择了。因此，非公司组织就不应该因为害怕治理带来的"麻烦"和"妨碍"，而完全排斥治理。但我相信，治理之所以为治理，尽管其精神实质是稳定的，但绝不会固化、僵化，绝不会一成不变。30年前治理开始成为潮流，30年后的潮流性治理是什么样子，还真得骑驴看唱本——走着瞧。对于社会而言，在时代潮流下，治理难以回避。

形式主义的经济学分析

形式主义是我国的一大顽疾。过去几年，我国大力整治政府工作中的形式主义，取得了很大的成绩。但从实际现象来看，形式主义在某些领域仍较严重。如果我们能够对形式主义做一些更基础性的分析，可能有助于深化认识。事实上，形式主义并不像大众想象的那样主要是一个工作作风问题，它主要是一个工作体系问题。在这个工作体系中，由于形成了独特的成本结构和委托代理关系，大搞形式主义，是相关工作人员进行成本—收益衡量时最合算的理性选择，因而仅靠整顿工作作风和改变工作方法，难以根除形式主义。

可穿透直线职能制

形式主义并不是新鲜事，长期以来就比较普遍存在，不过这些年社会反映更强烈。通过梳理各种批评和整治形式主义的资料、文件，并联系实际问题和社会反映，大致可以判断，政府工作中，被认为是形式主义的东西，主要有如下方面表现：表格多、材料多、文件多、会议多、做作多、检查多、指标多、专项多、考评多。这"九多"，实际上是大量的模块化、格式化、流程化的工作表达方式，这些方式既可以展示工作内容，也可以偏离工作内容或选择性展示工作内容。

问题在于，政府机关的日常工作，恰恰离不开这几个方面。譬如填表，到底填多少表属于正常统计而多少又算是形式主义，就难以判断。不少政府工作人员就认为，这些恰恰是政府部门的正常工作。因此，我们必须认真思考，为什么这九个方面，既可被当作正常工作，又会被视为形式主义。最具解释力的答案应该是：如果这九个方面不太多，就是正常工作；如果太多，就成了形式主义。

这九个方面那么多，以致成了形式主义，其根源是什么？不少人认为，形式主义的根源主要是工作作风浮夸，对党和人民的事业缺乏责任感，或者对工作业绩的考核与评价指标不尽合理等。不过从实际情况来看，上述"九多"基本上都涉及不同层级政府之间的工作互动，而不是同一层级政府各部门之间的工作互动；或者同一层级政府、同一机构的上级人员和下级人员之间的工作互动，而不是同级人员之间的工作互动。因此，分析形式主义的根源，不能把分析眼光局限于工作作风和工作方法，而是要分析层级体系。层级体系，特别是政府层级体系，才是分析形式主义根源的要害。

我国从中央到省、地级市、县或区、乡镇，构成了一个高耸型垂直体系。上一层级政府，可以向下一层级政府传达方针、部署工作、布置任务、下达指令。这些事务可统称为任务。相应地，上一层级可以对下一层级进行督察、检查、考核、评估。这些事务可统称为业绩衡量。

更重要的是，我国这个体系实行的是可穿透的垂直制，就是上面层级可以穿过其直接下层，对更下面的任何一个层级，布置任务、衡量业绩。其方式可能是跳过中间层次直接由上层对基层，也可能是逐层传递。

下面层级之所以接受任务和指标，一方面是因为下级必须服从上级的"组织纪律"，另一方面是因为上级会向下级分配资源。上面层级对下面层级所承担的任务进行资源投入，在我国非常普遍，而且体量很大。这与政府对资源的筹集和分配方式有关。如果财税等资源主要由上面层级来筹集和掌控，上面层级不但可以分配给直接下层，也可以穿透式分配给更下面的各个层级，那么可穿透的垂直制就会很有威力。如果对这些资源的分配，政府部门和官员有较大自由裁量权，无疑会提升可穿透的垂直制的威力。

所以，确切地说，我国这个体系实行的是可穿透直线职能制。上面层级政府的某个职能部门，可以施力于直接下层的同类职能部门，也可以施力于更下面任何层级的同类职能部门，还可以施力于直接下层和隔级下层的整个政府。所谓施力，是一个概括性的说法，就是指任务布置、业绩衡量、资源分配等。

每个层级的政府有许多职能部门。除了教育主管部门之外，还有财政、发展改革、工业、商务、交通、卫生、生态环保、自然资源、市场监管、安全监督、网络管理、公安、政法、反腐、宣传等部门。此外，政府机关的各个辅助和服务机构，包括秘书机构、后勤机构，实际上是直接围绕政府领导而开展工作的机构，它们虽然不是严格意义上的职能部门，但也有类似可穿透直线职能制的情形。每个层级，至少有20个这样的部门。

需要说明的是，这个可穿透直线职能制体系，与工厂里的直线职能制有很大不同。工厂的车间虽然接受厂部布置任务并服从各职能部门管理指导，但车间并无自身的本级任务，也不需要本级筹集和投入额外资源，更不负责保障本级工作人员工资和当地民生，而地方政府却完全不是这样。

每个层级，以及每个部门，有不少领导。领导个人也会经常有工作设想及任务指示，会有意见和批示，都可以进行穿透。如果法治不足、人治有余，领导个人意志的力量就会得到加强，就会沦为人治的变异直线制。

在这个体系中，层级越往下，承接的最大可能任务数量越多。在可穿透体系中，第五级基层政府承受的最大可能任务数量是不可穿透体系的 4 倍，尽管这样的数字是理论上的极端情形。

形式主义可以显著节约工作成本

这个体系开展工作，必然涉及工作成本。

上面层级布置一个任务，需要研判局势、筹划任务、确定指标等，其工作人员会付出工作努力，这就构成了上面层级的任务布置成本。

下面层级完成一个任务，当然需要其工作人员投入相应工作努力，这就构成了下面层级的任务完成成本。

针对每一个任务，上面层级需要投入相应力量进行业绩衡量。进行业绩衡量，不但会在上面层级产生施加考核的主考成本，如调查了解任务完成的进展情况、设计考核指标和表格、收集表格和分析指标等，也会在下面层级产生接受考核的被考成本，如接待考察评估、撰写汇报材料、匡算指标和填报表格等。

因此，任务布置成本和主考成本是上面层级所需支付的基本成本，任务完成成本和被考成本是下面层级所需支付的基本成本。

除了基本成本之外，下面层级工作人员可能还会面临另一项成本，就是任务束变化导致的成本。

来自上面层级各部门和各位领导的许多任务，构成了下面层级的任务束。但是，各任务的轻重缓急程度并不完全一样。对于下面层级来说，如何区分各任务的轻重缓急是一件日常基本功，因为最重急的任务需要投入最多的资源和努力，最轻缓的任务将投入最少的资源和努力。例如，当雾霾非常严重的时候，来自环保部门的任务是最重急的任务，某个县政府会全力限制生产生活用煤引起的污染。但过了两三天，由于学校在冬季不能正常烧煤供暖而冻坏了学生，引起舆论很大反弹，此时来自教育部门要求两天之内保证教室正常供暖的任务，就会成为最重急的任务。此时，这个县的任务束就发生了极大变化。只有识别任务束的改变，县政府才可以及时调整资源和工作努力的配置。

每个层级最多会有多少个可能的任务束？这可以根据数学中的排列组合方法进行计算，计算结果当然是很大的数字，尽管这只是理论数字。

如果某个层级接受的任务束发生变化，这个层级就需要重新配置资源和工作努力。这就是任务束调整成本，包括调整某个任务的领导小组成员名单，调整这个任务的预算，调整这个任务的完成时限等。最大可能任务束的数量，对应着最大可能任务束调整成本。任务束的调整成本也是一个很大的数字。

麻烦的是，不但下面层级对任务轻重缓急的理解程度会有差异，而且上面层级对各任务的轻重缓急程度并不一定进行明示，而且有可能会随时调整。很多时候，任务束的改变，是因为上面某个层级的某个职能部门，或者某位领导人，对任务的重要性，以及对各项任务所处环境或所处阶段的变化有了新判断。所以，任务束调整成本不可小觑。调整资源和工作努力的配置，本身也是消耗资源和努力的任务。如果任务束的变化比较频繁，就会使下面层级疲于应付。

在可穿透体系中，除了最上和最下层级，所有中间层级都同时兼有上面层级和下面层级的双重角色，它们的工作人员需要支付双重成本。把基本成本和任务束变化成本进行整合，就可以得到每个层级最大可能总成本。毫无疑问，层级往下，需支付的总成本会快速上升。这就容易理解，为什么几乎所有整治形式主义的文件，都把"增加基层负担"作为一项严重病症。

因此，就存在这样一个问题：下面层级如何节约成本？

一方面，工作人员的收入基本固定；另一方面，工作人员的数量不可能随意扩充，此外，政府预算总是有限的，因此，只要能够基本完成任务，节约成本是部门和工作人员最基本的动机。这样就可以使工作人员减少工作时间，减少全神贯注，减少疲惫，也可以避免财政陷入困境。

首先来看如何节约基本成本。

第一项是任务布置成本。除了最下层级，其他每个层级都有任务布置成本。对于每个中间层级而言，向下布置的任务，其中一些是转达、分解和适当包装的来自更上层级的任务，这就是"逐层传递"。这种向下的任务布置，其实也是对上的任务完成，所以既会涉及布置成本，也会涉及完成成本。显然，成本最小的方式就是开会和发文，这样既完成了来自上面层级的任务，也实现了对下面层级任务的布置。

第二项是主考成本。必须强调，业绩衡量是一件非常困难的事情。要准确和及时了解下面层级对任务完成的真实和全面情况，会导致巨大的信息成本，这实际上做不到。针对任务的某些维度，设立几个典型指标，然后把这些指标设计成格式化的表格，让下面层级填写并上报，并让下面撰写相应的文字汇报材料，是成本最小的业绩衡量方式。当然，单纯采取这种方式不但不够全面，而且有可能被蒙蔽，所以上面层级人员到下面层级进行现场检查、视察、评估以及督导，也是常用的方式。

第三项是任务完成成本。这是最大的一项成本，特别对最下层级而言是这样，因为最下层级的各种任务当中，已经没有再向下转达和分解来自上面层级任务的内容了。完成非转达分解性任务，需要实实在在的工作投入。完成这种任务，并没有更好的节约成本的方式。不过，由于上面层级根本无法支付巨大的主考成本，所以实际上往往出现难以避免的主考疏漏。在这种情况下，下面层级节约成本的最好方式，就是根据上面层级设定的指标、显示的倾向、所抓的重点，来选择性地完成任务。所以，学好上面层级的文件，吃透上面层级的精神，领会上面层级的意图，就成为节约成本的基本功。

第四项是被考成本。在上面几项成本得到合理节约的情况下，节约被考成本就比较简单了。填好各种表格，写好各种材料，学好各种文件，做好各种汇报，以及搞好各种视察、检查、评估、监督的接待，包括并不包含在接待要求之内的打扫卫生，都可以很好地节约被考成本。

再来看如何节约任务束调整成本。这项成本非常高昂，所以节约成本极为重要。在任务束突然变化的情况下，虽然真正的资源配置调整和努力方向调整还来不及进行，但是有一种方式的工作却可以及时进行，这就是开会和发文。开会和发文其实是一种"显示"和"展现"活动，告诉上面层级，本层级正在致力于完成调整过的任务束。这样做，既节约了本层级的被考成本，还有助于上面层级心照不宣地节约主考成本，实在是"一箭三雕"。

很明显，从节约成本的角度来看，开会议、发文件和学文件、设指标和填表格、写材料和报材料、检查评估、迎来送往，以及各种做作、各种场面，一定会成为最通用、最基本的工作方式。

形式主义可以显著缓解问责风险和相关委托代理困境

形式主义泛滥还不完全来自上文分析的狭义成本问题，也有每个层级及其工作人员所面临的问责风险及相关的委托代理问题。

在可穿透垂直体系中，批评和问责也是可穿透的。这可能是可穿透体系最有威力的元素。问责较轻微的方式是约谈、批评、曝光等。上面层级不但可以对直接下层官员进行约谈和批评，也可以穿透性地对更下层官员进行约谈和批评。问责较重的方式是警告、记过等处分。警告、记过等处分一般由本层级做出，但直接上层和更上层无疑可以实际上决定进行这些问责。免职就是非常严重的问责。职能部门官员的免职，从形式上来看也是由本层级做出，但直接上层和更上层也可以实际上决定进行这些问责。政府主要领导的免职,也由直接上层和更上层实际决定。立案调查则属于非常严重的问责,这样的问责,直接上层和更上层有很大决定权。因此,这个体系的问责,是一个典型的可穿透垂直制度。

最令下面层级担忧的,是问责的不确定性。不确定性与任务束改变有一定关系。由于任务束改变主要来自上面层级,这些改变往往具有较大的不确定性,如果下面层级不能及时领会和把握,且不能及时调整资源和努力配置,就可能被问责。不确定性也有可能来自上面层级的领导人。领导人的任务和任务束,有时具有随时性和随意性,如果下面层级不能很好应付,容易导致不确定性问责。最后,即使下面层级有责任,但责任到底有多大,到底适合多严重的处分,其实有较大的弹性空间,上面层级有较大的自由裁量权,这也会导致问责的不确定性。

问责也可以理解为委托代理问题。上面层级可视为委托人,下面层级可视为代理人。这是一个多任务委托代理体系,在这个可穿透体系中,多任务并不一定来自同一个委托人,因为多个层级的上级,相当于多个委托人。

一方面,多个委托人对代理人的业绩衡量具有一些不确定性;另一方面,由于激励机制比较有限,所以多个委托人会设立严格复杂的约束机制来限制代理人的行为,一旦代理人的行为触动约束机制,委托人就会对代理人进行惩罚和问责。因此,下面层级对可穿透性问责和惩罚的忧惧十分突出。在这个可穿透问责体系中,来自多个上面层级的问责和惩罚多种多样,除了最严重的追究刑责之外,最普通的方式就是变更甚至解除职业合同,包括降级、免职、开除。政府工作人员的人力资本其实具有较高的专用性,他们善于撰写材料、准备场面、应付检查视察等,但是他们不善于产品研发、生产管理、市场营销。如果他们离开政府机构,或者哪怕仅仅离开现有的工作岗位、脱离现有的工作内容，他们的专用性人力资本就会急剧贬值。显然，上面层级作为委托人，相对于代理人而言具有更加强势的地位。可以想象，工作人员对于任何的任务布置和业绩衡量举措，都会表现出表面上全盘接受。由于存在成本问题，他们不可能真实地不折不扣地全盘完成，但面对不确定性问责，他们肯定会以自己的方式来尽力控制这一巨大风险。

那么，怎么做才是理性行为？那就是尽量采取"显露"和"展示"自己工作的方式，来告诉上面层级自己在努力完成工作，所以就会有声势浩大的做作场面、汇报材料、会议文件、检查督察等；并且尽量采取"显露"和"展示"的方式，来告诉上面层级自己很恭顺并乐于接受约束，所以也会有工作要求之外的迎来送往和打扫卫生、张贴标语、高调表态等。因此，形式主义的普遍化、顽固化、严重化就较难避免。

当然，大搞形式主义并不是不推进实质性工作，不完成实质性任务。毕竟，业绩衡量仍然具有一定的准确性，完全搞形式主义骗不了业绩衡量者。而且，许多任务有其合理性，也配有一定的资源，完成这些任务符合本层级的利益。当然，工作人员中不少人有使命感，有责任心，有奉献精神。此外，一些形式的东西，也是一种程序、一种压力，对于实质性工作会有某种程度的促进作用，只是由于太多而被斥为"主义"。因此，在这个可穿透垂直体系中，尽管可以看到很多形式主义，但在巨大的业绩衡量和问责压力之下，仍然有许多任务得到较好完成。特别是对于一些重点任务，例如，上面层级重要领导亲抓紧抓的任务，下面层级会全力投入，努力完成工作，这种对资源和努力进行选择性配置的做法，与形式主义不但不相矛盾，而且相辅相成。

当然，委托人也存在很多固有问题。譬如，上面层级在做出决策时需要大量的下层信息，而下面层级则可能借此机会有意扭曲信息以提升他们的利益。上面层级可以亲自到基层进行一些典型调研，以获得直接和感性的认识，也可以将信息收集和加工工作向下转嫁。所以，这会涉及下面层级迎来送往、汇报、编写材料、寻找典型实例、收集整理数据等工作。而下面层级也可能炮制典型、编造数据、文饰材料，并且可能提供故意扭曲的信息。上面层级对下面层级进行业绩衡量，对于多任务的工作而言，真正准确的业绩衡量，需要获得现场日常感知信息，而这对于主考者来说是不可能获取的信息，因此主考者只能以考核指标信息来代替。恰如宰予是否真正孝敬父母，只有与他生活在一起的父母才知道，而孔子不可能准确了解，所以孔子只能提出守孝是否满三年这样的考核指标，于是后来一些儒士把守孝时间增加到四五年甚至更长时间，以显露自己如何孝，并折射自己如何忠。显然，这容易陷入形式主义。

总的来看，可穿透垂直体系形成了一种非常奇特的委托代理关系。可穿透性问责的确会增强问责的威慑力，使国家权力向责任政府靠拢，这本身不是坏事，而是好事，但若缺乏良好的机制设计，就未必取得预想效果，或者即使压实了工作人员的责任，也会带来严重的副作用，如形式主义泛滥等。

形式主义广泛存在，可能还有其他根源。譬如，上面层级官员个人对于信息获取可能存在无度和无用需求，要求下面层级努力满足他们的这种需求。本质上而言，每个人对信息的需求都是无限的，领导人兴之所至就可能产生大量的信息需求，但这些过量信息对于掌握工作情况和做出工作决策并无明显作用。而且，关于工作状况和工作过程的许多信息，转瞬就失去价值。但采集这些信息会导致巨额成本，如没完没了的数据、表格、情况、材料的收集整理和报送。这是滥求和滥采信息导致的形式主义现象，而人治体系更容易使这种现象盛行。

系统性和非系统性形式主义

在现实中，形式主义不少，对形式主义的口诛笔伐也不少。不难发现，许多所谓的形式主义，要么是无内容的形式，即没有实质性工作内容，刻意通过形式来显示正在工作，要么是包含内容的形式，但形式太多，从而喧宾夺主。令人忧虑的是，形式主义盛行并不是最可怕的事情，最可怕的事情是愈禁愈盛，对形式主义的根源缺乏正确认识和深入研究。其实，一些理论框架，对于我们理解形式主义的实质是大有帮助的。诺贝尔经济学奖获得者保罗·米尔格罗姆虽以其拍卖理论而与罗伯特·威尔逊共同获奖，但在笔者看来，他在博弈论、组织理论方面的贡献有着重大得多和久远得多的意义。他的一些研究，连同几年前获得同样奖项的本特·霍姆斯特罗姆的一些研究结论有助于解释和治疗形式主义。笔者的一些粗略分析表明，在我国可穿透直线职能制体系中，形式主义本质上是可以节约成本、缓解问责风险和委托代理困境的表现主义和显露主义；大搞形式主义，成为一种自发的、默契的、集体的理性选择。可穿透直线职能制体系当然有其优点，但严重的形式主义可能是一种很难避免的副产品。这是一种系统性的形式主义。

既然是系统性形式主义，一定是顽固的。但是，也会时轻时重。首先，可穿透垂直关系并非一成不变，有时候会被强化，有时候会被弱化，可穿透垂直性任务及问责有时候多一些，有时候少一些。其次，非任务型的工作，如学习活动等，也会有些时期多一些，有些时期少一些。这些都会对形式主义的流行程度产生影响。再次，尽管系统性形式主义不可能通过整顿工作作风而得到根本解决，但是，当地干部个人工作作风浮夸，好表现，讲排场，喜欢折腾下属等，会产生大量的非系统性形式主义。反之，非系统性形式主义就会少一些。非系统性和系统性形式主义可以相互强化，反之亦然。

多层级可穿透直线职能制体系也可以存在于单一机构。譬如省政府某个厅，第一层级是厅领导，第二层级是处，第三层级是科，这三个层级实行的是可穿透直线职能制。那么，我们的分析方法和基本结论，在这个厅也是成立的。即使是非政府单位，譬如一个企业，也可能是多层级可穿透直线职能制体系，同样可能存在严重的形式主义，尽管企业中的可穿透直线职能制体系并不完全等同于政府体系。所以，企业也存在如何进行组织改革和机制改革问题。实际上，米尔格罗姆等人的研究并不专门针对政府机构。非系统性的形式主义，更是在任何体系、任何类型的单位都有可能存在和泛滥，一些企业或事业单位的领导，可能比政府领导更喜欢那些非系统性形式主义的东西，再加上有意把工作体系引向可穿透直线职能制的倾向，就会让人感觉品位俗不可耐，文化庸俗不堪。

第八章

变局中的智慧与谦卑

在发展阶段转变中,在全球环境演变中,我国的经济社会发展置身于前所未有的大变局。不过,中国是一个有着悠久历史的国家,过去几千年的历史也出现过许多大变局,而一些认识变局、应对变局的智慧,至今仍然闪耀着光芒。譬如东晋著名政治家、军事家桓伊,就在动荡与变局中,交出了自己的答卷。历史是一本教科书,无非是我们是否愿意学习、善于学习的问题。即使不从事政治、军事的一些历史人物,也以其智慧与谦卑,以及大爱与情操,表达了自身的人文关怀,譬如唐代大诗人张若虚就是其中一位。到了现代,共产党人的许多优秀分子,不但有文韬武略,还有经济思想,罗章龙从中共早期领袖转型为一位职业经济学家,还写出了皇皇巨著,亦称传奇。

现在的众多职业经济学家,都愿意为经济政策的制定献计献策。不过,经济学体系中的许多理论,与现实存在很大差距。这无可厚非,因为经济学离科学尚有很大距离。也要看到,其中一些理论,只要我们透彻理解,就可以为政策制定提供一定的指导。

变局更想桓伊在：去战型经济政策

在大变局之中，我国经济政策应该如何抉择？这无疑是我们在未来较长时期将要面对的问题。美国鹰派学者白邦瑞在他的著作《百年马拉松》中，将中国政策制定者及其幕僚，描述为善于从华夏数千年诸多历史变局中获得借鉴的一群人物，譬如，他认为最近几十年的中国，就从战国时期和三国时期的大变动中汲取了很多战略与政策养料。的确，秦惠王、楚怀王、齐闵王，以及张仪、苏秦等人的合纵连横，曹操、刘备、孙权及诸葛亮、周瑜等人的立势运筹，可以给当代决策者以有益启发。但是，还有一个古代人物，推动了从积极备战、坚定迎战，到止战去战、发展民生的经济政策转型，更值得处于当今变局中的政策研究者关注。他就是东晋的桓伊。

桓伊推动的重大政策转型

桓伊出生在谯国铚县（今安徽省濉溪县），童年时即随父迁徙至湖南衡阳乡野直至长大，后入仕。当时天下战火不断，桓伊在淮南太守和豫州刺史任内，积极备战御敌，并在晋孝武帝时代，与谢玄、谢琰等人在一线组织指挥淝水之战，击败前秦君王苻坚亲率的百万大军，取得以少胜多、以弱胜强的关键性胜利。《晋书》说得很清楚，

"伊与冠军将军谢玄、辅国将军谢琰俱破坚于肥水"。

淝水之战后，桓伊任江州刺史。此时桓伊分析天下大势，认为东晋与前秦等政权的南北对峙将是长期的。过去的一个时期里，东晋主要实行支撑战争的经济政策，以增加赋税徭役、扩大军备开支、抑制商业活动、克制生产生活等方式，为连年战争做准备，造成了国财巨大损耗和民力虚弱不堪。这种经济政策的实行，再加上自然灾害，江州所剩住户只有5.6万户。桓伊因此上疏朝廷，建议国家应该及时从支撑战争的经济政策，转向维护和平、发展经济、改善民生的政策，具体措施包括合并小县，免除各郡拖欠的官米等。《晋书》如此记载，"伊到镇，以边境无虞，宜以宽恤为务，乃上疏以江州虚耗，加连岁不登，今余户有五万六千，宜并合小县，除诸郡逋米，移州还镇豫章"。桓伊的建议，可以概括为去战型经济政策。朝廷基本采纳了这些建议，允许其实行新的经济政策，此后经济较快恢复，民生明显改善，《晋书》记述说，"伊随宜拯抚，百姓赖焉"。显然，桓伊实行了从支战型经济政策到去战型经济政策的重大转型。桓伊的政策转型，很可能在全国范围内得以推行，于是战火暂熄，经济繁荣，物阜民丰，因为《晋书》说得比较清楚，直到晋孝武帝太元末年，"天下无事，时和年丰，百姓乐业，谷帛殷阜，几乎家给人足矣"。

始皇和李斯没能实现政策转型

并不是谁都会适时从支战型经济政策转型为去战型经济政策。支战型经济政策由战争思维所触发，反过来又很容易强化战争思维，并一步一步落入敌对陷阱而不能自拔。因此，实行支战型经济政策的政府，很少能够成功地主动退出这种政策。战国后期的秦国就是这样的典型。

秦孝公时期，商鞅在秦国实行的政策，就是更加激进的支战型经济政策。《商君书》说，"国之所以兴者，农战也"。应该说在当时"救亡图存"的背景下，商鞅一下子就抓住了问题的本质。要兴农战，就要抑商抑市、抑工抑旅、抑学抑辩，因为他认为，"国有事，则学民恶法，商民善化，技艺之民不用，故其国易破也"；"农战之民千人，而有诗、书辩慧者一人焉，千人者，皆怠于农战矣。农战之民百人，而有技艺者一人焉，百人者皆怠于农战矣"。

实行支战型经济政策，的确使秦国一时之间粮食丰收，民众能战，从而战无不胜，攻无不克，并一统天下。但是，秦国并没有适时退出这种政策。秦始皇和秦二世，不但修长城、建皇陵，还修建通向全国、直达边关的驰道和直道，以便快速运送军队和军需物资，随时组织重大战争，以及便于皇帝巡游。未能适时退出支战型经济政策，耗费秦国大量国财民力，天下人不堪，民众揭竿而起，导致二世而亡。历史学家与其责骂商鞅，还不如责骂秦始皇和他的幕僚如李斯等人。商鞅如果不实行如此有效的救亡图存的支战型经济政策，秦国可能被其他国家吞并，不计其数的兵士和老百姓死亡，将不是发生在其他国家，而是秦国。但是，始皇和李斯等人，却缺乏桓伊那般在复杂变局中适时实行政策转型的战略眼光和战略能力，在统一天下之后，没能从支战型经济政策转型为去战型经济政策。

国内政策是否得当、治理是否有方决定国家兴亡

经济学鼻祖亚当·斯密曾分析过国防能力与经济政策之间的关系，并精辟指出，当国防能力越来越依赖专业化和规模化的防务力量时，经济发达的富裕国家就更能支付国防费用，所以比经济不发达的贫穷国家更有可能赢得战争。无须学者分析，许多拥有常识的人都明白，经济更繁荣，政权也更有可能维持得久一些。

淝水之战以后，尽管东晋实行了政策转型，但仅维持 37 年就亡

国了。而前秦亡国更快，只维持了 11 年。东晋和前秦，都是亡于内乱而非外患。桓伊能够击退外敌，但终究不能化解皇室和各个权贵集团，以及各个权贵集团之间的严重矛盾，更不能缓解当时极为扭曲的政经格局。据经济史学家侯家驹的研究，东晋时期，拥有大量土地并挟藏大量人口的世族，假借职权及官商勾结的官僚资本控制者，操纵了当时的经济和政治，社会痼疾积重难返，朋党相争白热化。而且史料记载，东晋后期的经济政策混乱不堪，全无桓伊的政策转型初期的那种清晰思路，一个典型事例就是，在晋安帝时期，主政的桓玄竟想废除货币，幸而刚直的重臣孔琳之极力反对说，"洪范八政，货为食次，岂不以交易所资，为用之至要者乎……圣王制无用之货，以通有用之财，既无毁败之费，又省难运之苦，此钱所以嗣功龟贝，历代不废者也……今既用而废之，则百姓顿亡其利"，桓玄才作罢。但当时朝政之乱，政策之昏，可见一斑，而经济毫无疑问不断陷入混乱和凋敝，平民负担沉重且流离失所，国家终于走向败亡。而前秦，在淝水之战之后继续穷兵黩武，四处征战，国力耗尽，内乱频仍，比东晋还早 20 多年亡国。

始皇帝的大秦帝国，则在六王毕、四海一之后，曾经不可一世，但只有 15 年就灭亡了。因此，如果国内政策不再得当、国内治理不再有方，一时的战争不管是赢是输，都不能避免败亡的命运。

桓伊政策转型来自综合研判能力与战略谋划能力

桓伊的适时政策转型，并不因时光流逝而失去光芒。桓伊在面临前秦的巨大威胁时，并不退缩怯战，《晋书》说他年轻时，"伊有武干，标悟简率，为王濛、刘惔所知，频参诸府军事，累迁大司马参军。时苻坚强盛，边鄙多虞，朝议选能距捍疆场者，乃授伊淮南太守。以绥御有方，进督豫州之十二郡扬州之江西五郡军事、建威将军、历阳太守，淮南如故"。而淝水之战后，他并不恋战好战，当看到前秦已无力南侵，而东晋也缺乏足够力量北伐并取胜时，只能在对峙中通过发展国内经济而从长计议，所以他才下决心推动政策转型。这就是变局中的综合研判能力和战略谋划能力。

在重大变局中，并不容易进行综合研判和战略谋划：一方面因为，变局并不是一个清晰的局面，而是充满变数，难以准确判断；另一方面也因为，变局会考验决策者以及幕僚的胸襟格局、历史情怀以及客观的眼光、冷静的头脑，这些禀赋能够赋予他们政策理性，但这些禀赋很难通过学习分析技术和研究方法而获得。

许多人并没有意识到，我国在改革开放之初也实行了从支战型经济政策到去战型经济政策的巨大转型。多数人知道的是，我国实行了从计划到市场、从封闭到开放的转变，可是实现这个转变有一个极为重要的前提，就是认识到大的战争打不起来，和平发展机遇不容错失。根据历史学者宋以敏的研究，早在 1979 年，胡耀邦在我国驻外使节会议上就讲，苏联集团有亡我之心，但不等于它要搞亡我之战，它要发动对华战争，并不容易；1984 年 10 月，邓小平在会见来访的德国总理时说："一九七四年你来访问，我们曾经谈到战争危险，现在我们对这个问题的看法有一点变化……"[1] 而一个月后他在中央军委的会议上正式提出，大的战争打不起来，我国可以集中精力，安安心心搞建设，把国家的重点转移到经济建设上来。邓小平和胡耀邦就是那种不但有胸襟格局，也有客观眼光和冷静头脑的人物。后来，邓小平在苏联解体、苏东集团坍塌那样未曾遇见的历史大变局中，也提出过"冷静观察，沉着应对"的告诫。他们没有误判，更没有刻意夸大国家主权和安全受到的威胁，从而综合研判能力与战略谋划能力胜于同侪。

---

[1] 邓小平. 邓小平文选：第 3 卷 [M]. 北京：人民出版社，1993：82.

桓伊政策转型给当下以启迪

当今时代，既可能发生国家间战争，更时刻存在国家间经济竞争。但必须看到，国家间经济竞争与国家间战争，有截然不同的性质。国家间战争通常导致严重的负和结果，顶多也是零和结果，而国家间经济竞争却可以走向正和结果，通过创新、差异化、全球分工、独特优势构建、交易与交换，实现共存和共同发展。当然，在实现当中，国家间经济竞争并不意味着会自动出现共赢结果，可能会有长时间的落败者，更会有阶段性受损者，从而引发国家间经贸领域的争执和争端，乃至竞相推出破坏性经贸政策。这些问题的解决，需要通过国家间谈判协商，以构建合理的、良好的经济竞争规则，以及构建恰当的全球治理体系。因此，当今时代面临争端和竞争时，是否需要经济政策转型，依赖清醒的头脑。而且，处置国家间战争和竞争，需要从民生、经济繁荣、人类发展等角度来综合考量政策，这当然更复杂。

对于幕僚而言，能够适时推动政策转型，更是凤毛麟角，因为他们本身并不拥有权力，而是依附权力来论说政策。都是重要幕僚，为什么桓伊能推动政策转型，而更接近君王的李斯等人却不能？这当然是个谜。不过，如果我们稍微多了解一下桓伊和李斯，会有所助益。《晋书》说，"伊性谦素，虽有大功，而始终不替；善音乐，尽一时之妙，为江左第一"。《世说新语》有一篇"桓子野吹笛"，说王羲之的儿子王徽之某日在建康城外停船小憩，恰遇附近官车经过，闻言经过者是字子野的桓伊。王虽与桓未曾谋面，但对桓善于吹笛仰慕已久，所以让随行者前去说明情况，并请桓伊吹笛一曲。桓便停车，吹笛三曲，曲毕飘逸而去，桓王始终未交谈一句话。《晋书》还记载，他为了缓和晋孝武帝对谢安的猜忌，遂抚筝而歌"为君既不易，为臣良独难。忠信事不显，乃有见疑患"。而《史记》对李斯的描述是，"年少时，为郡小吏，见吏舍厕中鼠食不洁，近人犬，数惊恐之。斯入仓，观仓中鼠，食积粟，居大庑之下，不见人犬之忧。于是李斯乃叹曰：'人之贤不肖譬如鼠矣，在所自处耳'"。也许司马迁对李斯的描述带有偏见，但从李斯一生的行为来看，他与桓伊不是一类人。

可以说，桓伊一生只做了两件事：第一件是打了一场仗——淝水之战，一举扭转了国家局面；第二件是作了一首曲——《梅花三弄》，流传百世。但是，他所推动的政策转型虽然润物无声，也绝对不应该被忽视。唐代杜牧说，"月明更想桓伊在"，可能不仅仅思念桓伊常于明月下以笛吹奏《梅花三弄》，还赞颂他推动的国家政策转型，因为杜牧也深恶战争对民生的破坏，其诗句"邈矣远太平，萧然尽烦费"就是情怀流露。在当今的世界复杂变局中，当思考国家政策转型的时候，当审视国家安全与发展的时候，如果不知道桓伊，那会多么寥落。在衡阳城外三十里，桓伊曾经居住和读书的地方，现在是乡野薄霭中破败的伊山寺，他的朝代虽已化作尘土，但他的政策理性所蕴含的悟性仁心，连同他曾经读过的万卷诗书，和他创作的美好音律，必将给后人以永远的启迪。正如唐代张祜《伊山》诗所感："晋代衣冠梦一场，精蓝往是读书堂。桓伊曾弄柯亭笛，吹落梅花万点香。"

如何用经济学理论指导政策制定

中国经济改革和经济发展至今取得了举世瞩目的成就，合适的政策功不可没。相信大多数持客观态度的人都会同意，许多政策都是直接出自常识和常理、现实中已经出现的行之有效的实践、历史上曾经得到验证的举措、国外的类似经历和经验等。实际上，笔者想说，经济学理论所发挥的直接作用是有限的。譬如，"文化大革命"结束后最大的改革政策——农村大包干，是直接由安徽小岗村的农民发动的，他们基本上也是照搬历史上三年困难时期之后的包产到户政策；工业领域的国企改革，最初的政策是放权让利，这是由四川的几个国企于1978年在基层自发争取来的，后来的国企承包制和租赁制也是由农村承包租赁政策自然延伸过来的，实际上这样的做法在民间社会一直存在，只不过长期被政府禁止；即使是企业股份制和"双重置换"政策、价格双轨制政策、粮价和物资价格放开政策、利税分流和分税制政策、社会保障政策等，既不是发明，也不是来自理论研究。笔者长期从事政策研究，并与政策圈子接触，亲身经历和亲眼见到的情况是，从事政策研究和政策制定的人员，到基层调研、到国外考察、举行务实性讨论会、获取政策效果的反馈资料并进行评估，要比在理论和学术上花的时间多得多，尽管他们中不少人的理论素养和理论兴趣都不差。

但很有意味的是，在中国改革开放和经济发展进程中，经济学者们又是非常活跃的一个群体，而且他们对政策的参与度还非常高。他们对政策制定的主要贡献在哪里呢？据笔者观察，一是帮助决策者和官僚集团认清事实并克服意识形态等方面的障碍，二是帮助实践探索者和行动者发出强烈呼声，三是帮助舆论界及整个社会厘清经济发展和时代前进的大方向、大趋势，四是有些学者参与一些文件的起草和背景研究。总的来看，他们对经济政策的直接贡献比较有限，而间接贡献却很大。

经济学理论可以帮助我们走出认识误区

笔者在长期的政策研究中深深体会到，用正确的经济学理论，并以正确的方式来指导政策制定，已经有所作为，并且还可大有作为。2014年，法国经济学家让·梯若尔获得诺贝尔经济学奖之后，笔者第一时间就撰写了一篇内部研究报告，分析他的理论对我国国企改革和监管体制改革所具有的指导意义。2016年，诺贝尔经济学奖由合约理论家本特·霍姆斯特罗姆和奥利弗·哈特获得，很巧的是，2015年12月，笔者参加一个论坛发言的时候，特别提到了霍姆斯特罗姆的多任务委托代理理论的指导意义。为什么这个理论有指导意义？因为企业经营发展本质上就是一个多任务委托代理，尽管新古典经济学假定企业目标很单一，就是利润最大化。国有企业就更不得了，不但是任务更多更杂，而且不同任务可能相互冲突，有些任务可以通过指标来考核，有些任务就很难通过指标来衡量它的隐性部分，或者设计的衡量指标可能是虚假的甚至扭曲的。这就触及我国国企改革发展的政策制定了。我们现在有很多政策制定者都认为，只要制定合适的指标来考核国企，国企不就搞好了吗？所以国企能否搞好，不就是一个指标体系的设计问题吗？笔者接触到许多高中低级别官员，大多数人都接受并且认定这个逻辑，他们认为国企问题还有其他很多问题根本上来说就是一个"指挥棒"问题，是考核指标这个指挥棒没有设计好、没有指对方向。但是如果我们深入掌握霍姆斯特罗姆和哈特的理论，就能一眼识破这个逻辑的误区。举一个很简单的例子，国资委考核国企，以前是从净利润率、资产保值增值率、营业收入增长率等方面来考核，后来政府强调自主创新的重要性，那就增加了自主创新这个指标，而且不同的领导上来后可能会有不同的权重。但是自主创新这个指标怎么设计？中国企业特别是国企研发投入太低，那就设计一个研发投入指标。实际结果会怎么样呢？有的国企为了指标达标或者超标便使劲投资研发，钱投到哪儿去了？某国有汽车公司投入几十亿元建设世界上最先进的研发中心，指标就上去了，但是并没有优秀研发人员和良好研发机制，这就是虚假指标，而且是扭曲指标。

因此，正确的经济学理论就可以带领我们走出认识误区，指导我们制定合适的经济政策。不过，这方面存在很大难度。为什么？因为经济学理论比较庞杂，而且相互矛盾之处又特别多，人们嘲笑说100个经济学家就有101种观点，甚至一些经济学者自己也质疑经济学到底是不是科学，更何况学术上不严谨而信口开河的专家多的是。单就合约理论而言，顶级学者也争论不休，让人感觉莫衷一是，霍姆斯特罗姆和哈特两人之间就有很多争论。还有，专利保护制度、反托拉斯制度，到底是有利于还是不利于经济增长，经济学家内部就针锋相对。笔者的感觉是，识别哪些理论在现实世界中基本正确而哪些理论基本错误或者偏离现实世界，需要学者自己提高辨识能力，而不能只看哪些理论家名气更大、获奖更高、进入教科书更多。辨识能力是一种综合的学术能力，不仅仅依靠学术素养，还要依靠证实和证伪能力。证实或证伪虽然有时能靠时间自然解决，但并不总是这样，这就不但需要我们检查学术论证方法和过程，更需要我们勤奋地观察现实世界，通过对现实世界的观察和把握来证实或证伪经济学理论，这可能是比数理推导和计量分析更为稳健的途径。笔者就看到很多勤于调查和剖析现实情况的官员、学者比很多书本理论家更能判断理论的对错，而这对于如何以经济学理论指导政策制定是至关重要的。

不完备合约理论的基础性意义

在整个经济学理论体系中，笔者认为，不完备合约理论是一种正确的理论，对政策制定具有很强的指导意义，这是笔者研读理论并联系实际得出的结论。大家可能会问，2016年诺贝尔经济学奖授给了两个人——霍姆斯特罗姆和哈特，前者是完备合约理论的代表人物，后者是不完备合约理论的代表人物，他们两个同时获奖，岂不是自相矛盾吗？其实只要仔细研究他们的理论，就会发现并不矛盾。完备合约理论除了霍姆斯特罗姆，梯若尔影响更大，他发表过一篇关于完备合约和不完备合约的讨论文章——Incomplete Contract: Where Do We Stand。这篇文章比较完整地解释了完备合约和不完备合约之间的理论分歧，他并不是否认现实中的合约是不完备的，或者说，他并不认为现实中的合约是完备的，他强调的是从建模逻辑和建模技术来看，原来所谓的第一代不完备合约理论从理性、交易费用这两个角度来建模，是有漏洞的，所以也可以建一个完备合约模型。实际上，他后来的一些文章也说过，他承认现实当中的合约是不完备的。当然，我们自己也可以从实际当中大量观察到合约是不完备的，这就是一个证实和证伪的过程。从这一点也可以看出，经济学理论是可以偏离现实世界的，这并不影响经济学家的学术贡献，但如何用经济学理论指导政策制定，就必须洞悉现实世界。

我们可以用不完备合约理论来指导我们的政策制定吗？不但可以，而且应该，特别是应该用来指导我们一揽子结构性改革政策的制定。十八届三中全会出台了全面深化改革文件。笔者认为，这个全面深化改革的文件包括四个方面的改革：第一是价格改革，第二是准入改革，第三是产权改革，第四是国家治理改革。从文件的落实情况来看，如果我们只是停留于价格改革和准入改革，而刻意回避产权改革和国家治理改革，整个改革是难以真正推进的。不完备合约理论告诉我们，所有权是重要的，是不能回避的。在中国一揽子改革中，国企改革和农村土地改革是两项极为重要的改革，恰恰是这两项改革最需要不完备合约理论来指导，为什么呢？因为至今，这两项改革的政策制定似乎落入了完备合约误区。在实际中，政策制定总是在合约设计、指标设计上打转，这是走不出迷宫的。

国企改革在最早的时候就陷入完备合约的误区，笔者是有亲身体会的。最早的国企改革政策，尽管放权让利、承包经营等做法是发轫于基层实践，但制定全国性的国企改革政策，理论基础就是两权分离，即所有权和经营权分离。这个理论要追根溯源，当然可以说源于阿道夫·伯利和加德纳·米恩斯的书《现代公司与私有财产》，但这本书只是描述了一种现象，并没有对所有者如何让渡一部分和保留一部分控制权进行分析，根本没有涉及后来经济学当中的剩余控制权问题。但是在20世纪80年代，许多经济学家和官员认为这个理论是灵丹妙药，到现在还有许多学者和官员在说两权分离。在两权分离理论指导下，直接就引出了承包制这个风行一时的政策。当时有许多著名专家，都主张国企改革的根本出路就是搞承包制。国家接受了这个主张，在全国范围内全面推行了承包制。

承包制背后的两权分离理论，实际上就是说所有权不重要，可以把所有权放在一边，要改革经营权，在我国的具体方式就是实行承包经营责任制。当然国企承包制也有实践基础，在20世纪70年代末和80年代，农村搞土地经营承包，取得了阶段性成功，这也给了政府一个信号，承包制是有效的、成功的。那时候有一句话叫"包字进城，一包就灵"，首钢门口就有一个大标语"承包为本"。总之，承包制是风风火火的。实际上，在这个风风火火的背后，潜藏着许多不可持续的问题，只不过一时没有暴露和爆发出来。当笔者在20世纪90年代进入国务院发展研究中心工作的时候，做的第一个调研就是承包制。笔者当时有很高的热情，一个人坐公共汽车去北京一些企业和北京市经贸委等单位调研。调研的结果令笔者非常吃惊，就是承包制一团糟，可当时政府的意向是继续实行并完善承包制。为什么一团糟？一方面因为中国那时的法治观念还很淡薄，承包合同在政府那里根本就没有严肃性，政府可以随意提高承包基数。政府跟企业说，虽然上年度政府与企业签订的承包合同约定企业每年上缴利润500万元，但本年度政府有点困难，企业利润这么好，那就要上缴550万元。另一方面因为承包人也可以钻承包合同的漏洞，最普遍的做法就是该提不提、该摊不摊，就是说该提的折旧费等费用都不提，该摊的研发和营销费用都不摊，这样就可以在承包期内把成本做低、利润做高，多拿承包提成费，但显然这种寅吃卯粮的做法会损害企业未来的发展。笔者在调研之前也耳闻过类似情况，但没想到这么严重，以致承包合同条款几乎发挥不了预想的作用。笔者当时写调研报告的结论就是：承包合同将沦为一张空头支票。当然更多的人并不同意这个分析结论，他们认为，实际当中有什么问题就针对什么问题，具体问题具体解决，用不着否定承包制，只要规范各方行为，承包制不但应该继续搞，而且可以搞得更好。笔者深切体会到，一直到现在，在政策领域，这种"有什么问题就针对什么问题，具体问题具体解决"的思路是非常强大的，这不知是认识误区方面的原因还是其他什么原因。不过在那个时候，笔者和同事当时流行于中国的科斯理论和威廉姆森理论，都不能很好地剖析承包制的问题。

后来哈特的不完备合约理论引入中国后，笔者就系统地研读有关研究成果，对国企改革政策的思考就更深入了。承包制的本质是合同制，以不完备合约理论来分析承包制、租赁制是非常有用的。其实对国企的指标考核，本质上也是合同和激励问题，用霍姆斯特罗姆和哈特的理论来分析是非常恰当的。可能有人会问，民营企业也存在所有权和控制相分离的现象，也有采用承包制和租赁制的，国有资产在有些行业如酒店行业就可以用承包租赁的方式获得较好经营效果，怎么能说承包制不能根本解决问题呢？其实民营企业可以采用任何一种所有者认为合适的经营责任制，因为剩余控制权和剩余索取权是很清楚而且是在位的，国有资产在那些合约不完备程度较低的行业也是可以采用合同经营的。

不完备合约理论毫无疑问指向了产权改革。很多人包括很多政府官员都问笔者："你为什么总是力推产权改革？"他们不知道这是长期的理论与实践相结合的产物。即使不看理论，现实当中许多自发的和出于无奈的产权改革，也足以说明问题，所以到20世纪90年代后期，特别是在亚洲金融危机的冲击下，基层自发的产权改革不断蔓延，政府对国企进行产权改革的认可程度也在不断提高。到1999年，中央决定召开十五届四中全会专门研究国企改革，在为文件起草组提供背景研究的时候，陈清泰主任、吴敬琏老师带领我们几个人进行研究。笔者当时负责产权改革这一部分，笔者在研究报告中提出国企要实行股权多元化。笔者觉得股权多元化这种温和、缓和的产权改革是能够为中央所接受并形成全国性的改革政策的，大力发展混合所有制改革也是顺理成章的。所幸十五届四中全会接受了这种思路，会议决定明确指出"股权多元化有利于形成规范的公司法人治理结构，除极少数必须由国家垄断经营的企业外，要积极发展多元投资主体的公司"。后来的十六届三中全会的文件更好、更深地接受了这种思路，提出要"大力发展国有资本、集体资本和非公有资本等参股的混合所有制经济，实现投资主体多元化"。2011年，笔者单位与世界银行合作进行《2030年的中国》课题研究，笔者又在研究报告中阐述了进一步推进国企产权改革的必要性。有同样思路和主张的学者也不少，他们都做了很好的研究并产生了良好影响。当然，在实际推行当中，会遇到各种各样的障碍和曲折，所以从政策制定到政策落实，还非常艰辛。特别是，下一步国企改革究竟怎么搞？现在好像越来越含糊了，比如混合所有制，最早是大力发展，后来变为积极发展，现在改为稳妥发展；如果把重点放在管理监督运营架构设计方面和政企权力界定方面，是不是又绕回到30多年前？即使还实行产权改革，但到底什么样的所有权结构和什么样的所有权形式才是最有效率的？这方面哈特理论已经回答不了，我们可能要寻找其他理论。哈特只是提出所有权重要，什么样的所有权结构、什么样的所有权形态，他解释不了。譬如，我们现在提出，设立国有资本投资运营公司这样一个所有权行使机构来行使国企的所有权，这不也是所有权改革吗？这不也是让所有权到位和剩余控制权发挥作用吗？哈特理论无法回答这样做是行还是不行。笔者认为，除了哈特这个"哈"，我们还需要另一个"哈"，即哈耶克。哈耶克的理论并不是什么新理论，但是他的《个人主义与经济秩序》所展示的理论体系，并没有得到我们应有的重视。所以，一定要有"两哈"——哈特和哈耶克，才能够对产权改革有一个完整的理论视野。

"两哈"的理论

"两哈"的理论也可以用来指导我们制定合适的土地改革政策，这将是我国未来改革议程中不可回避的一件大事。至今，我国的土地改革政策一直局限于经营权改革，而把所有权摆在一边。土地经营权改革政策的理论基础是什么？以前也是两权分离，即所有权与承包经营权分离，现在变成三权分离，即所有权、承包权、经营权分离。不管怎么分离，实质上还是一个签约问题，但是所有权如何在位、剩余控制权和剩余索取权如何发挥作用？这是不能回避的。土地所有制是最含混的制度，村集体所有制是什么？村集体这个范围根本不清楚，遑论村集体合理化治理机制的缺失、上级政府对村集体财产权和治理权的随意干涉。即使是村集体所有制，村集体就应该可以行使完整的所有权，那么村集体就可以决定其土地财产可以分给村民个人、卖给他人，现实中难道是这样的吗？家庭联产承包责任制又是什么？享有承包权利和相关利益的家庭成员的范围也不是很清楚，家庭是指几代人的家庭？包括户口迁出和迁入的家庭成员与新的家庭成员吗？他们之间的权利和利益如何分配与分割？家庭决策由谁做出或通过什么集体机制做出？这些问题在现实当中矛盾重重、纠纷不断。在回避产权改革的情况下，土地合同签约主体资格就不甚清楚，各方行为人的权责利关系也不甚明了，导致再谈判和再签约的成本非常高昂，甚至在层层转包之后，都不知道最终责权利主体是谁，从而土地资源很难得到有效和合理配置。特别是，在城乡接合部和城市郊区可以看到，大量的土地资源要么被滥用，要么被闲置，这就是哈丁所说的"公地悲剧"和黑勒所说的"反公地悲剧"，这两个悲剧竟然并存于中国土地制度之中。我们经常听说某块土地"产权复杂、合同关系复杂"，无法有效配置和合理利用，其实哪是复杂，而是不清，只要清楚，再复杂也不怕。把商品房产权制度与土地产权制度比较一下就很有说服力，商品房产权就非常清楚，没有什么所谓的集体产权或者家庭产权，产权登记和产权证书都会落实到个人，哪怕是共有产权也会具体到哪几个人，他们的权利是平均分配还是按约定比例分配都很清楚，所以中国的房产市场就是一个比较有效的市场，能够很好地重新配置资源，这与土地市场形成鲜明对照。其实用"两哈"的理论，就可以比较好地解释这些现象，并可以比较好地提供政策视角，可惜至今笔者没有看到用"两哈"理论来分析土地政策的文章。未来的土地政策，在城市化继续推进、土地用途日益非农化、土地估值方式日益市场化的大趋势下，必须做出相应改变，而我们如果固守两权、三权分离理论，或者又搞出什么四权、五权分离理论，是难以走出政策误区的。

上面只是重点分析哈特和霍姆斯特罗姆等人的经济学理论可以用于指导政策制定，实际上经济学在过去 20 年有了很大发展，如新增长理论和新新贸易理论等，对于我国制定下一步的增长政策和升级转型政策，都具有一定借鉴意义。将经济学理论拿到现实世界中进行证实证伪和借鉴使用，又以丰富实践反哺经济学理论，实在是一件饶有兴味的事情。

转型而来的职业经济学家如何思考

由中共高层领袖、职业革命家,转型为职业经济学家,担任大学经济学系主任,罗章龙是党史中绝无仅有的人物。他也出版过几部厚实的经济专著。兼有中共领袖和职业经济学家的历程,自然是凤毛麟角,自然有卓然视角,他对我国和西方国家经济发展的一些分析与思考,在重视党史学习的今天,仍然闪烁着非比寻常的启发之光。

毛泽东愿与其"结管鲍之谊",并专赠七古诗

很多人都知道,毛泽东在湖南第一师范读书期间,以"二十八画生"之名公开征友,他说曾得到"三个半"人的回音,其中一个就是罗章龙。罗章龙那时在长郡中学读书,以"纵宇一郎"的名字与毛泽东书信联系。罗章龙是湖南浏阳人,那也是谭嗣同、胡耀邦的故乡。据罗章龙回忆,他们在定王台见面,意气相投,快意畅谈,毛泽东在分手时表示"愿结管鲍之谊",而罗章龙则赋"风尘交北海,空谷见庄生。策喜长沙傅,骚怀楚屈平"之诗。后来罗章龙成为新民学会唯一的非一师学生首批会员。1918年罗章龙启程去日本留学,毛泽东专门赋诗壮行,以"年少峥嵘屈贾才,山川奇气曾钟此"答和罗章龙曾用过的长沙傅、楚屈平之典,并有"君行吾为发浩歌,鲲鹏击浪从

兹始""丈夫何事足萦怀,要将宇宙看稊米""名世于今五百年,诸公碌碌皆余子"等句。这是毛泽东诗词中唯一的七古体裁作品。

罗章龙后来于北大读书,加入马克思学说研究会并入党。罗章龙回忆,他曾力劝同样信仰马克思主义的北大同学何孟雄入党,何孟雄由于对民主机制等问题抱有疑虑,迟迟不答应,而罗章龙则以恳切言辞打消了他的担忧。二人后来都成为著名的工人运动领袖。1923年,在党的三大上,毛泽东、罗章龙同时进入由5人组成的中央执委会常设的中央执行局,其他3人为陈独秀、蔡和森、谭平山;陈独秀、毛泽东、罗章龙三人负责中央日常工作。由此,罗章龙成为中共几位高层领袖之一,但1931年因与李立三、王明等人的分歧而被开除出党。之后,他辗转到河南大学做经济学教授并担任经济学系主任,后转到湖南大学等高校做经济学教授,一直到1949年后退休。他于1995年以99岁高龄辞世。

对工业化与制度变革的思考

罗章龙一边教书,一边研究,于20世纪四五十年代出版过《中国国民经济史》《近代欧洲各国经济政策》《社会主义国民经济计划原理》等著作,对中国古代和近现代经济发展、欧洲工业革命以来经济发展进行了深入分析,对社会主义中国如何实现工业化及繁荣富强有不少思考和设想。

罗章龙通过对中国和欧洲历史上的产业、财经、民生方面的比较分析,认为直到明代,中国并不落后。但明代以来因循守旧,没有魄力推行重大变革,从而止步不前。这样的研究结论,与美国经济史学教授彭慕兰的"大分流"学说基本吻合。罗章龙进一步认为,不但中国历史上的重农抑商思维惯性阻碍了工业的发展,而且从微观层面来看,没有像欧洲那样实行因时而兴的先进企业制度,譬如公司制度、资本制度、破产制度等,所以不利于工业化的推进。笔者近年来致力于研究经济增长的微观基础,看到罗章龙的这些思考,不禁有强烈共鸣。

罗章龙对晚清洋务运动以来我国工业化进程进行了分析,认为政府十分关注以军事工业为重点的官营企业,以及后来的官督商办企业,直到很晚才开始提倡国内民营企业的发展,严重地贻误了经济发展时机,因为此时已有大量外资企业入华,国内民营企业与外资企业竞争就明显处于劣势,本土企业发展就受到压制。罗章龙显然非常熟悉德国经济学家李斯特的理论,他认为,李斯特对自由贸易的剖析相当中肯,所以他说,斯密的自由贸易学说在英国为福音,在别国则为国难,后发国家在与世界工业大国进行经济贸易交往时,不应该采取自由经济政策。学术界都知道,现在颇受争议的产业政策,最重要的理论源头,正是李斯特的学说。可见,罗章龙对经济发展的思考,也涉及贸易政策和产业政策方面。

罗章龙还分析了经济发展与经济政策和国家体制之间的关系。他由此抨击了统一集中的帝国经济模式,以及专制擅权的国家惯性。他深深感叹,中国民众勤勉辛劳,愿意储蓄,善于发明创造,是专制痼疾扼制了经济发展和民生改进。他认为:"经济民主与政治民主相辅而行,宪政化行,法治清明,则中国国民经济将循独立自主之途猛进,工业革命与经济合理制度之建立可一举而毕其功,中国经济将与世界经济同臻上理。"他的这些分析与洞察,即使现在来看,也不落伍。

罗章龙当然也看到了科学和学术在工业化和国家发展中的至关重要性,并剖析了中国与欧美国家在这方面的巨大差异。他认为,欧美国家近代以来的经济发展,"大都与其国家的学术昌明有关"。因此他主张,国家要发展,就必须改变"学术基础之浅薄"的状况。那时,经济学家还不太使用"科技创新"这样的术语,更罕有学者对创新与经济增长之间的关系做深入分析。但从他的意思来看,他的发展论中包含创新思维。他所言的学术，既包括自然科学方面，也包括社会科学方面，还包括政策讨论方面，他认为国家的经济政策必须经过充分讨论，才能避免错误，这与现在一些经济学家所呼吁的"思想市场"，确有异曲同工之妙。

对计划经济与商品货币的思考

罗章龙是一位马克思主义者，在北大，他属于有较好德文功底的少数学生之一，翻译过德文版的《共产党宣言》，当然也阅读过德文版的马克思其他著作。他反对市场经济而主张计划经济，是理所当然的，何况那个时候，政府的管理和调节能力较为欠缺，各国的市场经济的确有不少乱象。罗章龙曾回忆，他接触的第一位苏联共产党人是维金斯基，并认为此公也是一位经济专家，对苏联在短时间里以计划手段而取得的发展成就数据信手拈来，令人信服。显然，罗章龙当时对计划经济十分神往。

但非常有趣的是，在其《社会主义国民经济计划原理》一书中，罗章龙特别指出，计划数字"只有相对意义"，因为实际经济运行存在一些不确定性。譬如，农业收成与气候有关，老天爷不可能按照计划数字来提供农产品产量；又譬如，如果有国际贸易，国外市场不可能按照国内计划行事；他还强调，市场具有"无政府性"，不可能完全听命于计划，也就是说，他认为计划之外，国内的市场交易、市场化生产仍然在某些领域存在。这可是1949年后出版的计划经济专著，作者是虔诚的马克思主义者，是维金斯基等计划专家的崇拜者。可以看出，在他所谓的计划经济"原理"中，存在细微却又涉及要害的逻辑裂缝。这个学术上的不自洽，落到实际经济运行中，就不是罗章龙的"只有相对意义"这样简单一句话就可以对付过去的。因此，即使到改革开放后，我们许多经济学家还是在计划经济与市场调节上做文章，但是文章做来做去，在现实中就是结合不起来，最后还是走上了市场经济道路。

还有一点不应该被忽视，就是罗章龙主张，在社会主义计划经济中，仍然要遵循价值法则，商品和货币仍然应该存在。关于这一点，晚年毛泽东也曾陷入困惑和摇摆：一方面，他似乎本能地不喜欢商品与货币；另一方面，他又有一些基本常识，并最终保持了理性，没有听从他人的理论建立那种取消商品和货币的社会。从这些方面来看，像罗章龙这样熟谙马列理论和苏联制度的经济学家，对我国计划经济到底怎么搞，其实并没有清晰、完整、具体、可行的设计。因为现实世界总有"气候"、国际贸易、国内无政府性这些不确定因素，所以真的不可能搞出计划数字有"绝对意义"的计划经济。哈耶克这些人，也正是从知识的分散性、现实世界的不确定性等角度，来论证计划经济的不可行性。对客观世界的认识，提倡计划经济的罗章龙与反对计划经济的哈耶克，是不是也有某些相通点？也许正是这样的常人所有的相通点，增加了制度革新的可能性。从这个角度来看，改革开放之后，我国终于走上市场经济道路，既是一件惊心动魄的事，也是一件自然而然的事。令人欣慰的是，罗章龙活到了1995年，完整地经历了从清末之后官僚买办占优的混乱市场经济，到效仿苏联的计划经济，再到有计划的商品经济，最后于1992年确定搞社会主义市场经济，这样一个百年历程。这当然不是一个简单的轮回，估计曾苦心孤诣撰写《社会主义国民经济计划原理》的罗章龙，心中涌起的不是抵触和苦涩，而是释然和欣然，因为他这样的革命先驱，怀着富民强国的本心，必定不会拘泥于本本上的教条。

知识如何成为繁荣力和进步力

"知识就是力量",人们经常引用培根的这句经典名言。他的意思大概是,探求科学知识,运用这些知识,使人类获得了自身躯体不可能养成的强大力量。的确,随着时间流逝,人类获得和积累的知识越来越多,许多知识都转化为巨大力量。不过,一些知识力量却给人类带来了恐惧、困苦甚至灾难,例如,人类利用核裂变和核聚变知识制造了许多威力巨大的核武器,纳粹曾利用遗传和生育知识实施"生命之源"计划,都属于此类。而一些人,尽管知识十分渊博,但成为这类负面力量的帮凶。所以,对于那些专门探求知识的人而言,应该好好想一想,知识应该如何转化为人类的繁荣力和进步力,而不是随便转化为任何力量。要想让知识为人类进步服务,以下三个方面的工作十分重要。

定义真知的机制

人类的知识非常多且非常杂,感知、认识、理解,以及传播中的信息,还有人们约定的言行规则及审美标准之类的信息,甚至观念、理念、信念,都被认为是知识,但其中许多并不一定符合事实,并不是真知。即使符合事实,但是由于都具有片面性,所以能称为真知的少之又少，甚至不可能有绝对的真知。人们都知道盲人摸象的故事，他们关于象的知识，虽都部分地符合事实，但都是片面的。在当今信息时代，传播中的信息与知识很难区分，所以知识是否符合事实，更加难以辨别。许多观念和信念、规则和方式，与事实无关，或者根本就不符合事实。此外，按照哈耶克的说法，知识的准确性和可靠性依赖具体时间，时间流逝会导致知识的准确性、可靠性发生变化。仔细想一想，就不难明白，我们拥有的绝大多数知识，甚至可以说几乎所有知识，都具有一定的过时性。

由于知识的片面性和过时性广泛存在，而且每个人拥有的知识的片面性和过时性并不完全重叠，所以严格地讲，世界上没有两个人拥有完全一样的知识。哈耶克说，知识不但是分散分布的，而且常常以相互矛盾的形式存在，就是这个意思。墨子也说过，"十人十义，百人百义"，他讲的"义"虽然不等同于知识，但道理是一样的。

由于知识具有这样的特性，人类不可能有绝对真知。英国牛津大学教授蒂莫西·威廉姆森就系统论述过知识的局限性和含混性等问题。但是，在具体场景中，个人需要真知，人类集体更需要真知，以便在某个场景中采取正确行动以趋利避害。当然，这里所谓的真知只能是相对真知，而非绝对真知。只要赖以采取行动的知识，不会导致行动结果不可接受地偏离预期目标，就可以算是相对真知。

因此，如何定义真知，就非常重要。古时候，常常由那些通天意、通神灵的智者，以及掌握权力的头人来定义真知。自从政府作用日益增强，公权力以及得到公权力加持的人物，获得了很强的真知定义力，就不奇怪了，特别是在知识探求机构的经费来自政府的情况下。20世纪的苏联，自斯大林时代直到赫鲁晓夫时代，一个叫作李森科的生物学家，声称自己发明的生物育种方法可以使农业大丰收，在与其他生物学家关于遗传理论的争论中，他把自己的知识贴上社会主义、唯物主义的标签，把接受西方遗传学理论的生物学家称为人民的敌人，并暗示这些敌人与斯大林的政敌布哈林关系密切。他的理论被斯大林、赫鲁晓夫定义为真知，高校禁止讲授摩尔根遗传学，科研机构终止有关研究计划，一大批生物学家受到不同程度的打击和迫害。

在当代社会，越来越多的人认识到，由公权力来定义真知并不合适，所以在知识界，特别是自然科学知识界，慢慢流行起"同行评议"这样的办法。这种做法的好处就是不由头人、智者、公权力来定义真知，使得真知更接近于事实，或者使更多人得以认清真知的相对性。但也有不小弊端，就是小圈子化、门阀化，这反过来就会排斥创新，排斥对权威的挑战。但似乎也没有更好的其他办法。

定义真知的机制，比定义真知的具体办法更重要。一种机制是集中统一，另一种机制是分散竞争。一个领域的知识探求只由一个机构、一个课题组独家负责，由一个专家组独家鉴定，这就是集中统一。反之就是分散竞争。由强制权力来集中统一地定义真知，则更有威力。20世纪70年代的柬埔寨，留法求学的波尔布特，以及拥有巴黎大学经济学博士学位的乔森潘，这些人成立了红色高棉政府。他们认为无货币、无市场就是经济真知，所以强制推行这类政策。我国"大跃进"时期，亩产一万斤也得到了权威科学家的计算和论证，这个亩产就成了真知，这个真知也是由集中统一的权力来定义的。即使到了改革开放初期，也是一些"有知识"和有政治影响力的学问家，极力维护计划经济和"一大二公"。

美国西北大学教授乔尔·莫基尔在其《增长的文化》一书中说，现代经济增长得益于科学的兴起、科学知识的爆炸性增长，而后者与16世纪以来欧洲政治上的分裂化与智力活动的一体化共存这一独特体系有很大关系。在这个体系中，知识是否真实可靠，不是由一个统一的政权权威来鉴定，而是由学问圈所委托的专家来鉴定，或者留给长时间的争论来切磋；而知识是否有效有用，则由商人和工业家在实践中判别。即使这样，在这个体系中，也有许多相互矛盾的知识长时间共存，甚至不能排除劣币驱逐良币和滥竽充数。

市场经济是一种典型的定义经济真知的分散竞争机制，真知由个人定义，个人也会根据行动结果是否偏离预期目标，来调整自己的定义。这就是分散决策、分散行动模式下的个体试错。实际上，个体之间会通过相互学习来减少试错成本。当然，个体之间也会很不理性地相互附和与跟风。试错会导致成本，许多人不喜欢这个成本，所以会向往集中统一的、似乎可以减少成本浪费的真知定义机制，这在逻辑上就倾向于计划经济。吊诡的是，到底是计划经济还是市场经济更好，也需要评判知识和分析知识，最后也需要诉诸真知定义机制。李光耀在他口述的《李光耀论中国与世界》这本书中说，20世纪六七十年代，主流经济学知识都说跨国公司到落后国家投资，是剥削第三世界国家，但他的决策不是诉诸这样的知识，而是诉诸常识。这是受景仰的知识和不受景仰的常识之间的不一致。到底是前者还是后者促进了新加坡的经济繁荣，无须多言。

的确，人类社会需要集体行动，这时涉及的不仅是个人利益和个人风险，不能仅仅诉诸个体自由选择和市场分散这样的竞争机制，而需要某种程度的集中统一的真知定义机制。这就将人类行动选择置于巨大的集体风险之中。如何减少与控制这种风险？李光耀诉诸尝试是一种方法。而最好的方法，仍然是在一定程度上、一定范围内，引入分散竞争机制。墨子说，"分议者延延，而支苟者詻詻，焉可以长生保国"，就是这个意思。李光耀或许连普通儒士"登降之礼、趋翔之节"那样的知识都没有，但他是真正的智者。

探求知识的途径

庄子说，"知也无涯"。人类即使可以延续到与宇宙一样长的时间，也只能探求到有涯的知识，个体更是如此。所以，一个非常简单的道理就是，越多的人可以自由地探求知识，人类就可以获取和积累越多知识，并越能使知识成为更加接近事实的相对真知，就更有可能增加人类力量，促进人类的经济繁荣。所以，人类社会应该让个人有探求知识的自由。

从本能来说，个人生来就有探求知识的动机和自由。在古希腊，学者把求知本身视为追求自由的过程，科学史研究者普遍将古希腊视为科学的源头，但那时专业化的求知是极少数人的事情，因为社会分工，以及身份和条件的局限，导致更多的人与知识无缘。到了现代，随着经济的不断发展、生活条件和求知条件的不断改进，越来越多的人增强了探求知识的兴趣，也增加了探求知识的自由。不过吊诡的是，人们探求知识的自由也可能受到不应有的限制。这就是来自权力，以及从权力衍生而来的权威，对探求知识自由的限制。

权力要限制探求知识的自由，可能有如下几个原因：一是保持对知识源头的垄断，以增加神秘感、崇高感、受崇拜感；二是担心新知识危及由旧知识作为基础的权力和权威；三是垄断性地利用知识和信息，维持和扩大自己与后代在智力方面的优势，以及由此而来的在政治、经济等各方面的优势。美国第二任总统约翰·亚当斯曾发表过《知识与自由》的演讲，对知识与自由之间的关系做了精辟分析。他说，掌握权力的大人物，总喜欢阻止人民获得知识，但在人民普遍具有一般知识和觉察能力的地方，专制统治和各种压迫就会相应地减弱和消失，社会也会变得更加繁荣，因此获得知识的权利与保护财产的权利一样重要。

在历史上，探求知识的途径，一旦脱离权力，就会促进知识的爆炸性增长。人们普遍认为，工业革命及经济繁荣在欧洲出现，与近代科学在欧洲的发展，以及资本主义市场体系在欧洲的形成，有很大关系。但是近代科学为什么会在欧洲出现？除了古希腊的知识以及阿拉伯的知识，在中世纪后期的欧洲得到复兴和传播之外，一个重要的触发因素，就是知教分离。许多人都了解政教分离的历史，但鲜有人了解知教分离的历史。在中世纪很长时间里，教育、学术基本上由教会掌握，这就是知教合一。那时的教廷和教会，不但有思想权威，也有世俗权力，所以知教合一也包含知权合一。但是后来，知教合一就慢慢瓦解了，教育和学术获得了很大独立性。有意思的是，当初的知教合一，使一些知识可以在教会范围内得到保存和传播，但知教合一这个体系，终究不能容纳新知识、新思想，更不能促进知识碰撞和知识创新。在17世纪，欧洲那些受过教育、有知识的人，接受的都是古希腊亚里士多德的地心说，罗马教廷更是维护地心说，把哥白尼的日心说视为异端，但伽利略发明了新的天文观测仪器，他通过观测，为哥白尼的日心说提供了实证性的新知识。那时在欧洲南部，知教合一还没有被完全打破，所以他的著作《关于托勒密和哥白尼两大世界体系的对话》，需要得到教会许可才能出版，但出版后不久又被教会列为禁书，教皇还命令他放弃日心说观点。后来宗教裁判所对伽利略判以终身监禁，但教会仍然无法完全阻断他的这些知识的传播，为什么？因为那时已经出现一些独立于教会的大学和研究会等机构，特别是欧洲北部已形成知教分离的局面，学者们根本不理会教廷的命令和立场，把伽利略在软禁期间撰写的《关于两门新科学的对话》书稿，偷运到荷兰并在那里出版。这部著作在欧洲许多大学流传，并影响了几代科学家。很显然，是知教分离，及其蕴含的知权分离，极大地促进了近代科学的发展。

知教分离，实际上也是感知、认识、理解类知识，与观念、理念、信念类知识的分离。到了现代社会，这种分离形成普遍性，所以探求知识的自由度就高得多了，而且还出现了一个庞大的探求观测性、实验性知识的专业化群体。20世纪60年代，美国普林斯顿大学有一位叫作弗里茨·马克卢普的教授，撰写了一部专著——《美国的知识生产与分配》，提出了知识产业的命题。也就是说，探求知识、生产知识，在当时的美国已经成为一个产业，不但有一支人数众多的队伍，从事规模化、组织化的知识性工作，而且有比较稳定的投入和日益丰盛的产出。譬如，不仅独立的大学和研究所可以自由地从事这方面的工作，许多企业还设立专门的研发机构，可以自由从事这方面的工作。知识产业的兴起，不但使探求知识的工作变得更加便利，也使得分散竞争机制在更大范围发挥作用，因为知识产业中存在许多机构，它们可以相互合作，更可以相互竞争，不但竞争谁可以更快、更多地探求到知识，也竞争谁的知识更接近真知，当然还会竞争这些知识如何得到更好利用。毫无疑问，这有利于知识转化为繁荣力。

后来的信息经济学对信息、知识的性质做了一些研究，认为信息具有不对称性，知识的真实性也难以辨认，因此真实信息和真知是稀缺的，获取真实可靠的信息和知识需要一定成本。哈耶克就说过，人类知道得越多，个体的理智所能吸收的知识份额就越少，个体就越显得无知。但是随着知识产业的壮大，个体的无知可以通过利用知识产业而得到一定程度的克服。数字经济的发展，极大地促进了这一进程。其所引发的问题就是，知识产业的发展需要支付巨额成本。谁来承担这些成本？如何支付这些成本？在现代社会，除了企业为其自设研究机构支付成本之外，大学、独立研究机构等，在较大程度上由政府通过征税的方式来支付成本。也就是说，探求知识的专业化人员，往往是"端政府的碗"。这就会重新引出探求知识的自由这个问题。端谁的碗，受谁的管，这不是很正常和很正确的逻辑吗？这时，需要政府对探求知识的自由持有透彻理解。只有获得这种理解，并抱有远见的政府，才会较多地保护探求知识的自由。

这还会涉及政府如何对待信念性知识的探求自由问题。伽利略之前时代的地心说和日心说，在很大程度上属于信念性知识，但是伽利略通过新的观测手段和求知方法把它变成科学性知识，所以教廷遇到了前所未有的挑战。政府对信念性知识进行一定程度引导，甚至进行一定程度管控，是可以理解的，但应该以法治机制防止信念性知识的滥用和危害社会。不过麻烦的是，不少知识并不是纯粹的信念性知识，所以政府并不容易掌握界限。

使用知识的方式

知识的获得和积累，主要还是为了使用。使用正确的知识，正确地使用知识，可以促进繁荣。但如果与之相反，就会阻碍繁荣。因此，使用知识的方式就至关重要。

如果说知识探求还是小部分人的事情，那么知识利用则是大部分人的事情。由于知识存量比知识增量多得多，所以知识存量的使用出问题，比知识增量的获得出问题，会导致更广泛的不良后果。就算是接近真知的科学技术知识，也有使用方式正确与否的问题。日本一些企业从20世纪80年代末、90年代初曾进行过高清晰度电视（HDTV）技术的研发，并通过试验，验证了这种技术可以大大提高模拟电视信号的清晰度，这些科学知识可以说是真知。日本邮政省广播局决定，在全国范围使用这种技术，从1992年开始试播HDTV节目，并希望HDTV成为全球标准。但不久之后，数字视频技术突飞猛进，邮政省广播局不得不于1994年停止对HDTV的支持。这个知权合一的使用知识的事件，抑制而不是促进了日本的数字产业繁荣。美国的电脑操作系统、智能手机操作系统有多种标准，政府并不指定官方标准，反而有利于美国数字经济的发展。所以，至少在产业领域，使用知识的方式，应该更多利用市场，而不是依赖基于公共权力的政府。

但有意思的是，许多人更喜欢通过知权合一的方式来使用知识，市场上的企业也喜欢这样。20世纪八九十年代，我国曾经有些被称为发明家的人，号称有"水变油"的技术，这样的人总是孜孜不倦地寻找政府鉴定，期望权力为知识背书。而最近几年，我国又有所谓的

"水氢汽车"技术，号称车辆只需加水，水和铝合金借助催化剂发生反应，生成氢气，即可燃烧并让汽车行驶，声称掌握该知识的企业，也积极与各地接触，希望得到地方政府的背书，当然还有资金支持。许多看起来很有知识的人，总是想找政府为其知识做鉴定。实际上，知权分离的知识使用方式，更能促进经济繁荣。政府应该支持产业领域的创新，但政府又应该与技术路线保持一定距离，这就是奥妙所在，也是难度所在。袁隆平的杂交水稻技术知识，尽管得到了我国政府在一定范围内的推广，但总体而言，我国水稻选种育秧存在多样化的技术路线和应用市场，在国际上就更是如此，而这并不影响袁隆平的声望。诺贝尔经济学奖获得者罗纳德·科斯非常推崇思想市场。其实知识使用市场的重要性丝毫不亚于思想市场。

总的来看，无论是定义真知的机制，还是探求知识的途径、使用知识的方式，都应该尽量实行知权分离，避免知权合一。这样做，不但有利于知识成为繁荣力，也有助于知识成为进步力，即把知识转化为促进进步而不是阻碍进步的力量。什么是进步？现代社会对进步有一些深奥或者花哨的定义。但是人和动物一样，都有一种朴素的共同生存原则，这就是墨子所说的"非攻"和"兼相爱、交相利"。纳粹有很多知识存量与增量，但希特勒却将知识用于"攻"与"兼相恶、交相贼"，知识就没有成为进步力，而是成为退步力。墨子提倡，"处大国不攻小国，处大家不篡小家，强者不劫弱，贵者不傲贱，多诈者不欺愚"。这应该成为知识分子思考知识用途的基本准则。知识分子在利用知识时应该尽量坚持这个朴素的原则，而不能滥用知识。

经济学家如何理解《春江花月夜》

《春江花月夜》描绘了人们对祥瑞的期盼。虽然不同的人对不同的场景、作品有不同的体验和理解，但读到这首伟大诗篇，人们都会心旷神怡，可能又有些"浩浩乎如冯虚御风，而不知其所止"。张若虚本人在历史上也"虚"以示人，他在《唐才子传》中并无牌位，且仅有两首诗流传下来。但《春江花月夜》，自清代至今备受推崇，文学家闻一多称颂"这是诗中的诗，顶峰上的顶峰"。在物质化和经济主义盛行的当今，经济学家会如何或应如何理解这首颇有超尘脱俗意韵的诗篇？诚然，那么多种类的"学家"，有各自的视角，正如鲁迅所言，一部《红楼梦》，经学家看见《易》，道学家看见淫，才子看见缠绵，革命家看见排满，流言家看见宫闱秘事。但面对这首孤篇横绝之诗，经济学家是会像洛克在《人类理解论》一书中描绘的那样，在观感中求得理解和把握规律，并获得思维的快乐呢？还是会像莱布尼茨在《人类理解新论》一书中阐释的那样，通过理性来认知优美精巧的规律和秩序，从而发现心灵与宇宙之间的和谐律动呢？抑或像马歇尔在《经济学原理》一书中声言的那样，透视古代诗人所虚构的古典黄金时代，经济学家不但需要建立严格的方法来研判事物，也需要建立对人的关切情怀，以使美丽憧憬得以持续呢？经济学家如上的可能视角，应当会使人产生兴趣。

时间之困窘

《春江花月夜》最打动人们的也许是其时间思绪。江流不息，无疑使人想到时间流逝。哲人孔子就曾临川浩叹"逝者如斯夫"。王羲之在暮春之时与群贤会于兰亭，即便坐于细小的流觞曲水边，然而仰观宇宙之大，也慨叹许多事物俯仰之间即为陈迹。李白何等豪放飘逸，在春夜宴桃李园时，不禁生出"天地者，万物之逆旅；光阴者，百代之过客"和"浮生若梦，为欢几何"的感伤。但是张若虚不一样，他在滟滟随波千万里的长江边，在皎皎空中孤月轮的花夜里，面对神奇的永恒，就像闻一多所说的那样，只有错愕，没有憧憬，没有悲伤。他思维所向，是"江畔何人初见月，江月何年初照人"；是"人生代代无穷已，江月年年望相似"；是"不知江月照何人，但见长江送流水"。

张若虚的时间，其实就是世人的时间；张若虚的错愕，其实就是世人的错愕。不过他以诗化的流川孤月，将时间永刻于不息的水流与月光，塑造出诗词学家叶嘉莹所说的文化"语码"。而以世人的营生为研究对象的现代主流经济学，却陷入时间之困窘而难以自拔。经济学在其萌芽阶段，就隐藏了时间意识淡薄的内在缺陷，斯密仅仅在论及物品积蓄和资本积累等少数议题时，简略地提到时间因素。马歇尔的确指出过，由于经济学研究人的行为，所以必须考虑人的生命时间，但他作为经济学的真正奠基人，并没能完成这个理论任务。米塞斯对经济学中的时间也高度重视，提出了"时间的经济"这个概念，强调了人类行为中，人的时间是有限的。凯恩斯曾精辟指出了时间的不可逆性。新剑桥学派的罗宾逊就对凯恩斯的"历史时间"赞不绝口，正因为此，凯恩斯强调短期经济景气是重要的，政府短期干预政策是必需的；而且我们应该理解，他本人并不会执着什么宏观均衡理论，因为在"历史时间"中，哪有什么均衡。当代许多经济学家，如戴蒙德等人，也曾致力于给时间建模，但可惜的是，经济学成形之后，时间的轴线也只能算是聊胜于无。由于数学技术方面的原因，新古典综合学派并没有继承凯恩斯的时间思想，也没有借鉴奥地利学派的时间理念，其他各派经济学家要么对此视而不见，要么限于技术手段只好简而化之。贝克尔等人倒是在时间分析方面有些突破，但终究无法整合到主流经济学体系。

至今，经济学的分析框架和模型层出不穷，但对时间的考虑，主要还是以贴现率、变化的速率等方式来处理，生命周期动态分析、世代交叠模型已经是很先进的分析方法了。这些处理方式顶多只是给予时间一个线性的、可逆的地位，把经济活动中的时间流逝进行了匀质化处理，假定每一个时段、每一个时点的价值完全一样，假定这个人的时间跟那个人的时间可以相互替代。这完全不符合真实世界的情况。普通人都会说：少壮不努力，老大徒伤悲；春宵一刻值千金；有人辞官归故里，有人星夜赶科场。也就是说，老年十岁换不回少年十岁，下一代的福利不能置换这一代的福利，他时十刻也顶不上春宵一刻，别人的闲暇时光不能取代自己的劳碌分秒。不但对个人是这样，对企业、对国家、对整个人类社会也是这样，这是世人营生、人间经济的至真至要。主流经济学尽管已经开始引入异质性分析理念，并重新强调方法论个体主义思维，但至今，仍然未能有效处理好这个至真至要。所以，如果经济学家的某些分析让人感到比张若虚的诗篇还要更加脱离尘世现实，世人并不应感到奇怪。完全可以说，现代经济学的重大困窘之一，就是如何把非匀质、非可逆的时间找回来，带回到分析框架中，整合到模型中。如果经济学能够走出时间困窘，也许经济学著作可以像诗歌名篇那样熠熠生辉。

有限之约束

经济学是一门关于"有限"之学科，认为资源是稀缺的、有限的。在这方面，经济学家非常"硬核"。而诗人却可以奇妙地兼有"硬核"和"软核"。晏殊不是吟咏"一向年光有限身"吗？但他也有"无穷无尽是离愁"的句子。苏轼呢？在长江里、赤壁下，羡长江之无穷，耳得江上清风而为声，目遇山间明月而成色，故曰"取之无禁，用之不竭，是造物者之无尽藏也"，但他对水与月也会做如此辩证的理解："逝者如斯，而未尝往也；盈虚者如彼，而卒莫消长也。盖将自其变者而观之，则天地曾不能以一瞬；自其不变者而观之，则物与我皆无尽也"。而张若虚则是把有限和无限融合得最为天衣无缝的诗人。他的思绪，飞向明月共潮升处的浩淼沧海，飞向江天一色无尘的无垠苍穹，飞向白云悠然而去的乌有远乡。顷刻之际，又栖落到凡尘的青枫浦、妆镜台、捣衣砧，由无限路的碣石与潇湘，到有限春的可怜不还家，从无尽流的江水，到去欲尽的春天，有限和无限交织在一起，使人难以分辨。当经济学家看到他描述的这一切，无论如何"硬核"，禁不住也要拍案叫绝。但是张若虚，还有晏殊、苏轼等人，在诗化世界外，在现实世界中，又如何能够挣脱有限，寻得并归向他们的心灵故乡呢？那故乡是他们梦见的暖春桃源、玉宇琼楼？还是他们向往的宇宙秩序、永恒法则？或许，他们已然意识到，不如归去却又无法归去，因为张若虚在他的《春江花月夜》中，写得分明，"不知乘月几人归"。在他的另一首诗《代答闺梦还》中，也写得晓畅，"风花瞑不归"。他仅存的两首诗，都以"归"收尾，是否因为，曰归曰归，却少有同路人，从而令他们如此寂寞，恰如范仲淹所喟叹："微斯人，吾谁与归？"

经济学家不可能以诗人手法将有限与无限之间的张力进行缓和，但的确已经引入越来越多的有限性分析。经济学分析框架中，早已引入有限竞争方面的分析、有限理性方面的分析。哈耶克还系统论述了知识的有限性。其实，古典时期的经济学家和哲学家休谟，有一种世界不可及和不可知论思想，可谓是哈耶克的知识理论的先驱。随着学科的发展，斯蒂格勒、斯蒂格利茨以及菲尔普斯等人，认识到信息的有限、不完整、不对称，认识到获取更真实、更完整信息需要高昂成本，从而与其他经济学家一道，开创了信息经济学。更近一些，哈特分析了合约的不完全性，泰勒等行为经济学家还强调人的自制力的有限性。这些关于"有限"和"不完全"的分析，不但丰富了经济学的内容，也使得经济学与现实世界更加贴近，使得人们从中能够感觉到尘世凡人的脉搏和体温，使得这门"硬核"学科增添了人的灵性和诗情的"软性"。正如萨缪尔森在他的传世之作《经济学》中所言，经济学是一门可以把科学的精确性和人文的诗意性兼于一身的学科。

通过这些理论上的努力，经济学似乎可以处理更多的有限约束。但是，现在经济学家们又开始畅游于信息资料和大数据的海洋之中，却对其所置身之处的无限性缺乏清醒认识。经济学许多模型依赖大量的数据采集工作，超级计算机和人工智能又给了经济学家处理海量数据的可能。不知道是否有足够多的经济学家意识到，在宇宙运动面前，在人间经济面前，现在所有的海量数据，以及未来所有的海量 N 次方数据，永远都是有限的数据。如果我们看到一些模型尽管有数以百计的参数，有数以百万级的数据输入，而得出的结论并不一定符合实际情形，并不要感到吃惊，因为无论发掘出多少数据和信息，都不过是沧海一粟而已，它可能告诉了我们这是一滴水，但并不一定能告诉我们这是哪片海。哲人庄子曾经看似无奈，实则沉静地说："知也无涯。"无论科技如何发达，数据如何丰富，都无法改变这一点。所以，经济学当然不会成为一个对人类社会无所不知和无所不能的学术帝国。

判断之迷离

经济学家应该可以从《春江花月夜》之中理解到一种难以判断、欲此却彼的迷离，并将引起共鸣。这种迷离感可能是杰出诗人的普遍营造，特别是置身于浩瀚而朦明的场景之时。屈原如此展开《天问》：

冥昭瞢暗，谁能极之；冯翼惟象，何以识之。李商隐关注人间，也只能以隐约笔调，渲染沧海月明、蓝田日暖之庄生晓梦般迷惘。而张若虚在他构建的空前绝后的诗人宇宙意识里，以寥廓、清旷的境界为场景，恰如闻一多所说，仿佛有一个神秘的渊默微笑，但更迷惘，也更满足。月光看似皎洁明亮，但汀上白沙看不见；游子与家人同望月轮，但此时相望不相闻；鱼雁据说可以传书，但鸿雁长飞光不度。远耶，近耶，非耶，是耶，都在《春江花月夜》当中。月夜的张若虚，似乎与造物主有直接的悠然心会，妙处难与君说，所以才有渊默微笑和心满意足。这与瓦尔登湖月夜的梭罗，是一样的极天极地皆忘机的超验情怀。当梭罗泛舟于瓦尔登湖面上，看见孤月悬于浩瀚无垠的天穹也游于波光树影的湖底，遂独自吹笛，让思绪把人类和宇宙联结起来，难道没有那种会意吗？这也与湘江月夜的旷敏本，是一样的出世入世皆悠悠的非凡情怀。当旷敏本登山于月色中，吟咏"是非审之于己，毁誉听之于人，得失安之于数，陟岳麓峰头，朗月清风，太极悠然可会；君亲恩何以酬，民物命何以立，圣贤道何以传，登赫曦台上，衡云湘水，斯文定有攸归"，难道没有那种会意吗？而笼罩张若虚和梭罗、旷敏本的月华如练，是否仿佛罗尔斯所述的无知之幕，笼罩处于原初状态之人？或许罗尔斯自己也在晚年岁月，陷入判断的迷离，从而又对一生钻研的正义和自由的理论，做出了修订。这些诗人和哲人，是否因欲挣脱时间之困窘、有限之约束、判断之迷离，才与宇宙直接对话，与自然直接交流，从而获得超验启发？

经济学家同样如此。经济学家有高谈阔论之潇洒，也有判断迷离之落寞。既然经济学的核心主题是稀缺资源的配置，那么这门学问能够以纯粹理论的范式来证明，凡尘俗世中何样的资源配置方式会更有效率。如果深入了解经济学理论范式，就难逃一张判断迷离之网。这张恢恢天网，还可能把人引入对世界秩序、人类秩序的迷思。因为本质上，经济学和物理学等学科一样，也隐含了对宇宙秩序的探寻和理解。这种理解至少可以上溯到阿奎那，他是中世纪的哲学家和神学家，经济学说史也把他当成经济学鼻祖之一。阿奎那对私人财产、公平价格和公正交换的论证，实际上包括了他对秩序和正义的理解，这种理解是一种不证自明，是一种永恒。经济学不也一直在寻找这种秩序吗？19世纪末，瓦尔拉斯试图通过一般均衡方程来求解市场的有效性；20世纪50年代，阿罗和德布鲁运用现代数学工具，证明了市场的有效性和一般均衡的存在，从而提供了一种完美秩序。但是，在20世纪30年代，兰格也使用一般均衡论的数学处理方法，证明了计划经济可以实现资源配置的最优化；到60年代，兰格用一组非常完整严密的模型进一步证明，使用计算能力强大的计算机，计划经济更容易实现完美秩序。但是，上述两种完美，都建立在各自的诸多假设之上，由于这些假设在现实世界并不存在，所以令人不胜迷惘，也不胜唏嘘。

今天的经济学分析工具比100年前更加丰富和缜密，各种动态模型有精巧设计和众多变量，体现了逻辑之美和数理之严。但是，许多参数的取值仍然依赖经济学家的个人选择，需要他们对未来趋势进行判断。正如奈特所说，世界充满了不确定性，而经济学家需要在不确定当中给参数取确定值。所以经济学家有时需要在模棱两可和朦胧迷离中，寻找方向，选择泊位。

中国的经济学家更容易将经济学视为经世济民之学，所以他们不但要攻乎理论，还盼望在政策制定中发挥作用，但这方面的难度更大。在涉及经济政策取舍的时候，数学推导看起来很清晰，其实包含一些固有的迷惘。驱散这种迷惘，有时需要借助于对人性的把握和对世事的洞察。哈耶克的《知识在社会中的运用》一文，特别分析了知识、资讯的特性对人们决策和选择的影响；他在《致命的自负》一书中，又特别强调经济秩序乃是由一个分散利用知识和开展自由竞争的过程而形成的。米塞斯则声称，人应该拥有选择的自由，这是人的尊严，不可以被剥夺。相信这些把握和洞察的人，才会认为市场比计划更合适。好的经济政策，一定会既散发理性光芒，也散发感性光辉，恰似月照花林皆似霰——既有月华的高洁静美，也有春天的芬芳氤氲。

孤月与极光

诚然，《春江花月夜》当中没有物质财富与经济繁荣的具象。当然不应牵强附会硬要从中窥探经济学原理，张若虚不是阿奎那，更不是马歇尔。诗人们笔端流出的，常常是普世永恒题材和唯美风格，他们要么吟赏云容水态，要么臧否世态苦乐，要么关虑家国治乱，并以啸志歌怀。不过从经济学家的角度来看，若无物质财富和经济繁荣，就难有普世的爱和美，晁错感叹"民贫则奸邪生"，虽略偏激，但也实在。在工商革命之前，诗人们至多也只能停留在对男耕女织和天下太平的憧憬，就如王维《桃源行》所描绘"月明松下房栊静，日出云中鸡犬喧"那样。到了现代，工业革命发展出令人惊叹的物质产品生产能力，美国诗人桑德堡在《芝加哥》一诗中尝试了对铁路网络和工业烟雾的赞颂，但却缺乏诗意和美感。诗人革命家，也是诗人建设家的毛泽东，抒发了"风樯动，龟蛇静，起宏图。一桥飞架南北，天堑变通途"的壮志豪情，使我国古体诗词以淳厚的艺术承载了崭新的内容。但无论如何，都不应该动摇这首非生产力主义的《春江花月夜》在经济学家心中的地位，因为这首诗在经济学当中也可以兴，可以观，可以群，可以怨。它可以拨响经济学家的共鸣之弦，调校经济学家的分析视角，升华经济学家的人类灵性，启发经济学家的应有谦卑。这是诗中的超验孤月，是顶峰上挣脱有限之极光。

后　记

之所以用"稳增长"作为本书书名,不仅由于它出版于当前稳增长的大背景,也由于本书论述了稳健的经济增长对于中国走高质量发展之路的意义,以及如何通过改善政策和治理以实现高质量发展。稳增长是本书的一条主线,发展和治理是本书的两大主题。

本书的主要内容,是以最近和过去两三年笔者在大众媒体上公开发表的相关见解为基础,经逻辑梳理和内容统合而成。书中也有个别内容发表年份稍早,譬如关于TPP的分析就发表于2016年初,但现在看来不但没有过时,而且更有意义,所以也收录进来。

这几年里,全球经济和我国经济都经历了重大转折,局势变得更加复杂。但是,发展是硬道理,这句话在我国当下尤有意义。2021年底的中央经济工作会议,又重申了尘封已久的一句文件语言,"以经济建设为中心",竟然引起广泛关注和强烈共鸣。及至眼下,稳增长又成为全国上下经济工作的主调。

经历了时间轨迹,许多人看得更清楚,发展和治理是一枚硬币的两面。从治理视角来看待经济发展,并以政策改进来促进稳健增长,绝不是可有可无的。本书希望告诉读者,稳健的经济增长、良性的经济发展，一方面，得益于很多专业化、技术化的具体政策，譬如企业登记注册政策、财政税收政策、货币金融政策、产业政策、创新政策、收入分配政策等；另一方面，这些政策的背后逻辑是治理，而治理不是望文生义的统治加管理，而是包含权利伸张、参与增进、制衡到位、活力释放等方面的意思，正是这些因素，给经济发展注入动力，也将经济发展的果实分给人们。如此，可以使增长更加稳健，发展更可持续，这是善的大循环。我国已经提出，要实现国家治理体系和治理能力现代化，这是一项任重道远的工作。要实现这个目标，需要我们在变局中寻找政策智慧，并保持对社会、自然的谦卑，这也是本书最后一部分的主题，尽管这很不容易。

　　本书的出版，得到朱克力博士和中信出版社的大力帮助，在此深表感谢！